U0510865

山东省社会科学规划研究项目文丛·一般项目
"墨家教育思想的现代转化研究"（19CJYJ13）

青岛大学学术专著出版基金项目

泰山学者工程专项计划项目

黄庆丽 著

墨家教育思想的现代转化研究

中国社会科学出版社

图书在版编目（CIP）数据

墨家教育思想的现代转化研究／黄庆丽著．—北京：中国社会科学出版社，
2021.3

ISBN 978 - 7 - 5203 - 7887 - 1

Ⅰ.①墨… Ⅱ.①黄… Ⅲ.①墨家—教育思想—研究 Ⅳ.①B224.5
②G40 - 092.6

中国版本图书馆 CIP 数据核字（2021）第 025539 号

出 版 人 赵剑英
责任编辑 周晓慧
责任校对 刘 念
责任印制 戴 宽

出 版 中国社会科学出版社
社 址 北京鼓楼西大街甲 158 号
邮 编 100720
网 址 http://www.csspw.cn
发 行 部 010 - 84083685
门 市 部 010 - 84029450
经 销 新华书店及其他书店

印 刷 北京明恒达印务有限公司
装 订 廊坊市广阳区广增装订厂
版 次 2021 年 3 月第 1 版
印 次 2021 年 3 月第 1 次印刷

开 本 710×1000 1/16
印 张 17.5
插 页 2
字 数 261 千字
定 价 99.00 元

凡购买中国社会科学出版社图书，如有质量问题请与本社营销中心联系调换
电话：010 - 84083683
版权所有 侵权必究

序

《墨家教育思想的现代转化研究》是黄庆丽在其博士论文的基础上加工成书的。值此力作出版之际，我对黄庆丽博士表示由衷的祝贺！也对中国社会科学出版社表示衷心的感谢！

黄庆丽2013年考取山东师范大学博士研究生，攻读教育哲学。入学之初，我即嘱她研究墨家教育哲学。我在教授《教育哲学》这门课时曾经讲过一个观点，除非在非常特殊的情况（比如特殊的社会条件和文化条件）下，教育哲学本身不需要辩护，但研究、守护何种教育哲学无论如何都需要辩护。墨家教育哲学研究当然是需要辩护并值得辩护的。墨家教育哲学的研究价值在我看来主要有这样几个方面：第一，中国传统文化的格局是多中心的，儒家对中国传统文化的支配性影响离不开道家、法家、墨家等各种思想张力与对话。正是这种多中心的文化格局才共同形塑了中华传统文化的品格以及社会秩序。中国传统文化的现代化转换首先需要对中国传统文化有一个相对全面的了解和认识，如此墨家研究就不可或缺。儒墨在历史上曾同为显学，然与儒学学脉永续不同的是，墨家传统在秦汉以后一直隐而不彰，"自汉武以至有清中叶的一千八百余年间，谈论墨子的不少，但是真正治墨学之可考者寥寥可数，见于记载的有晋人鲁胜、唐人乐台、宋人李焘与明清之际的傅山"，时下墨学虽有中兴之势，但似仍不具气象。墨家教育哲学的研究或在某种意义上对儒学为尊的国学研究有补缺解蔽之功。第二，墨家教育哲学亟待系统的发掘、梳理与建构。不能把墨家教育哲学仅仅看作儒家教育哲学的补充和可有可无的注脚，墨家教育哲学在中国教育哲学发展史上有其独特的贡献，而这一贡献是儒家教育哲学所无法涵盖和取代的。墨学体系涵盖了自然科学、社会科学、军事科学、政治科学、哲学等领域，这些原创性思想成果本身就已经是中华优秀传统文化的有机组成部分，甚至是中国文化史上最具有科学性的思想体系，对中华传统文化的文化品格和民众文化心理结构都产生过或显或隐的影响。在教育哲学发展史上，论者多关注儒家、道家教育哲学研究，墨家教育哲学系统尚付诸阙如。因此确有必要对墨家教育哲学作为专门的课题去对待。第三，墨家教育哲学对当下中国教育现代化乃至中国现代化仍具有重要的借鉴价值，对于当下生活方式的形塑仍具有活泼的生命力。不能把墨家教育哲学仅仅视为思想遗产，而是必须承认墨家教育哲学具有普遍真理，其关乎社会公德、国际关系、人类和平、"爱人"伦理的墨家立场对现代性救赎具有不可低估的启示价值。因此墨家教育哲学需要研究、值得研究。

如何研究墨家教育哲学，是个问题。其实非独墨家研究，任何传统文化研究都会遭遇到这一逼问。怎么研究即研究范式的选择，服务于研究的目的。传统文化研究一般来说有两个目的。一是了解的目的，一是创造的目的。前者是认识论目的，后者是实践论目的。达成认识论目的要做学术性的工作，达成实践论目的则更多地要做思想性的工作。这两个目的都具有正当性。学术与思想虽然不可以简单的二分，然而学术研究归根结底还是为了思想的创生。思想的创生是为了生活，满足生活的需要。在这一意义上，创造的目的即实践的目的更为根本。了解的目的，并非把传统文化的品格特征、来龙去脉搞清楚了事，了解的目的仍然是看它对于当下的生活方式是否真正有所作为。这也是评判传统文化研究最根本的尺度。为了了解，研究自然要"返本"，即回到原点，回到原本，但"返本"不是为了"回去"，而是要"开新"，即通过创造性转化和创新性发展，使传统文化思想能够满足现代生活方式的需要，能够积极介入现代社会和现代价值。这种研究才称得上是活研究。活研究以活传统为对象。活对象不是静止的，业已死灭的或再无价值的文化现象，活的传统能够在古今思想、文化的对话中持存。它呼应着现代价值并在这种呼应中不断地敞开，直到穿透时空隔阂，形成古今思想、文化的视域融合。因此为了保持传统文化与现代生活的对话能力，传统文化研究，当然也包括墨家教育哲学研究，有必要从现代性的角度进行切入。切入墨家文本进行教育哲学研究，是基础性的工作，从现代性切入墨家教育哲学研究，则是创造性的思想工作。所以我认为黄庆丽对墨家教育哲学的研究，是反思性的、思想创造性的工作。虽然对于何谓现代性，学界仍莫衷一是，但至少从这一角度进行墨家教育哲学的研究，是走在正确的道路上的。

一般来说，从现代性进入墨家教育哲学的研究，有四条陈陈相因的理路，或者也可以称为范式，即分判、会通、解释和创造性转化。分判意在显豁本原，会通意在综合比较，解释意在究其本质，创造性转化则意在反思批判、明定界限与敞开可能。这四种范式既相互独立，又彼此联系。墨家教育哲学研究，既可以走分判的理路，也可以走会通、解释的理路，然而分判、会通、解释又可以成为创造性转化的必要条件，服从于创造性转化这一根本目的。从解释学的角度讲，也就是墨家就教育问题事实上说了什么，他为什么要这么说，他想说又没说的是什么，我们现在应该说什么。对于墨家就教育问题事实上说了什么，当然要就墨家文本"照着说"，墨家的自然是墨家的，不是别家的思想和学问，离开了墨家文本，便失去了墨家的本色，增一分则肥，减一分则瘦，肥了便在墨家之外，瘦了就还没吃透墨家；对于墨家为什么要这么说，他想说又没说的是什么，就要"接着说"，"接着说"是线性逻辑的向前再行一步，向深再进一步；对于我们现在应该说些什么，就要"展开说"，所谓"展开说"，就是视野上要扩展，内容上要拓宽，方法上要有进展。比如墨家的"非攻"，彼时并没有国际关系的视野，而这一视野在现代生活中又至为重要，在这一问题上，就需要展开了说。当然，"展开说"要避免两种极端化倾向：一种是以古解今的极端化，用古代话语随意比附现代范畴，一种是以今解古的极端化，用现代范畴随意诠解古代思想。

如何评价墨家教育哲学，关乎研究者的立场，也就是研究者对墨家立场所持的立场。教育哲学总得是有效的，无效的教育哲学没有意义，甚至不能称得上是教育哲学。一般来说，对某一教育哲学效力的评价尺度有两个：一是解释力，即对教育现象能否进行合理的解释，对教育规律能否进行科学的揭示，解释力越强，教育哲学的效力就越高；一是诱惑力，即能否对教育实践发生真实有效的影响，或者自身成为教育实践，或者成为教育实践愿意践行的理论。前者是逻辑的标准，后者是实践的标准。以此标准来判准墨家教育哲学，墨家的教育哲学恐怕都很难称得上真实有效。首先在解释力上，墨家教育思想肇始之初，其兼爱、非攻、尚贤、非命、天志、俭用等思想就广受各家批评。庄子恐墨氏不可以为圣人之道，反天下之心，天下不堪；孟子说墨氏兼爱无父，无异禽兽；荀子说墨氏蔽于用而不知文，不知一天下建国家之权称，不足以容辨异，足以欺惑愚众；王安石批评墨子废人物亲疏之别，而方以天下为己任，是以所欲以利人者，适所以为天下害患；王阳明认为墨子之兼爱行"仁"而过耳。其次在诱惑力上，墨家也没有打造出与其社会理想相符合的社会秩序，在这一点上，墨家比之于儒家远远不及，在胡适、章太炎等学者看来，墨家哲学还有些经验主义的价值，但在社会实践方面没有多少贡献。史华兹（Benjamin I. Schwartz）认为墨家对后来的中国思想几乎没有影响，墨子是一位没有成功地完成其传教使命的人。或正因为墨家教育哲学的解释力与诱惑力尚待存疑，在汉代以后墨家即逐渐式微或消亡了。对于墨家如何从显学渐次式微，学界已多有探索。教育哲学研究毕竟不同于治史，《墨家教育思想的现代转化研究》更多地着眼于从思想、观念层面对墨家立场进行分判。我个人认为，作者在讨论墨家教育哲学如何进行现代转化方面的确直抵要津。这些重要的思想、观念主要包括平民意识、宗教性和正义观。这三个层面应该也是现代性研究的三个主要论题。墨家教育哲学的现代转化也主要是在这三个方面展开的。墨家教育哲学的光彩夺目系于此，墨家教育哲学的失败（相对于儒家的成功）或也正系于此。

传统文化的现代化转化和创新性发展，在思想、观念、方法等层面之外，我感觉还有一个或许更重要的层面就是文化精神，这一点放在墨家身上恐怕尤其如此。墨家有一种充沛活泼的精气神。鲁迅先生在《中国人失掉自信力吗》中曾写道："我们从古以来，就有埋头苦干的人，有拼命硬干的人，有为民请命的人，有舍身取法的人……虽是等于为帝王将相作家谱的所谓正史，也往往掩不住他们的光耀，这就是中国的脊梁。"墨家是埋头苦干的人，自苦以利天下；墨家是拼命硬干的人，怀摩顶放踵之志；墨家是为民请命的人，赴火蹈刃，死不旋踵；墨家是舍身求法的人，急人所难，世谓热腹；墨家社会公平有热情的执着，强不执弱，富不执贫。墨家在汉以后虽失于庙堂之盛，但在民间，墨家的精神却从未断绝过。因此说墨家是中国的脊梁，理属确当。墨家教育哲学的现代转化，有必要在墨家精神层面进行精心的考察，即这种精神如何在现代社会仍然能够得到落实。

黄庆丽自 2013 年始治墨家教育哲学，至今已逾七年。《墨家教育思想的现代转化研究》也是这七年之功的阶段性成果。我们欣喜地看到，墨家教育哲学在现代性视野观照下首次得到了系统的揭示。这一研究不仅对墨家教育哲学开辟了一条道路，对中国传统文化研究也不失为一个有益的参照。这条路走得很艰难，也很有意义。希望黄庆丽在这条路上能走得更远，对墨家教育哲学研究做出更多更有意义的贡献。作为她的导师，我从她的研究中也受益良多。在此，也对黄庆丽表示衷心的祝愿！

海德格尔在《林中路》中有一段题词："林中有许多路。这些路多半突然断绝在人迹不到之处。这些路叫做林中路。每条路各行其是，但都在同一林中。常常看来一条路和另一条一样。然而只不过看来如此而已。伐木人和管林人认得这些路。他们懂得什么叫走在林中路上。"谨录于此共勉。

是为序。

高 伟

2021 年 2 月 20 日于彭城

目　录

引　言

　　墨家思想在中国文化史中的命运比较独特，它骤然兴起，又迅速衰微。在先秦诸子百家中，没有任何一家如同墨家这样，遭遇如此云泥之别的二元解释：宗教与世俗、民主与专制、科学与迷信、普遍的爱与虚无的爱。墨家思想的内在张力吸引着众多敏锐的心灵专注于探求其真谛。研究者希望析取出墨学的精髓，希望还原出较为真实的墨家形象，希望与诸子的时代对话，希望在生命中与之相遇融通。检视墨学研究的相关成果可以发现，其中定论很多，如墨学中蕴含着较为丰富的科学思想；争论也不少，如墨学是否包含着真正的民主因素；尚须深入探索的议题更是引人关注，如墨家教育思想究竟为何。墨学的精神资源十分丰富深邃，从教育思想的角度加以关切当为必要，本书正是在这种宏阔的思想背景上对墨家教育思想进行较为系统的阐释，并寻求其现代转化之道。

　　溯其源而知其本。墨学形成的渊源是什么？在其生成历程中，哪些传统、思想、文化和惯习孕育了它，哪些社会现实激发和滋养了它，而墨家的身份意识及其哲学思想又是如何互相建构的？诸子时代是风云突起而又跌宕起伏的时代，是沉疴良久而又人心思变的时代，是继承往世而又开创新生的时代，对社会现实的变革和对思想观念的创新相向而行。墨学应时而生，非礼乐、倡俭约，反战争、谋和平，反对差等之爱、褒扬平等之爱，为兴天下之利、除天下之害而日夜不休地奔走呼告、劳心劳力。墨家既用语言来宣扬自己的学说，又用行动来推行自己的理想，更是在言传身教中，依托组织严密的团体生活，在小范围内开展兼爱、交利的社会实践。当这种实践取得初步成效时，墨家希冀在更大的范围内谋取社会的整体变革，希望唤醒普天下的人们践行兼爱、交利的生活方式。通过"教人以义"的社会教育方式，让人们认同墨家的价值观念，并且积极行动起来，建成墨家所规划的理想社会。

人性论、价值观和社会观支撑起墨家教育思想的基本框架；从关于教育的观念和行动中，可以引申出墨家教育的本体论思想。其人性假设倾向于人性本恶，不过认为凭借教育、鬼神和社会环境的力量，通过强力塑造出尚同和尚贤的社会习俗，兼爱和交利的价值原则可以获得普遍的接受及认同。此时，人的本性中与生俱来的自爱、利己之心能够得以有效矫正和及时救治，人们之间便会普遍地互相施以爱护及利益。当人们普遍认同墨家规定的以兼爱及交利为意涵的"义"的价值体系时，将会挣脱命运的无情束缚，会为"兴天下之利、除天下之害"的公共事务而忘我奋斗。当利益主体扩展为所有个体时，社会物质生活就不会无谓地被浪费，因此，纯粹消耗物质财富的制礼作乐理所应当会受到墨家的抵制与反对。

非礼、非乐是墨家突破儒家思想限制的逻辑起点，也是墨家确立自我身份及思想体系的符号标识，并由此开启了儒墨之争的序幕。墨家和儒家面对共同的时代背景——周文疲敝，历史沉淀下来的礼乐价值系统对当时社会现实的解释力式微，但是儒墨遵循不同的治理路径来拯救传统文化。儒家是顺而救之，为礼乐增添了以仁为内核的阐释，对传统文化有所敬畏，对文明的演进方向有所把握。而墨家是逆而救之，通过述而作的激进创新精神，试图彻底颠覆礼乐文化的价值，扭转整个文化的演进方向。儒墨争论的焦点在于是否维护血亲宗法的封建等级制度，其引发出来的争议主题包括：天到底是天命还是天志，个体之善是仁爱还是兼爱，国家之善是仁政还是义政，精神生活是礼乐还是非礼乐，指向物质生活的义利之辩，围绕人生动力的命之有无之辩，以及面对差异是和而不同还是尚同。儒墨之争形成了传统文化中的结构性张力，也影响了中国文化的走向与底色。

与儒家教育思想相比，墨家教育思想具有鲜明的宗教色彩。墨家并非像儒家那样完整地设计了包括官学、私学和书院在内的学校教育体系，它主要依托社会教育和言行合一的精神力量来发挥教育影响作用，墨家的神道设教无疑增强了这种教育功能。天志和明鬼是墨家教育思想宗教性的形上基础，而赏贤和罚暴是墨家宗教社会的运行方式，伦理绝对主义的"义"是维系墨家宗教社会的枢纽。由于墨家在规划宗教社会时依赖经验论的二分思维方式，寻求彻底消除社会矛盾的解决之道，充满着理想主义的乌托邦色彩，因此墨家的宗教社会极有可能造成民众生活的停滞刻板、价值单一和政治上的集权。但恰好是墨家教育思想的这种宗教性特质，成为反思中国传统文化品质的有力参照。在现代性浪潮和多元文化的冲击下，针对国民信仰缺失的精神状况，回应中国文化与西方基督教文明的对话，以及把墨家兼爱、交利、非攻、节用的伦理原则与全球生态伦理、和平主义进行勾连，墨家在传统文化复兴中的地位和作用显得尤为重要。

对墨家教育思想的条分缕析，折射出它所蕴含的丰富的现代性元素。墨家教育思想现代性的明显表征在于它与礼乐文化传统的断然决裂，它对理性及功利的现实承诺，以及建构了被普遍意志浇铸的国家模型。在这个理想的国家模型中，人被抽象化为行义的工具，成为被义所控制的空洞符号；社会被奖惩、规训、舆论监督和公开监控等一系列的统治技术所管理，因而丧失了自由思考的风气与公共行动的空间。人们被不停地劳作和时刻行善的动机驱使着，难以有情感的自然流露，难以有闲暇时间的享受，难以有心灵对话的自由，更无法独立地进行思考和公开发表见解。墨家把社会精简到如此程度，是因为它担心"一人一义、十人十义"的价值失序会破坏政治秩序和社会安宁，最终使墨家追求兼爱、交利的愿望落空。

不过，墨家这样筹划社会有个美善的出发点，就是使底层民众的基本权益得以维护，使他们在遭受种种差异与不平等所促成的政治生态中争取获得承认。当这些处于被压迫境况的底层民众在为获得承认而斗争时，一种较为公正的公共生活必然会被创设出来。相对而言，一个严格按照等级制度设计出来的封闭社会也是必需的，因为这种超级稳定的结构形态可以让社会免遭道德混乱和残暴战争的威胁。墨家教育思想唤醒了沉默的底层民众的精英意识,为这些生存权利、财产权利、受教育权利和参与政治生活的权利时常处于被剥夺边缘的不利群体发出了呐喊。然而,按照墨家的政治设计,当他们挣脱枷锁的时候,等待他们的未必是自由,相反,却有可能是一副更为沉重的枷锁。

当面对墨家教育思想时,仍然会遭遇评价二重性所造成的内在冲突。一方面会发现它所要求的社会较为平等、幸福与和平,给每个拥有才华的人跻身于精英阶层的机会,让他们能够过上体面而有尊严的生活;另一方面又会发现它的身份等级较为严苛,每个阶层都要接受上一阶层的严格统治,必须与上一阶层保持高度一致,最后所有的社会阶层都要达到天志的要求。这样的二元理解也使本研究面临着挑战,只有细致地解析墨家教育思想的局限与进步,分辨其现代价值的正负影响以及具体表现,才能最终形成客观的评判:当前教育改革在面对传统文化时,墨家教育思想作为其中的重要组成部分,应当享有它合理的位置。

一 选题的意义

墨学和儒学曾经并立于中华文化的中心位置,在战国时期被视为显学。《韩非子·显学》开篇记载:"世之显学,儒墨也。儒之所至,孔丘也。墨之所至,墨翟也。"① 由孔丘和墨翟开创的儒家学派和墨家学派,代表了中国古典文明时期哲学的突破性思维水平。作为思想流派的墨家,创立了蕴含丰富的包括自然科学、社会科学和逻辑学知识在内的墨学体系,其文化命脉一直延续至今。亚斯贝斯在探索这一时期人类整体存在的意识觉醒以及历史自我理解的共同框架时声称:"最不平常的事件集中在这一时期。在中国,孔子和老子非常活跃,中国所有的哲学流派,包括墨子、庄子、列子和诸

---

① 陈秉才:《韩非子》,中华书局 2007 年版,第 278 页。

子百家，都出现了。"① 在轴心时代以后的文化演进中，墨学长期隐
而不显，"自汉武以至有清中叶的一千八百余年间，谈论墨子的不少，
但是真正治墨学之可考者寥寥可数，见于记载的有晋人鲁胜、唐人乐
台、宋人李焘与明清之际的傅山"②。墨学的骤然兴衰、其精神内核
与断续原因，都成为中国思想史上引人关注和颇具争议的研究课题。

　　墨家教育思想是先秦诸子时代教育思想的原创性产物，选择墨家
教育思想作为研究对象，具有理论和实践的双重意义。其现实意义
是：以墨家教育思想作为分析对象，考察中国现代教育在与中华传统
文化以及西方教育思想的多元互动中，如何在教育全球化背景下走文
化自觉及本土发展之路。③ 其理论意义是：儒家、墨家、道家作为中
华文化起源处的三根支柱，它们在历史嬗变中演化成为不同进路的民
族文化—心理结构。但是墨学的经历相对来说比较独特——自汉初至
清代中叶如此漫长的历史时期中一直处于断绝状态。从学理上分析墨
家教育思想的生成结构、主体内容与历史命运，可以作为中国现代教
育在面对传统、立足现实乃至面向未来时应当如何发展的历史镜鉴。
在理论研究和实践需求的双重维度上考察墨家教育思想，是以远景扫
描和近景聚焦的方式对之进行思想解剖，并在此基础上进行可能的创
造性转化。

（一）　考察中国教育改革和传统文化的关系

　　研究墨家教育思想，足以关涉当代教育改革与传统文化的关系，

---

　　① ［德］亚斯贝斯：《历史的起源与目标》，魏楚雄、俞新天译，华夏出版社1989年
版，第8页。
　　② 钱永生：《论墨子思想结构的生成》，博士学位论文，首都师范大学，2002年。
　　③ 教育实践的本土问题意识与教育理论的本土化研究成为继20世纪80年代的教育本
质、教育规律及人的全面发展等宏大叙事的研究主题之后，教育领域兴起的一个新兴研究
论域，直到当前依然方兴未艾，并且影响到课程改革、教师专业发展及道德教育等多个领
域。这个方面的研究成果非常丰富，具体可参见顾明远《中国教育的文化基础》（山西教育
出版社2004年版），叶澜《中国教育学发展世纪问题的审视》（《教育研究》2004年第7
期）。本书把墨家教育思想作为分析对象，也可以看作中国教育发展走文化自觉之路的一个
缩影。

主要基于两点理由。首先，墨家教育思想作为传统文化的组成要素，是否可以成为教育改革的可用理论资源，是否可以为教育改革提供参考价值，其前提在于能否较为全面地厘清它的内在机理与发展脉络。但就当前的研究状况而言，分析主题多数较为零散，往往选取其中的某个侧面，比如教育观①、科技教育②、艺术教育③等进行片段式的研究。此类研究无疑有其价值，但对全面把握墨家教育思想的精髓，无论其深度还是视野均显不足。其次，分析墨家教育思想在形成过程中面对自身所处时期的传统文化，面对经过历史沉淀而形成的礼乐文化所采取的立场和方法，是如何影响其后续发展和历史命运的，这是可供当代教育改革借鉴的历史经验。

中国教育在寻求现代化的进程中表现出复杂的变革意识。自20世纪初引入现代教育制度以来，中国教育先后经历了学习日本、模仿欧美与借鉴苏联的过程，从他国输入的教育话语一直影响着中国现代教育的建设和发展。"中国的教育学科建设和理论建设，已经开始意识到克服这种倾向的必要，并努力在研究中作出调整和矫治，学者关注中国教育改革与发展的具体实践，并用研究的方式介入这一伟大的历史实践中去。"④ 此外，由于经济快速发展而逐渐恢复的文化自信，促成中国教育回转到传统文化的母体中发掘自身成长的本土资源，返本开新地探索教育领域的中国模式和中国道路。"中国教育的现代化不能不是西方化，因为现代性方案的启蒙运动毕竟始自于西方；但中国教育的现代化又不必是西方化，因为现代化只有建基于自身的文明才是可能的。"⑤ 中国教育改革深受古典与现代、中国和西方各种教育思想的影响，并且现实中的政治、经济与文化等各种矛盾都错综复杂地交织于教育当中。因此，未来中国

---

① 曹恒民：《论墨家教育观及其借鉴意义》，《教育与职业》2009 年第 6 期。

② 姚晓燕：《墨家与科技教育》，《内蒙古师范大学学报》2004 年第 7 期。

③ 刘竞艳：《论墨家的艺术教育思想》，《艺术教育》2014 年第 8 期。

④ 叶澜：《世纪初中国教育理论发展的断想》，《华东师范大学学报》2001 年第 1 期。

⑤ 高伟：《中国教育改革的文化逻辑》，《教育学报》2014 年第 4 期。

教育的发展路径既无法脱离西方发达国家教育发展相对成熟经验的参照，同时又力图规避其已经显露出来的现代性危机及风险特质；既要在中华文明的深厚土壤中重新规整发展蓝图，又要做现代教育文明的开拓者。

鉴察往昔以知来者，中国教育改革不能脱离传统文化的母体，从文明积淀下来的包括墨家教育在内的思想资源中辨别和选择出优秀的民族智慧，反思、批判和主动放弃无法适应现代教育和现代社会发展的部分，可以观照中国教育的未来发展路向。无论是教育理论的本土化建设还是教育实践的中国化方案，中国教育的改革与可持续发展都无法离开对传统文化资源的再度诠释与创造性转化。在当前的思想图景中，复兴中华传统文化的呼声日益高涨，由民间传统文化爱好者的自发性行动和知识分子精英的学术化诉求，发展为执政党的政治意识与政策方针。这种自下而上的发掘、推动和自上而下的倡导、复兴，给传统文化资源的整理、开发和再度诠释创造了契机，而中国教育也要在如此宏大的思想背景下继续探索前行的道路。

中国教育在国家由经济富强型转向精神文明型的过程中肩负着重要使命，传统文化复兴在教育改革和未来教育发展中扮演着重要角色，对中华传统文化的进一步整理、重新发掘与再度阐释在未来教育改革和发展中颇具意义。只有以全景扫描与近景透视的复合方式对传统教育思想资源进行整理、还原与剖析、建构，才能使未来教育发展既不会陷入文化保守主义的窠臼，也不会落入文化虚无主义的泥沼。墨家教育思想的发生、形成、演变与沉寂有其自身的发展脉络与历史影响，探索其精神内涵以及生成乃至断续的内在理路，可以作为现代教育在发展进程中如何面对自身所处传统文化的有力借鉴。

墨家教育思想既是现代教育改革所要面对的传统文化，教育改革需要回应是否借鉴以及如何借鉴墨家文化的问题；同时，它又是现代教育如何面对传统文化的一个思想样本，墨家教育思想在面对自身传统文化时的做法和影响，对目前的教育改革具有重要的参考价值。这启发了本书的理论立场，对墨家教育思想的研究不仅是出于对历史的钟爱，而且是出于对现实的关怀，以及对未来教育的殷殷期待。以此为切入点，把研究视角延伸至当前教育改革与中华传统文化的创造性转化关系中，是本书最为现实的意义。

（二）探求儒墨之争在中国文化史与教育思想史上的意义

儒学和墨学皆为中国文化大传统下所涵盖的小传统，墨学的生成、兴起、演变、消退都与儒学复杂地关联着。"墨子学儒者之业，受孔子之术，以为其礼烦扰而不悦，厚葬靡财而贫民，服伤生而害事。故背周道而用夏政。"① 墨子受业于儒而又非儒，在对儒学的吸收与汲取中，在与儒家的抗争与屈从中，墨家最终建立起独立的学术流派，完善了自己的思想体系。

墨家教育思想作为中国传统教育的组成部分，建立起严整的理论体系，全面涉及教育目的、课程内容、教学方法和师生关系等。"尽管墨家在社会理想的众多方面表现出与儒家的歧义，但在对教育作用的认识上，即肯定教育必须为社会政治服务，两家是近似的。"② 儒墨教育思想都表现出诸子文化以政治为本位的共同特征，但是构成对比意义的是，儒学在长期的历史演化中，融合了诸子百家以及外来佛教思想，不断地吸收、转化，趋向兴盛，成为影响整个东南亚儒家文化圈的思想源头，而墨学却长期隐而不显。"校墨、注墨、读墨和解墨，从清中叶开始，好像突然形成一种颇具声势的文化运动。"③ 墨学的发展道路尤为曲折，其发展的历史遭遇说明了什么？造成墨学中绝的原因到底是什么？当前的墨学复兴能够走多远？这可以在与儒学的对勘中获得一些启发性的结论。

墨家沿用了儒家思想的一些核心概念，"然则谓墨子尚俭、节用、明鬼、尊禹之主张，乃就孔子之教之此方面发挥，亦一可通之说

---

① 陈广忠：《淮南子》，中华书局 2012 年版，第 1267 页。
② 孙培青：《中国教育史》，华东师范大学出版社 2009 年版，第 60 页。
③ 曾繁仁：《千年"绝学"的伟大"复兴"——墨学研究的百年回顾与前瞻》，《文史哲》1999 年第 6 期。

也"①。然而墨家对天与人、仁与义、礼与乐乃至圣王之道的解释，是具有浓厚墨家色彩的，立场鲜明地就儒家尊尊、亲亲的爱有差等思想与礼乐制度展开质疑与批判。在针对儒家思想的取舍和反叛中，墨家有意识地完成了自身思想体系的架构。在此意义上，儒学是墨学所要面对的传统，而儒墨也要面对它们各自学派产生之前的共同传统，儒墨之争可以反映出不同思想文化在选择发展道路时各自的立场、做法及相应结果对其历史走向的具体影响。在和儒家教育思想的对比中，在解析儒墨学派如何对待他们所要抉择和吸收的传统文化时，可以分析出现代中国教育应当如何面对自己的传统文化，探索中国教育对传统文化既要继承又要创新，对西方他者文明既要保持开放的学习心态又要秉持独立的思想尊严的举措。

中国先秦的诸子之争，尤其是同样作为"显学"的儒墨之争，使有些研究者得出这样的理论假设：如果中国选择的是墨家的文化道路，中国文化可能就不至于像后来那样保守，缺乏创新精神和超越意识。②儒墨之争开启了思想自由对话的先河，也预示了中华文明发展的不同路向，这并非诸子百家争鸣时期不同思想派别之间的意气与偏见，而是中国历史从封建制向王权专制转折时不同的政治、文化、社会及教育道路的艰辛选择，这也影响了中国历史的文化品质、政治特性和教育路线。儒墨教育思想在保守改良与激进革命、等级秩序与平等主义、义利分立与义利一体、德政与义政等诸多方面存在着不同意见。这些冲突相持不下之处，有些是贯穿整个中国文化史与教育思想史上的重要议题，有些仍然是困扰当今教育发展的重要因素。重新审视儒墨之争所彰显出来的不同育人方针与治国方略，在政教合一的中国教育文化中，兼有清思和明鉴的双重价值。

（三）以现代性作为评价框架对墨家教育思想进行反思

现代教育史就是与教育形态变迁相伴的教育现代性不断增加、拓

---

① 冯友兰：《中国哲学史》，重庆出版社 2009 年版，第 71 页。
② 杨玉昌：《中国古典哲学中的"现代性"——论墨家与儒家道家的对立》，《天津社会科学》2007 年第 4 期。

展、实现的历史。① 在传统教育向现代教育转型的百年进程中，中国教育经历了对现代教育的急切引进、选择性移植与批判性反思的曲折道路。20 世纪以来，政治的救亡与图存、文化的守旧与革新、思想的启蒙与遮蔽以及经济的先行或后行，都在教育现代性中得到了真切的体现。从对教育现代性的单向追求到对教育现代性的全面反思，成为教育进入 21 世纪的核心议题，古典教育思想与后现代教育思想都为反思教育现代性提供了方法论工具与理论支撑。作为中国传统教育思想整体构成的有机部分，墨家教育思想中的理性、平等和功利等因素所折射出的政治哲学、人性论和教育目的论等都呈现出显明的现代特质。将其置于现代性评价框架中，让墨家教育思想跨越久远的时空与现代教育对话，以"已经完成"的墨家教育思想作为参照体系，思考"尚未完成"的正在行进中的教育现代性问题，可以为中国教育的现代化建设提供一定的路径参考及启发性意义。

墨学自战国时期产生以来，曾长期处于隐而未显的状态，直至明清倡导经世致用之学，实用理性精神兴起，关于墨学的朴学研究才开展起来。随后胡适等人发动兴起整理国故运动，掀起了墨学研究的浪潮，墨学研究的复兴一直延续至今而被称为"显学重光"②。伴随着西方自然科学知识、逻辑学知识与现代社会科学知识的输入，实证主义研究方法的引进，墨学的存在为中西文化对话提供了理论资源与沟通桥梁。近两百年来，人们对墨学中所包含的自然科学技术、逻辑学、政治哲学、社会学和伦理学等思想进行了大量的文本解读与理论论证。"这些考证和研究，不但勾画了墨学发展的历史脉络，理清了墨家学说的思想内容，更揭开了多年来无法破解的墨辩逻辑、墨家科技论说的神秘面纱。这种种成就的取得，不但与儒学独尊局面的打破、西方民主与科学思想的传入有关，更与墨学研究方法的改进紧密

---

① 褚宏启：《教育现代化的本质与评价——我们需要什么样的教育现代化》，《教育研究》2013 年第 11 期。

② 崔清田：《显学重光：近现代的先秦墨家研究》，辽宁教育出版社 1997 年版，第 1 页。

关联，与近现代人立足于传统研究方法而吸收西方研究方法来治墨息息相关。"①

　　虽然在对墨学的义理阐释、开发、解构与重构中，存在着不少粗疏的论断与较为普遍的比附现象，但令人欣慰的是，在墨学的思想解析以及研究方法的选用上都取得了一定程度的突破性进展。特别是对墨学的意义发掘，为中国文化近代转型中的"西学中源"说提供了理论依据，极大地鼓舞了民族文化的自信，振作了国人追赶西方发展步伐的勇气。在中西体用之争所导向的近现代文化道路选择上，墨学的存在事实上为"中体西用"派提供了据以论争的有力思想武器。墨学成为一个很好的媒介，无论是对近代西方自然科学还是社会科学的吸收与消化，都具有包含墨学在内的传统文化的影响，这种渗透与影响是无形的，但对西学传播的"中国化"是极为重要的。② 因此，墨学的复活与重生是典型的现代思想史事件，把墨家教育思想置于现代性的评价框架中，可以从多重角度全方位扫描及透视其粗精利弊，并为其现代转化确立根据。

二　文献综述

　　《墨子》文本成形较早，结构较为复杂，依据原典文本所进行的墨学研究成果较为丰富。从研究内容上看，可分为文字考据研究、思想研究与现代价值研究；从研究者国别上分，涵盖了中国学者和海外汉学家的研究；从知识类型上分，包括自然科学、社会科学与人文科学的研究。在综合和选取文献时，本书主要侧重于本国学者在人文社会科学领域的思想研究以及现代价值研究，而对自然科学领域的墨学研究不做重点分析。笔者引用的资料与结论基本都取得了学界的认同，达成了共识。基于本书的设计思路，在选取已有研究成果时，主要侧重以下几个相关主题。

---

① 郑杰文：《墨学研究方法的近代化历程》，《文史哲》2001 年第 6 期。
② 薛柏成：《墨家思想的渊源及历史影响新探》，学位论文，吉林大学，2006 年。

（一）新墨学与新墨家研究

新墨学的兴起依托于新墨家的开拓精神，其学术背景是新子学研究的繁荣，而新子学成立的前提是传统文化的复兴。张斌峰和张晓芒在《新墨学如何可能》一文中开宗明义："目前新儒学的研究正全面展开，新道家的研究亦初见端绪，惟独墨学思想的创发尚少有人问津。"① 从诸子之间的和谐共生以及新墨学的生存现状出发，他们指出，从现时代来看，无论是中国传统文化的人文精神的重构，还是科学理性精神的确立，无论是在社会政治、经济、文化现代化的现实价值层面，还是从人类普遍价值的角度来看墨学，在建立新的全球化社会时，墨学将会比儒学和道家学说提供更多的借鉴。"可见新墨学的研究势在必行。"② 在这篇可被视为新墨学宣言的文章中，作者指证了墨学与其他诸子之学乃至世界范围内的哲学思想进行对话的可能性和必要性。

建立新墨学成为学界的呼声和共识，更有研究者从内涵角度指出，新墨学就是墨学的现代化。作为现代学者，应当适应现代社会发展的需要，将旧墨学转变为新墨学，这是势之必趋，理所固然。"墨学现代化，是新墨学创立的手段、原因、途径、行为和实践。新墨学创立，是墨学现代化的目的、结果、宗旨、动机和理想。"③ 墨学需要获得新生，只有走转化之路。"墨学是中国传统学术中最富科学和人文精神的优秀文化遗产，蕴含普遍真理成分，有重要的现代价值和世界意义。墨学以其自身的生命力，遇到合适环境，必然抽芽生长、开花结果。"④ 新墨家的形成带来对墨学的整理与发掘，既是中华民族传统文化得以弘扬的内在精神驱动，又是全球化潮流中不同思想资源对话、碰撞与交互影响的客观需要。

新墨家宣言提纲挈领地说明了如何从建本与创新两个角度开拓

---

① 张斌峰、张晓芒：《新墨学如何可能》，《哲学动态》1997 年第 12 期。
② 张斌峰、张晓芒：《新墨学如何可能》，《哲学动态》1997 年第 12 期。
③ 孙中原：《墨学现代化、新墨学和元墨学》，《哲学研究》2006 年第 1 期。
④ 孙中原：《墨学现代化、新墨学和元墨学》，《哲学研究》2006 年第 1 期。

墨学研究的新局面。由于研究规模的壮大，以墨学为主题的学术会议级别逐渐提高，相关研究成果亦日益丰富起来。这为墨学发挥现代影响力奠定了基础，同时也为新墨家的应运而生创造了前提条件。新儒家、新道家的相继出场，不断刺激着墨学研究的学术派别形成一家之风格，"'现代新墨家'作为回溯古典以赋'新命'的潮流中独树一帜的一家也现身于学术舞台"①。研究者认为，对经典的创造性解读是每个民族从文化上沟通过去与未来的必经之路，而墨学作为小传统，继承着在多元文化发展格局下返本开新的文化责任。新墨学的倡言人指出，墨学研究存在着极大的挑战，"从总体上未能突破文字校勘、校注、白话今译和分类述释，而固守于'传统汉学'的老路"②。

　　基于此，新墨家从社会公德③、人类和平理念④、"爱人"伦理思想⑤等主题入手，寻求墨学与现代社会融通的思想因素，为推动学术发展进行了可贵的探索。新墨家真正形成声势是在2015年，香港儒艺文化协会招集中国主张墨家民主政治的民间学者顾如、从事墨耶对话的青年学者黄蕉风和以"墨者"为自己正名的南方在野，进行了十期系列访谈，就大陆新儒家、读经运动、墨学复兴、宗教对话、民族主义、普世伦理等核心问题表达了"墨家立场"。他们以"该中国墨学登场了"作为访谈主题，旗帜鲜明地就相关问题进行了深刻论述，系统地表述了当代新墨家的思想动态和学术主张。黄蕉风在菲律宾华文报纸《世界日报》上发表《当代新墨家宣言——从未济迈向既济》作出总结性回应，阐述了新墨学复兴的整体性纲领，争取新墨家的话语权利。新墨家认为："儒家只是历史而不是传统，中华道统

---

① 彭永捷：《"现代新墨家"的文化解读》，《现代哲学》2004年第2期。

② 张斌峰、张晓芒：《新墨学如何可能》，《哲学动态》1997年第12期。

③ 张斌峰：《墨子的兼爱学说与现代社会公德的确立》，《甘肃理论学刊》1997年第1期。

④ 张斌峰、张晓芒：《墨家学说与人类和平理念的确立》，《晋阳学刊》1998年第4期。

⑤ 孙理兴：《墨子"爱人"伦理思想特征及其现代意义》，《甘肃社会科学》2000年第3期。

在古之道术而非儒家，墨学归真必要非儒，墨学复兴绝不仅做儒学回潮之补充和注脚，而要独立发展。"①

新墨家已经走出中国，开始形成多元文化对话的宏观格局，积极开辟与民族主义、政治民主、宗教文明、普遍价值进行对话的思想疆域，为墨学的更新与发展寻找新的生存空间。新墨家在确立"我们是谁""我们在干什么"的身份意识时，也不断反观自身可能存在的问题，试图脱离彭永捷先生所论及的墨学研究怪圈，"新墨家应该明白，不能总是停留在不断应付当前热点题目的表面化的水平上，而应该朝深度研究与转生的方向努力"②。新墨家对于墨学研究中长期的路径依赖亦有深刻的体认，迫切需要寻找墨学现代化的突破口。胡适说过："中国哲学的未来，似乎大有赖于那些伟大的哲学学派的恢复。"③ 由此看来，诸子的各个分支都要走一条类似文艺复兴的道路，才能焕发出新的生命活力。可是，由新诸子参与的新文化建设如何进行，诸子学说如何在现代语境下发挥价值，都是一项长期的战略性研究任务。

（二）墨学现代价值研究

墨学的现代价值是个广泛的论域，也是墨学研究中一种常见的致思路径。从当前的研究状况看，既有总体、笼统提及墨学现代价值的研究成果，也有从某个思想侧面或某项具体内容探讨墨学现代意义的学术成果。无论如何，研究墨学，不仅仅是让显学重光，而是要在当前的文化建设、政治建设和社会建设中发出属于新墨家的声音。

1. 总体论及墨学的现代价值

墨学是一个整体，在一般意义上论及其现代价值的学术成果不在少数。从总体上研究墨学的现代价值，可以结合当前的社会发展需要来整合与利用墨学资源。人们对中国社会发展趋势的基本判断是：和

---

① 黄蕉风：《当代新墨家宣言——从未济迈向既济》，《世界日报》2015 年 4 月 11 日，http：//www.21ccom.net/articles/thought/zhongxi/20150414123624.html，2015 年 9 月 29 日。

② 彭永捷：《"现代新墨家"的文化解读》，《现代哲学》2004 年第 2 期。

③ 胡适：《先秦名学史》，学林出版社 1983 年版，第 9 页。

平、民主、科学与可持续发展是未来发展的主要旋律，而墨学中的价值资源可以为未来发展贡献必要的理论支撑。研究者指出了墨学可以适合不同领域发展的重要价值。第一，墨子的"兼爱"思想，对新时期发展中国家人民努力争取基本人权与生存权利有着重要的理论借鉴意义。第二，墨子的"非攻"理论，是广大弱小国家抗击政治强权的有力武器。第三，墨子的"非命"理论成为中华民族在新的时期自强不息，争取民族伟大复兴的强大动力。第四，墨家的科学思想成为新时期增强民族自信心，发展科学技术，贯彻"科教兴国"方针的精神基础。① 研究者首先肯定墨学研究在新的历史时期走向了纵深阶段，指出思想的价值不能由自身来决定，而取决于其文化续命人如何在时代中对之进行加工和改造。

还有的研究者主张，不同的诸子学说应当融合和互补，形成能够适用于新时代发展任务的新杂家，而新墨家就是其中的有机组成部分。"新墨家学派认为，墨家文化的'兼爱'、'尚贤'、'非攻'、'节用'，体现着博爱、平等、民主、和平的思想，更合乎现代公民社会的需要，具有走向现代性的可能。……相比较而言，新墨家的理论似乎更加适应于现代公民社会的需要。"② 把新墨家放置于新杂家的学术群体中进行考察，通过与新儒家、新道家等不同学派的比较，更能够显示出墨学的独特性，以及它能够与公民社会建设、实现道德手段与功利目的的统一性、张扬理性精神等有效结合，提取出东方智慧中更能接引西方文化的文化因子。

更有研究者从墨学十论以及墨学的基本精神等方面提取出墨学六个方面的当代价值："爱利百姓、自苦利他；任人唯贤、选贤任能；节用贵俭、艰苦朴素；崇尚科学、反对天命；爱好和平、兼爱天下；反对空谈、注重实践。"③ 研究者概括了墨学的基本思想内容，并且

---

① 曾繁仁：《千年"绝学"的伟大"复兴"——墨学研究的百年回顾与前瞻》，《文史哲》1999 年第 6 期。

② 张涅：《重审先秦诸子思想的当代价值——从新杂家的视角》，《学术月刊》2013 年第 4 期。

③ 时晓红：《墨学的复兴及其现代价值》，《理论学刊》2002 年第 4 期。

结合当今世界的发展趋势，对相关的时代命题进行了阐释。

这种研究思路也被其他的研究者所仿效，从墨学的基本观点中直接引申出墨学的现代价值是一种较为稳妥的方法，但是也容易造成表面化和刻板化的倾向。"第一，墨家的'兼爱'、'非攻'学说对于现代调节人际关系和国际关系的指导意义。……第二，墨家的集体主义价值观对于建设社会主义精神文明的借鉴意义。……第三，'尚贤'说的现实意义。……第四，墨子'节用'、'节葬'的价值观念对现代社会生活仍具有巨大的借鉴意义。"① 这种以今论古的演绎式思维方法，在墨学研究尚且停留在表层化和应用型的阶段，是较为常见的。但是出于深入研究的需要，这种方法无法产生新知识和新观点的弊端就充分表现出来，这不利于相关研究向纵深推进。因此，经过这种表象化的研究阶段之后，研究者开始针对墨学结构中的具体内容展开讨论，发掘其不同方面所蕴含的现代价值。

2. 分学科论述墨学的现代价值

从学科角度切入研究，为理解墨学划定了清晰的界限，对准确、深入地理解墨家思想是十分必要的。

（1）伦理学维度

墨学中最能吸引人关注的是"兼爱"思想，"兼爱"思想是重点研究内容，也被认为是墨学的核心思想。以此为出发点解析其伦理思想，是常规路线。"墨子的伦理思想，以'兼爱'为标志，以贵义、尚利的功利主义特点，在先秦诸子学术中独树一帜，具有许多合理的内容。其中所包含的舍己为人的牺牲精神和'为身之所恶，以成人之所急'的侠义气概，被人民群众和正义之士继承，并融入中华民族的性格之中。"② 研究者指出："墨子在中国伦理思想史上，首次提出'志功'这组范畴，第一次提出了以功利的原则作为评判人道德行为的尺度，这为后来正确地理解效果与动机的辩证关系提供了方向，是

---

① 贾敏仁：《墨学的现代价值》，《河南社会科学》1995 年第 3 期。
② 郭金鸿：《墨子伦理思想的现代价值》，《船山学刊》1997 年第 1 期。

对中国伦理思想的一大贡献。"① 研究者升华了墨学伦理的现代价值，认为它表达了劳动人民的利益，体现出鲜明的人民性特征，并且能够适应市场经济发展的需要。

刘清平教授阐释了墨家"兼爱"观念相对儒家仁爱观念的独特优势，并且指出它相较于当代西方平等、权利观念的良好价值。"墨家兼爱观主张'不可坑人害人，应该爱人助人'的正当原则，强调'强不执弱，众不劫寡，富不侮贫，贵不傲贱，诈不欺愚'的平等观念，倡导'虽在农与工肆之人，有能则举之'的民主意识等方面，超出儒家仁爱观，具有难以比拟的优势，同时也有助于克服当代西方权利、平等观念的某些缺陷。"② "不可坑人害人，应该爱人助人"是社会交往中应当遵守的普遍原则和底线要求，是墨家对伦理思想的重要贡献。"因此，在传承中国传统文化的基础上展开中国现代文化理念的创造性研究时，我们特别应该注意从作为'民间小宗教'的墨家那里汲取可贵的思想资源。"③ 刘清平教授强调，墨家不仅注重维护民众的基本生活利益，而且注重维护民众参与政治生活的基本民主权益，于反对不平等、反对压迫与剥削这类观念有着积极的价值。

墨学的文化特色所表现出来的伦理价值得到研究者的重视。相对于其他诸子的沉重、滞后与保守，墨学的进取、积极与创造的姿态更加适合当前的文化建设。"沉寂了近两千年的墨学文化，却在和平与发展已成为世界主题，民主、自由业已成为国人急需的今天，正日益显现出巨大魅力。"④ 研究者分析了墨学中所蕴含的爱无差等的平民性质、独树一帜的科学精神、非攻备御的军事思想、折服古今的人格魅力，这些对当前的文化建设不无裨益。

学者李贤中指出，墨学的伦理思想和西方伦理学中的效益伦理

---

① 郭金鸿：《墨子伦理思想的现代价值》，《船山学刊》1997 年第 1 期。

② 刘清平：《论墨家兼爱观的正当内涵及其现代意义》，《浙江大学学报》2010 年第 3 期。

③ 刘清平：《论墨家兼爱观的正当内涵及其现代意义》，《浙江大学学报》2010 年第 3 期。

④ 孙卓彩：《墨学的文化特色和当代文化价值》，《理论学刊》2006 年第 6 期。

学、义务论以及德行伦理学都有所不同，无法完全用西方伦理学的理论框架来界定其伦理思想。"在墨家伦理思想中皆可以找到和现代三种规范伦理学理论较为类似的思考观点、价值标准或处理问题的方式；但是也都不能完全涵盖墨家的伦理思想，我们也不能像学界那样轻率地将墨学归类于其中任何一种理论类型。这可以使我们进一步反思墨家伦理思想的现代意义。"① 这种尊重墨家伦理自身独特性的研究方式，保留了开放性，进而创造了对之进行进一步还原与重构的空间；同时也避免把墨家伦理简单地归类到某种西方伦理学体系中，对长期存在的把墨学与西学做简单比附的研究，起到一定的矫正作用。

有研究者指出，"天下为公"是墨家创立的公德伦理的一个基本理念，可以把兼相爱、交相利的伦理思想体系概括成为公德伦理，这与儒家的私德伦理存在着根本性的差异。"墨子的'天'和'天下观'不仅阐述了'天下为公'的基本理念，回答了什么才是他的'夏政'，还揭示了一个基本道理：人来源于自然，必须按照自然的规律及法则来行事。"② 研究者证实了墨家是"天下为公"的大同思想的首义者，其思想境界超越了儒家，在道德意识方面其旨在建立一个平等、正义和互爱互助的美好社会，其影响是广大和深远的。

较为系统地研究墨学伦理思想的是杨建兵，他在其由博士学位论文形成的专著《先秦平民阶层的道德理想——墨家伦理研究》中，把墨家归纳到功利论的范畴当中。他探讨了墨家伦理的生成论特征、得以生成的内部原因及其中衰的根本原因，与"西学"之维和西方亚里士多德、密尔的伦理思想进行了比较，在"中学"之维层面，则从儒、墨、道、法的人性论入手，以"爱"为经、以"利"为纬探讨了四家伦理思想的发展脉络。他同样卷入了墨家是不是功利主义这一学术论争中并持肯定观点。"尽管墨家以'兴天下之利，除天下之害'为最高伦理原则，言必称'利'，仍然有人质疑墨家伦理的功利

① 李贤中：《墨学与现代伦理思想之比较》，《职大学报》2011年第6期。
② 萧成勇：《"天下为公"：墨子墨学公德伦理的一个基本理念》，《安徽师范大学学报》2015年第3期。

本质。其实，功利论谋求的是最大多数人的功利之最大化，从'功利论'走向利他主义是合乎逻辑的必然发展进程。"① 在此书的最后部分，杨建兵对墨家伦理是不是功利主义的论争作出总结，阐述了墨学伦理在当今政治、经济、军事和科技领域的现实应用价值。

（2）政治哲学维度

发墨家政治哲学研究之先声的是梁启超，他从墨子的"明乎天下之乱生于无政长，故选择贤圣立为天子，使从事乎一同"出发，认为墨家政治学说和欧洲启蒙运动时期的契约论思想极为接近。"孰明之？自然是人民明之。孰选择之？自然是人民选择之。孰立之孰使之？自然是人民使人民立。此其义，与主张'天生民而立之君'的这派神权起源说，及主张'国之本'在家的家族起源说，皆不同。彼以为国家应由人民同意造成，正和民约论同一立脚点。"② 梁启超虽然肯定了墨学中蕴含着朴素的民约论思想，但是他也指出，当墨家的民选国家产生之后，尚同的政治原则必然会导致专制，限制人们的自由与个性发展，并且认为这是墨家最为吊诡的结论。"彼盖主张绝对的政治干涉，非惟不许人民言论行动之自由，乃并其意念自由而干涉之，至人人皆以上之所是非为是非，则人类之个性，虽有存在者寡矣。"③可以这样理解，梁氏认为，墨家政治理论始于自由，终于奴役，最终是以无孔不入的国家权力来吞没自由的个性。

郭沫若采用阶级分析的方法，指出墨家代表了当时能够表达民情民意的新兴势力，不过，由于墨子是位"爱走极端的天才"，他的生活和言论往往自相矛盾。他还指出墨家保守与复古的一面，"他站立于同情公室的立场上，见到的只是腐败的奴隶生产，因而难以看出人民生产力的伟大。其对于人类的前途是悲观的，因而反对周家的文，而需要返回夏家或其以前的质。"④ 郭沫若用当时盛行

① 杨建兵：《先秦平民阶层的道德理想——墨家伦理研究》，中国社会科学出版社2012年版，第72页。
② 梁启超：《先秦政治思想史》，岳麓书社2010年版，第150页。
③ 梁启超：《先秦政治思想史》，第151页。
④ 郭沫若：《十批判书》，人民出版社2012年版，第90—91页。

的历史决定论和阶级分析的方法，对墨家思想进行了批判，得出墨家没有肯定劳动人民在历史发展中的主导决定作用，是反动的、开历史倒车的结论。

正义是政治哲学的核心概念，墨家拥有自己的正义观念体系。"墨家的正义不是要维护个人权利，相反，他认为只有维护他人的权利、天下人的权利，才能称为义，而一味强调个人的权利乃至'亏人自利'就是不义。后期墨家沿着墨子的理路，直接将'义'释为'利'。"① 从"兴天下人之利"入手，研究者认为，墨家以外在的"天志"作为正义的根据和保障，"贵义"使"义"向外在化、客观化拓展，对"义"的追求潜藏着工具化的危险。"以'天志'作为正义的依据和以'明鬼'之罚恶赏善功能作为正义的保证，既虚幻而不实，又潜存工具化危险。……虽然墨子力图用'天志'作为义的最终保证，然而，'天志'对于有'天志'信仰的人来说才是有效的，而对于没有'天志'信仰或者没有任何敬畏意识的人而言就失效了。"②

从政治思想的渊源上看，有研究者指出，墨家尚贤、尚同、兼爱的形成均在不同程度上受到了《尚书·洪范》有关思想的影响。"墨子法古之先王和奉行的先王之道在《洪范》中就有集中的体现：《墨子·尚同》三篇详细阐发了《洪范》中的'人无有比德，惟王作极'的思想。"③ 墨家更为人格化的天志来源于《洪范》九畴，后者同样认为政治的兴亡盛衰来自于天的赏善惩恶。尚同、尚贤、兼爱都可以从《尚书·洪范》中寻找到相应的思想原型。

从根本上说，墨家倡导"义政"，这是研究者取得的普遍共识。有研究指出，墨家追求的理想政治境界是"义政"，是实现天下从乱

---

① 颜炳罡：《正义何以保证？——从孔子、墨子、孟子、荀子谈起》，《孔子研究》2011年第1期。

② 颜炳罡：《正义何以保证？——从孔子、墨子、孟子、荀子谈起》，《孔子研究》2011年第1期。

③ 薛柏成：《论〈尚书·洪范〉与墨家政治思想》，《吉林师范大学学报》2005年第1期。

到治的根本路线，可以对社会秩序进行彻底的改进，这既是政治的手段，也是目的。把伦理追求的道德条目贯彻到政治路线与制度设计中，使墨学实现了本体哲学、伦理哲学与政治哲学三者的高度统一。"作为'天志'的具体内容，'天欲义而恶不义'无疑属于本体哲学的范畴。然而，当义成为伦理哲学的核心、'义政'成为政治哲学的理想境界时，'天欲义而恶不义'便有了伦理哲学、政治哲学的风采和神韵。通过上面的分析和透视可以看出，以'天欲义而恶不义'作为凝聚点，墨家的本体哲学、伦理哲学与政治哲学相互涵摄、层层渗透，呈现出融通合一的姿态。"[1] 墨家"义"的概念同时兼具伦理、政治和哲学的意涵，"天欲义而恶不义"生动地体现了墨子本体哲学、伦理哲学与政治哲学的三位一体。

有研究从当前民主政治制度建设所需要的传统文化资源角度出发，认为墨家思想接续了夏商周三代的民本主义的政治情感，"义政"观念能够为当前的民主政治改革贡献一定的思想智慧与方案设计。"墨家关爱民生，以一种显然有别于儒家'仁政'之'义政'来倡导、推行'兼爱'以利天下的秩序安顿，在政治路径的选择方面主张'尚同'以实现'一同天下之义'，并通过'尚贤'来缓和'人异其义'的伦理困境，以'贤无常贵''君无常贵'的贤德建设和合治德冲突，突显其异于时代的政治智慧，对当下的民主政治改革有着重要的启示意义。"[2] 研究者进一步指明，墨家在调和政治权力的上层与下层、人性品德的贤能与平庸，在满足社会发展的社会富裕与人民友爱方面，以一种积极的姿态为政治日益走向文明创新了思想空间，其政治理想中不乏权力之善，不乏公正、民主之意，是一种具有现代意义的政治文明。

（3）社会学维度

"兴天下之利"被通俗地演绎为墨家较为关注民生问题，从平民

---

[1] 魏义霞：《"天欲义而恶不义"与墨子本体哲学—伦理哲学—政治哲学的三位一体》，《东方论坛》2004 年第 4 期。
[2] 郭智勇：《"尚同"与"尚贤"：墨子政治和合的伦理路径探析》，《东南大学学报》2014 年第 4 期。

阶层的身份认知出发，强烈关怀和同情民间疾苦，作为民众利益的代言人，发出维护底层权益的声音。据此可知，民生问题是贯穿墨学思想的一条主线，为借古喻今打下了立论基础。"在人的本质方面，墨子认为劳动乃是人的本质属性，强调'赖其力者生，不赖其力者不生'，指明了解决民生问题的根本路径；在天人关系上，相信强力从事才是改善民生的重要手段，认为'不强必贫，强必富'；在人际关系上，倡导'兼相爱，交相利'，希望为民生提供和谐的社会环境；在人权上，主张人人平等地共同享有经济、政治和教育权利，这为解决民生问题提供了具体的社会方案。"① 在研究者看来，墨家渴望建立的理想社会是人人劳动、开拓进取、富强和谐、平等享受公共权利的良性社会。在这样的社会里，和平代替战乱，富强取代贫弱，共济克服利己，是一种非常完美的社会形态。同时，墨家把实现这种社会理想的希望寄托在天、鬼身上，这是其社会思想的不足之处。

杨武金认为，墨学在当今社会建设中具有重要作用。他指出："兼爱和谐思想是正确处理人与人之间关系的重要指导；节用及合理消费思想是当今社会需要科学发展的重要警示；强调以逻辑为基础的科学理性精神是健全完美人格的重要保障。墨学在如何处理个人与他人、人与物、人与其自身的关系诸方面，都做出了科学而合理的论断和论证，结合我们现实中存在的诸多不合理的错误做法和行为，需要我们进行认真反思和努力行动。"② 对现代社会中个体与他人、个体与世界、个体与自我存在的矛盾冲突，作为中国传统文化中优秀成分的墨学，能够带来一些建设性意见。这对于科学与人文的统一，对于人类和平共处与幸福生活，对于自然资源的可持续发展，具有重要意义。

还有研究从墨家"三表法"出发解释其社会关怀。认为真正继承殷商和西周"敬天、孝祖、保民"思想的是墨家"尊天、事鬼、爱

---

① 孙慧明：《民生：贯穿墨家人学的一条主线》，《北京工业大学学报》2013年第3期。

② 杨武金：《墨学在当今社会建设中的重要作用》，《职大学报》2013年第3期。

人"，而非儒家。墨家的终极关怀表现为尊天、事天、法天、顺天，其源于天志，成于尚同，行于兼爱，这是墨家学术的内在脉络和精神气质。研究者认为，墨学的独特气质表现在三个方面："一是特别关注科学技术，最具科学性。……二是宣导'天志'，尊崇'兼爱'，与基督教思想有着惊人的契合，最具宗教精神。……三是社会关怀，尤为强调实际效果而非单纯理念。"① 研究者同时论及墨学的兴衰周期与中国的社会历史发展轨迹惊人地吻合，当社会处于太平盛世时，墨家就会遭受冷落；一旦社会发生转折与处于动荡的危机中，墨学就会适时地被发掘出来，并且彰显出夺目光彩。而当下社会正处于快速转型期，这正是非常需要墨学的时代。

有研究认为，墨家的社会关怀具有终极关怀的气质，由于其过于理想化而恰恰具备了乌托邦的品性。研究者以此入手，围绕墨家追求的理想人格展开探讨，其研究继承了钱穆先生对墨家人格的敬佩之情，同时也暗示了社会理想的高蹈与完美。"而在返降人间之际，士的角色与期待便成为一种应然的实践进路，尚贤虽是治国之术，但以'道'为己任，文士是厚乎德行，辨乎言谈，博乎道术，而在武士则是任侠，为义而死。就天人关系而言，墨家之人具有一种超越社会限制的道德勇气，直达其所预设的理想国度，他们所具有的乌托邦性格是如此明显而又令人敬佩。"② 理想的社会要有理想的人格来建设和担当，墨家勾画出的天人合一的社会，需要具有广博知识、高尚人格、雄辩才能的人来建设和完成。这种理想人格给后人以启迪，但是由于对自我牺牲和执着信念的过于强调，容易造成曲高和寡。

（4）美学维度

墨家的美学理论集中体现在"非乐、节用"等思想中，因过于讲究实用而不注重艺术的文艺理论，需要后世治墨者给予适当的理解。有研究者认为，墨家的美学思想是反文艺的。有研究分析了其中的原因，认为前期墨家急于救世，昭昭然为天下忧不足，无暇顾及人的审

① 王骏：《论墨家的社会关怀》，《宗教哲学》2014年第67卷。
② 吴进安：《墨家终极关怀中的乌托邦性格》，《汉学研究集刊》2009年第9期。

美需求；而后期墨家则忙于建立齐整、谨严的逻辑结构和理论体系，讲求理性的思辨，而缺少感性的心灵。"墨家的文笔质而无华，只求达其意，其见解则瘠薄而寡泽，可见墨家缺乏一种感性的精神生活，缺乏艺术的心灵，才造成墨家思想的粗糙，不够细致。"① 研究者声称，之所以造成墨家感性审美能力缺失，一是因为当时的时代背景是社会动乱、民不聊生，吃饱穿暖的生存需求压过了艺术的享受需要；二是因为墨家团体从事着百工的生产事业，关心的是劳动机会的获得与经济利益的实现，这使其关注的是物质利益而不是精神生活。研究者肯定了墨家极为俭约的反艺术精神，认为这与其自律、自苦的精神相得益彰，从另一个角度表现了整个团体勇于牺牲、积极为义的崇高品质。

虽然从古代的荀子到现代的墨学研究者都对墨家的反艺术思想有所体悟，但仍然有学者为其"非乐"思想进行辩护。分析墨家反对音乐的动机，就常识而言，以音乐为代表的艺术享受是上到王侯贵族、下到黎民百姓都能进行的基本精神活动，墨家之所以立场鲜明地批评礼乐文化，是因为其出发点在于维护人民的利益。"墨子虽然没有对音乐进行深层的文化思考，但墨子从人民的利益出发，来规定行为的性质是否是正确的。对于音乐来说，反对奢靡的音乐活动，仍然有着深刻的现实意义和深远的历史意义。"② 墨家并非反对音乐本身，他们承认礼乐的情感享受和精神愉悦功能，但以功利思想视之，因为创造音乐等艺术活动并不直接参与物质生产，所以必须反对音乐创作和歌舞表演的劳民伤财与奢侈挥霍。这无疑是对贵族无情掠夺与奢侈挥霍的生活方式作出的反驳与鞭笞。

墨学对音乐的否定引发了研究者的学术兴趣，无论是反对派还是赞成派，双方都持之有据并形成激烈的争论。当然，也有研究者秉持客观的中立立场，从墨学的艺术思想中为当今的美学设计理论寻求借鉴。"墨家思想的实用性、理性精神和平民性，使得墨家的设计也更

① 钟友联：《墨家的反艺术思想》，《现代学苑》1972 年第 9 卷第 2 期。
② 曲洪启：《墨子"非乐论"辨析》，《山东大学学报》2002 年第 6 期。

为关注人民日常生活层面的实践，并产生了大量关于工艺审美和造物方面的思想。"① 研究者主张，墨家的"兼相爱、交相利"蕴含着现代民主的设计理念，"节用、非乐、利人"表达了可持续发展的设计理念，整体上表现出设计为广大人民服务、为包括不利阶层在内的所有人服务和为地球资源的合理利用服务的先进设计理念。

（5）教育学维度

研究者认为，墨家教育思想具有鲜明的原创性。"在战国新时代历史背景下，墨子的教学方法、教学内容和教育宗旨等均与时俱进地适应战国时代的潮流所需，突破了孔子的模式。"② 墨家强调教育对社会生产发展的积极作用，将平民纳入教育对象中，总结劳动人民的生产经验，是中国古代科技教育的开拓者，科技教育为其重要内容。有学者在从世界科学教育史的角度比较墨家与毕达哥拉斯学派科学教育的异同时指出："近现代西方科学技术的大力发展，深深得益于毕达哥拉斯倡导的追求真理的科学精神，以及其奠定的探求事物数量关系的科学方法。墨家的科学技术成就乃是中国古代科学技术史上的一朵奇葩，在历史上写下了极为辉煌的一页，但是其对中国后世科技的发展却影响甚微。"③ 其原因是毕达哥拉斯学派进行科学研究是为了净化心灵，创造形成了自由探讨的学术气氛；但墨家学派是个准军事化的政治团体，重在思想控制，缺乏独立创见，这是其科学教育后继乏人的根源。有学者认为，如果墨子的科学教育思想被有效地传播下来，中国古代的科学发展将会是另一番天地。④

墨家教育思想的一个重要特征是平民性。"墨家从兴百姓之利出发，以实用实利之学为教学内容，又从教育对象的个别特征出发，设'谈辩'、'德行'、'从事'、'说书'等科目，使各行义事，各有所

---

① 何丽华、文静：《墨家思想中的现代设计理念探究》，《设计》2013 年第 6 期。

② 王凌皓、陈明月：《先秦创始墨家的原创性教育思想探析》，《古籍整理研究学刊》2015 年第 5 期。

③ 殷朝晖：《墨家与毕达哥拉斯学派科学教育之比较》，《广西社会科学》2005 年第 3 期。

④ 金观涛：《科学传统与文化》，陕西科学技术出版社 1983 年版，第 30 页。

长。这种教育内容的设置思想已经兼顾个人的发展和社会的需要两个方面，其平民性特点甚是突出。"① 有研究认为，在高等教育领域，墨学"在以人为本、实现教育公平、创办特色学校、培养创新能力等方面为现代高等教育提供了理论依据"②。当然，这种墨学"为我所用"的观点，尚有继续商榷的理论空间。还有研究从墨子"教人耕"的思想引申开去，"对做好高等职业教育的发展规划，强化高等职业教育的机制建设，使高等职业教育成为真正的民生工程，具有一定的启示意义"③。这样的大胆假设仍然需要小心求证。就道德教育而言，"墨子之'去辟'与'修德'，都是以务实为根本，在生活中积极地修养德行，以求社会安定，国家统一。这种'理想化的道德人格'，必须通过教育才有机会达到，但并不是一般人可以做到的。"④

　　研究墨家教育思想的重要途径是进行儒墨比较。"从教育目的来看，墨子和孔子都把教育与政治密切联系起来，把教育作为实现其政治理想的重要手段。……而墨家代表'农与工肆之人'，作为一派实践家，其不赞成孔子这种单纯的情感教育，在除了以'兼爱'为核心的道德教育外，更注意对生产技能、自然科学、军事技能和知识、辩论才能等方面的研究和训练。"⑤ 研究者肯定了墨家教育内容对现代教育的借鉴意义，主张平衡科学教育与人文教育两者间的关系。"与孔子儒家不同的是，墨子对'力行'的强调，除了注重道德修养、磨炼意志之外，同时亦注重社会生产劳动和自然科技理论的实践。另外，墨子亦提倡思学并重，在教学中非常注意教诲学生知其

---

① 朱智武：《墨子教育思想中的平民性初探》，《船山学刊》2009 年第 4 期。
② 刘丽琴：《墨子教育思想的独特性对现代高等教育的启示》，《中国成人教育》2010 年第 12 期。
③ 曹艳春、郭智勇：《墨子"教人耕"思想对高等职业教育的启示》，《江苏高教》2013 年第 3 期。
④ 汤浩坚：《"三不朽说"与〈墨子〉道德教育观》，《中国海洋大学学报》2007 年第 4 期。
⑤ 王黎明：《儒墨教育思想之比较及其对现代教育的启示》，《兰州学刊》2010 年第 6 期。

然，更知其所以然。"① 这从学生思维方式训练的角度指出了儒墨教育的差异所在。

以上从分学科角度综述了不同学科领域的墨学研究成果，汇聚着学者的智慧和情感，勾勒出大体的思想轮廓。这些研究结论既存在着一些重叠性共识，也有彼此相左的观点。后者形成墨学研究中悬而未决的争论性主题，对之进行不懈探索，既深化了墨学研究的格局，又拓展了对其基本内涵的理解。

（三）墨学研究中的主要论争

1. 墨学是不是功利主义的

墨学在传统文化群落中具有相当的异质性，特别是它把功利、效益与人的内在行为动机结合起来进行考察的"合其志功而观"②，以及对义、利一体化的理性阐释与系统论证。儒家坚持"义、利"二分的观点，以致把"义"当成君子的品质，把"利"理解为小人的特征，认为"以义制利"和"重义轻利"是一个品性高洁的君子应当体现的价值追求，这与墨家形成了鲜明对照。道家主张解构义利直至超越义利，"无为上德"乃是至高境界的道德理想，"见素抱朴，少私寡欲，绝学无忧"就是把人们追求实在的道德内涵倾倒为空无之境，这样便可以复归自然、返璞归真，把文明进步中所产生的圣、智、巧、利、仁、义都搁置起来。就功利这个维度来说，墨家是义利同一、义利并重的，儒家是义利二分、厚义薄利的，而道家却是消解且超越义利的。西方功利主义思想的传入，墨家的义利学说被冠以"功利主义"之名，这引起了墨学研究的争讼纷纭。

（1）肯认墨家为功利主义

最早把墨学定性为功利主义的是梁启超，他声称"宗教思想与实利主义两者，在墨子学说全体中，殆犹车之两轮，鸟之双翼也"③，

---

① 梁宗华：《孔墨私学与传统教育》，《东岳论丛》2008 年第 6 期。

② 方勇译注：《墨子》，中华书局 2011 年版，第 454 页。

③ 梁启超：《墨子学案》，《梁启超全集》卷 11，北京出版社 1999 年版，第 3162 页。

"墨子之所以断断言利者，其目的固在利人；而所以达此目的之手段，则又因人之利己心而导之。固墨学者，实圆满之实利主义也"①。在梁氏看来，墨学和西方功利主义思想都依据人趋近快乐、回避痛苦的本性，在此基础上，可以利用人的利己本性发展出人的利他与互利的公共美德，利己天性是实现利他与互利目的的手段。因为西方功利主义顺利地引申出自由主义市场经济、保护私有财产与人身权利、制定福利制度的公共政策，最终实现最大多数人的最大幸福。因此，梁氏认为："欲救今日之中国，舍墨学之忍苦痛则何以哉？舍墨学之轻生死则何以哉？"② 墨学复兴不仅被看作重振文化的必需，更是被当成救国济民的利器。

对墨学是功利主义的判定，梁启超开其端，胡适发其绪。"墨子以为无论何种事物、制度、学说、观念，都有一个'为什么'。换言之，事事物物都有一个用处。知道那事物的用处，方才可以知道他的是非善恶。为什么呢？因为事事物物既是为应用的，若不能应用，便失了那事那物的原意了，便应该改良了。……这便是墨子的'应用主义'。应用主义又可以叫作'实利主义'。"③ 在胡适的语境中，实利主义显然是融合了功利主义与实用主义两种哲学思想的，墨子对"为什么"的不懈追问，对用来判断事物是非善恶标准的"三表法"的发明，对国家百姓利益的高度重视，无疑是胡适把其判定为实利主义的有力佐证。

墨学属于功利主义的哲学范畴，冯友兰对之也持肯定态度。他从墨家拯救时弊的思想入手，认为"三表法"是其功利主义的最好证明。"凡事物必中国家百姓人民之利，方有价值。国家百姓人民之利，即是人民之'富'与'庶'。凡能使人民富庶之事物，皆为有用，否则皆为无益或有害；一切价值，皆依此沽定。"④ 冯氏认为，墨家时时、处处、事事讲究"利"，就是功利主义的注重算账，使墨家在衡

---

① 梁启超：《墨子学案》，《梁启超全集》卷11，北京出版社1999年版，第3167页。
② 梁启超：《墨子学案》，《梁启超全集》卷11，第3182页。
③ 胡适：《中国哲学史大纲》，北京大学出版社2013年版，第132页。
④ 冯友兰：《中国哲学史》，重庆出版社2009年版，第78页。

量政治、伦理、经济和文化时，都采用是否符合利益的标准来进行价值判断。此外，结合后期墨家的阐释，冯氏认为，功利主义是墨子哲学的根本，《墨经》不仅延续了前期墨家对功利的强调，而且进一步解释了重视利益的正当性问题，以及当发生趋避的动机冲突时，人的理性需要遵守舍目前之小利而避将来之大害的权衡原则。

现代早期用西方哲学方法研究中国古代哲学的梁启超、胡适和冯友兰等人，皆把墨家判定为功利主义，这在哲学界产生了深远影响。劳思光就墨家早期和人辩论"兼爱"是否"可用"的问题入手，认为其道德理想可以通过克制人的私心、惠及他人来实现。"此皆谓'兼爱'为必可实行，亦必可收效之主张。其所以如此，则因为墨子本以实效观点提出此说。故其功利主义之思想亦由此逐渐透露出。"①劳思光认为，沿着兼爱、善而可用的思路，可以得出墨家是功利主义的结论。

把墨家作为功利主义来看待，也受到后世治墨者的进一步肯定与继承。"墨子是在中国历史上倡导功利主义思想的第一人，在他的思想中虽然没有'功利'连称的术语，但是'功'、'利'都已经分别提出，如'利人多，功又大，是以天赏之。'……墨子功利思想的内容丰富而又独具特色，在中国伦理学说史上占有重要地位。墨子与密尔是中西方推行功利主义思想的典型代表，对两人思想进行比较研究，不仅是一个理论课题，也为反思东西方文化中的许多伦理问题提供了一个新视角。"② 这种观点强化了墨学是功利主义的研究结论，开辟了与西方功利主义思想进行更为深入的对比研究的新局面。

把墨家定性为功利主义，可以继续拓展墨学作为东西方文化对话媒介的价值，深入发掘出其中潜藏的伦理学、社会学与政治哲学思想，为在全球化视野中继续推进东西方文化交流创造了条件，为墨学的多元理解提供了可能。这样的思维方式，坚定了研究者的价值立

---

① 劳思光：《新编中国哲学史》，三民书局1997年版，第281页。

② 魏悦：《墨子和密尔功利主义思想之比较研究》，《江西财经大学学报》2006年第1期。

场，为墨学的全面辩护提供了理论支持。

（2）对墨家功利主义论的质疑与反驳

随着西方功利主义思想以及墨学功利观研究的逐渐深入，学术界陆续提出了反对论证，对墨学是功利主义观点的质疑声初现端倪。"西方功利主义的思想是以个人为主体的伦理学，其考虑的是如何来满足我个人与这个社会多数人的利益。……而墨家的伦理思想恰恰与他们相反：墨家倡导的利益不是我个人或者我的集团的利益，而是他人的利益。"① 研究者指出，墨家功利的主体是他人，而西方功利主义的利益主体是自我。这一方面肯定了墨家伦理中超越小我、成全大我的公共精神，但是从两者的差异看，这和精准意义上的西方功利主义依然存在着根本区别。

还有研究者认为，整个中国文化都缺少功利主义的基因，如果这个结论站立得住，那么就会成为判断墨学是不是功利主义的大前提，也就意味着它并非功利主义，这将改写中国哲学史上近百年来对墨学性质的看法，甚至改变对整个中国文化气质的判定。"中国哲学讲求以'利'为手段而以'义'为目的、讲求以'结果'为手段而以'动机'为目的、讲求以'利己'为手段而以'利他'为目的、讲求以'利人'为手段而以'利物'为目的，故中国哲学没有'功利主义'。"② 这是该研究者立论的根据，在文中他分析了墨学和西方功利主义思想的区别，认为包括墨家哲学在内的整个中国哲学对世界哲学历史最重要的贡献，就是建构了不讲"利"的完全彻底的"利他主义"；即使是讲"利"，也是完全彻底的"利他主义"。

有些研究者持较为中立的态度，并不把西方功利主义看作唯一需要大写的功利主义，而认为中国文化中也有可以与之相提并论的功利主义，比如墨家思想，或者是宋代强调事功之学的陈亮、叶适这一派别。但是也有研究者认为，混淆西方功利主义和中国大利主义的区别，是学

---

① 郝长墀：《墨子是功利主义者吗？——论墨家伦理思想的现代意义》，《中国哲学史》2005 年第 1 期。

② 张耀南：《论中国哲学没有"功利主义"——兼论"大利主义"不是"功利主义"》，《北京行政学院学报》2008 年第 2 期。

理上的根本误识，也剥夺了中国文化的独特品性，并非抬高而是贬低了中国哲学。就墨学而言，和作为纯粹西方概念的功利主义没有共通之处。"最大的不同之处在于墨家的功利观根植于代表整体性道德的'天志'，而西方功利主义的根据是基于个体的自然人性论。"① 另外，还有研究者认为，两者虽然不同，但是有共通之处。"在对于'利'的理解上，二者都包含着利己、利他乃至利天下这三个层次，并且，都主张把公共利益作为道德的最高准则，其中，墨家讲的利，最根本的就是'利天下'，志士贤人都应致力于'兴天下之利，除天下之害'，这与功利主义所主张的'最大多数人的最大幸福'有着异曲同工之妙。"②

从上述观点中可以看出，人们既强调墨家思想和功利主义的差别，也肯定两者之间的调和与融通。因此，以西方功利主义作为桥梁，可以论证出墨学在当今社会的现实价值。

2. 墨学是宗教的还是世俗的

中国传统文化中并不缺乏对天、永恒自然和鬼神所代表的神圣世界的向往与思索，可是其中充满着强烈实用理性色彩和对世俗生活的持久关注也是不争的事实。但是颇为特殊的是，墨学里有确切的《天志》《明鬼》篇章，在规划人生与社会时，墨家明确提出最高的依据乃是天与天志，维护人心稳定、社会运转的力量一方面来自人力之为，另一方面来自于天力之助。天志是伦理规范的来源，鬼神的监督、威慑作用，都是实现墨家价值的非世俗化的保障力量。由此所引发的墨学是不是宗教的争论，导引着研究的思路。

（1）墨学是宗教有神论

孙诒让在对《墨子》各篇进行注解时，在《明鬼》下篇标题下注释"明，谓明鬼神之实有也"③，指出对"鬼神"的观念，墨家是持肯定态度的。孙氏的观点开启了墨学是宗教有神论的先河。从字面

① 余卫东、徐瑾：《墨家功利观与西方功利主义的比较》，《湖北大学学报》2005年第3期。

② 原成成：《功利主义与墨家之"利"概念比较研究》，《求索》2013年第10期。

③ 孙诒让：《墨子间诂》，中华书局2001年版，第46页。

上看，"天"别名"上帝"，根据李绍崑的统计，在《墨子》一书中，"天"共出现206次，"上帝"出现23次，不过，这两者的含义并无区别。① 鬼神、天、上帝等词汇的频繁出现，有力地证明了墨学中包含着宗教的元素。

墨家用"天"和"上帝"来指称代表神圣存在的至高至善者，研究中国宗教历史的日本学者福永光司在考察中国宗教信仰的谱系时指出："《墨子》一书，可以说是先秦文献中最忠实地保存和继承了古代天帝信仰思想内涵的典籍。前出引文②，可以说，都是关于中国古代的信仰者对作为审判者的上帝的思想信仰的具体记述。"③ 他把墨家所规定的拥有审判意志的天，定性成为具有超越性的最高审判者之上帝，正从天上监视着人类，根据人的行为的"义"或者"不义"，来决定对人类的赏赐和责罚。这种裁决与赏罚之天在墨学中的重要位置，只能说明墨家持守信奉鬼神的宗教信仰。

针对墨家用经验论方法来论证鬼神存在的做法，有研究者论述了经验论与有神论之间的联系和差别，以及用此方法来证实鬼神存在而产生的局限性。"墨子认为，古代圣王之事尽显了道、义，而义与圣王之道不是别的，正是'天鬼之志'。'天鬼之志'是宇宙间最普遍的、最高的、终极性的价值标准。这样，他就把最终的道、义审判权交到了神鬼的手中，由'非命'的战斗态度转化到神学立场上。导致墨子走向神学的根本原因是他的经验论的局限性。由此看来，如果不能突破经验论的局限性，由无神论走向神学乃是一种必然。"④ 天鬼是超验的存在，而经验只能证实可见可感之物，研究者因而指出墨学中经验论方法与有神论思想之间的必然张力，虽然"非命"和

----

① 李绍崑：《墨子研究》，《墨子大全》第55册，北京图书馆出版社2002年版，第350页。

② 指在文章中前面所引用的《墨子·天志上》中的话："天欲义而恶不义……顺天意者，必得赏；反天意者，必得罚。"

③ ［日］福永光司：《中国宗教思想史》（上），钦伟刚译，《中国哲学史》2005年第1期。

④ 沈顺福、孙华：《中国哲学的无神论传统及其检讨》，《山东社会科学》2000年第3期。

"天志""明鬼"之间存在着冲突，但由于墨家论证方法的局限性，却使二者结合到了一起。

有研究者在原有基础上对这个问题进行深化论证，指出上述结论还有修正的余地。墨家的非命和尊天明鬼之间看上去存在着逻辑矛盾，是因为未能明白墨学中非命与尊天间的制约关系，尊天明鬼并不完全是宗教神学的体现，更具有世俗政治的意蕴。尊天并不是必然与宗教神学完全对应，古代民众以及现在的人民也多持有信奉天帝的个人生活经验，然而这只是民间崇拜或者私人信仰，并不需要系统的理论与完善的仪式，这和真正意义上的宗教是不同的。墨子天志、法仪并不是极端的灵性崇拜，只是借助天的惩戒力量来约束统治者，其着眼点是建立"尚同""尚贤""兼爱"与"非攻"的社会，最终目的并不是宠信天帝。墨家叙述的天志并不那么神秘，在学派内部也不神化自己，天及天志只是作为思想的讨论，这与宗教神学的内涵以及宗教组织的金字塔法则有所不同。最为重要的一点是，"非命"的主张恰恰规避了"天志"可能会导向的宗教情结。按照墨家学说，尽管天志"授命"天子来管理人间事务，但这种命运不是一成不变的，顺应天意的人间天子才能成为圣王。那些违背天志的暴王，是要被重重惩戒的，是要失去天命的，天正是通过惩恶扬圣来实现自身意志的。"在墨家看来，正是由于鬼神的监督、'天意'的公平和民众的参与，人们才可能通过改变命运来实现天命。只有如此，贤能的人才能受命于天，通过兼爱、非攻，建立起一个节用、节葬的'尚同'社会。"① 新的研究把墨学方法和结论之间的矛盾，转化成为墨学系统内部的协调，尊天只是古代民众的信仰而非体系化的宗教，墨家之所以保留了这个传统，是为了建立理想社会而非让民众走向超验信仰。墨家采用客观中立的实用态度来面对天志的问题，这样才能有效地结合宗教有神论和人文精神的双向动力，来实现其所构想的理想社会。

梁启超从宗教的出世与入世的差别来判断墨学的宗教特性。"宗

① 曹胜高：《先秦诸子天论的形成及其演变》，《古代文明》2007 年第 1 期。

教思想者，墨学之一大特色，而与时代潮流相反抗者也。虽然，墨子之宗教，与寻常之宗教颇异。……寻常宗教，必为出世间的；而墨子则世间的也。"① 他认为，一般的宗教信仰都是超越世俗的，而墨家的宗教却是积极入世的，并且梁氏认可墨家的宗教思想是其源泉与动力。"墨子以宗教思想，为其学说全体之源泉，所以普度众生者，用心良苦也。"② 他指出，墨家的宗教意识是为百姓的利益、社会的稳定与国家的安宁而存在的，"墨子的'天'，纯然是一个'人格神'，有意欲、有感觉、有情操、有行为。"③ 墨家的"天"从超验神圣世界跨越到人间世俗生活，为谋求一个理想、稳定、幸福的社会生活而实现自我的意志与价值。

还有研究者从结构主义的视角分析，发现了《墨子》文本中的神话与墨家宗教思想的同构性，得出"'天志'是墨子宗教思想的核心范畴"④ 这样的结论。这无疑有力地增强了墨学作为宗教有神论的论据，深刻地强化了其宗教思想。蔡元培先生也认为："墨子之于天，直以神灵视之，而不仅如儒家之视为理法矣。"⑤ 在他看来，墨家的天不仅有儒家理法之天的意蕴，同样也有人格神的特性，掌管着人间的祸福、政治的命运与道德的教化。

对墨学包含宗教元素的证明，不同学科领域的研究者从不同的角度作出了多维度的相关论证，但是毫无例外地都指出其有着浓厚的宗教色彩，从原典文本中可以得出墨家是有教义、有组织、有抱负的宗教组织。但是，这仍然无法说明墨家眼中的"天""天志"与"鬼神"的形象都是去神秘化的事实，墨学即使是宗教，也是没有神秘色彩的宗教，是缺乏彼岸信仰和超验感受的宗教，由于不存在永世与来生、终极幸福的完满状态、善恶的永恒斗争与明确的认信对象，而缺

---

① 梁启超：《墨子学案》，《梁启超全集》卷 11，北京出版社 1999 年版，第 3160 页。

② 梁启超：《墨子学案》，《梁启超全集》卷 11，第 3166 页。

③ 梁启超：《墨子学案》，《民国丛书》第四编（5），上海书店 1989 年版，第 46 页。

④ 李雷东：《先秦墨家的神话及其天命思想———从结构主义的视角看》，《求索》2009 年第 7 期。

⑤ 蔡元培：《中国伦理学史》，岳麓书社 2010 年版，第 49 页。

损了宗教成立的诸多因素。因此，一些研究者从墨学的世俗性、人文性出发，得出墨家是朴素的唯物主义的结论。毛泽东也评论墨子是比孔子伟大的思想家，如同西方的德谟克利特。

（2）对墨学宗教论的否定论证

有些研究者仍然从墨学的功利、实用的基本内涵出发，提出之所以存在宗教观念，只是因为它延续了古代的鬼神信仰，这有益于墨家思想的宣扬，而本意并不在于宗教。"上天、鬼神的观念不是按照墨子想象的如此发挥作用，因为墨子本意并不在于张扬上天、鬼神的宗教学意义，而在于利用上天、鬼神观念的威慑性作用来警告为政者，正如冯友兰所言：'墨子要证明鬼神的存在，本来是为了给他的兼爱学说设立宗教的制裁，并不是对于超自然的实体有任何真正的兴趣……他的'天志'、'明鬼'之说都不过是诱导人们相信：实行兼爱则受赏，不实行兼爱则受罚。'在人心之中有这样的一种信仰也许是有用的，因此墨子需要它。"① 由此可见，墨家天志、鬼神的宗教观念本意并不在于证教与护教，而仅仅在于可以增强自家学说的威慑力量，利用民众迷信、恐惧和趋福避祸的社会心理，更加有力地推行社会主张与统治要求。

又有研究者认为，对墨家的宗教学说不能进行简单的二元划分，而要展开复杂的认知建构。"对墨子的天、鬼思想不能简单地说就是宗教或唯心主义。墨子的天、鬼虽然干预世界，但其意志又与人的活动相一致。墨子的世界观，就其对客观世界的朴素唯物主义态度、主力非命以及'天志'、'明鬼'作综合的、总体的考察，应该认为属于唯物主义。"② 世界上现存的宗教文化，一般都是从神的角度衡量人的思想与行为，比如从全知与有限之知、圣洁与有罪、完善性与非完善性等角度扩大人与神之间的反差对比，而墨家恰好是从人的角度规定神的所思、所言与所行，因为神、人之间的高度同质同构性，所以墨家的天神具有更多人的属性，因而得出墨学是唯物主义的结论。

① 冯友兰：《中国哲学简史》，北京大学出版社1996年版，第51页。
② 杨俊光：《墨子新论》，江苏教育出版社1975年版，第226页。

从微观角度讨论墨学的宗教思想，也是一种新兴的研究视角。有研究者从墨学中"法"的思想入手，指出墨家的"天志"是和"法仪"思想互为表里的。"《墨子》中虽有大量篇幅言及天、鬼神，讨论人的行为与它们的领属关系，但是墨子并不相信作为人格神的天和鬼神的实有。'天'是墨子设立的法的体系，法的权威性是不容置疑的；法的内容详细而明确，规定了政治、经济、军事与生活各个方面的行为准则，具有可操作性。"① 这位研究者认为，墨学的确保留了天与鬼神的概念，可是，这不是为了宣扬宗教信仰，而是着眼于建立健全、完善的法的体系，来保障政治、经济、军事、社会生活的全方位运行。这种观点明确了墨家虽言及天志，但是重心却在法仪，外在的神圣是为实质性的世俗生活服务的，这削弱了墨学的宗教意味。

更有研究者从墨学强调实用的世俗特性出发，认为其不可能是唯心的宗教思想，而是朴素的唯物主义。"墨子的鬼神观是以天帝为至上神，以众鬼为辅助，以百姓和国家的利益为最终目的，带有着很强的世俗功利色彩。把百姓与国家的利益放在最高的位置，这体现了墨子的平民意识，天子作为天在人间的最高统治者，在获得最大财富值的同时，也肩负着为民谋利的责任。墨子学说中的'兼爱'、'强力'、'非攻'思想带有朴素的唯物主义色彩，和其唯心的宗教观显得有些对立。"② 研究者指出，在墨子生活的战国时代，生产力水平已经有了很大提高，人类对自然的认识也更加深入，虽然思想家们对远古以来一直主宰人类思想的鬼神世界开始怀疑甚至否定，但是他们也看到了宗教在教化人民方面的重要功能。墨家就是适应时势之需，利用鬼神观念在百姓的人伦日用中仍具有一定的影响力，才在自身的学术体系中建构起整套的宗教学说。其宗教思想是对三代以来"天命观"的继承和发展，是对天为主宰、尊天德以治天下思想的继承，同时又把特有的"兼相爱、交相利、非攻、节葬、节用、强力"等朴素的唯物主义思想融合进来，并以"天志"

① 雷蕾：《墨子"鬼神"观新论》，《西北师大学报》2014 年第 3 期。
② 帕林达：《谈墨子的宗教思想价值》，《西北民族大学学报》2003 年第 3 期。

的形式提了出来，从而增强自身学说的权威性与说服力。"说到底，墨子的宗教思想仍是世俗功利性的，而非真正意义上的宗教思想。"①

特别是一些关心墨学中科学技术思想的研究者，他们在学理逻辑上难以接受宗教唯心因素与自然科学因素并存的局面，他们更加反对作为宗教思想解释的墨学。正如詹剑峰所指出的："墨学不是宗教，墨子绝不是创教的教主。因为墨子既没有老子那样全性葆真、超出物外之想，也没有后世道教炼丹修道、白日飞升之术，既没有像耶稣那样自命为救世主，宣传天国近了，也没有像佛陀那样逃避现实，遁入空门，以求极乐世界……他的思想和活动是入世的，不是出世的，是此岸的，不是彼岸的。"② 通过与世界上其他宗教体系进行比较的方式，研究者更加突出了墨学的理性与世俗性，从而回避了宗教性和超验性，捍卫了自然科学知识和实用技术的地位与价值。

墨家虽然时常言及"天志""鬼神"，但是并没有像世界上的其他宗教那样，创造出一位供人敬拜和信奉的神，也没有创立出整套的神秘宗教仪式来供人遵从，更没有设计出一系列的宗教规条来让人谨守。反复论及的就是兼相爱、交相利的价值规范与行为准则，虽然认为这一规范性准则来自天的意志，但是它们是非常生活化的，是通行于国与国、家与家、人与人之间的世俗道德。因此，墨家的有神与无神、唯物与唯心、信仰与理性、世俗与神圣之间就构成成对的结构性矛盾。为了解决这个矛盾，有些研究者选取折衷主义的方案，试图调停墨学的内部冲突，因此就产生了阐释墨学的第三条道路——墨学既是宗教的，又是非宗教的，具有一种类宗教的特性。

（3）对墨学宗教论的折衷理解

墨家要建立一个兼爱、交利的美好社会，就必须克服人的为我之天性，宗教因而占据着重要的位置，起着不可替代的作用。"'兼爱'

---

①　帕林达：《谈墨子的宗教思想价值》，《西北民族大学学报》2003 年第 3 期。
②　詹剑峰：《墨子的哲学与科学》，人民出版社 1981 年版，第 73 页。

的伦理观之爱缺乏有效的保障机制，致使其走向一种类似宗教而又非纯粹宗教性质的爱。"① 兼爱以人类普遍价值的面貌呈现在世人的面前，可是这种伦理要求毕竟超越了一般人的道德水准，墨家只有利用天的普降恩泽来作为垂范的榜样，呼吁人们效法天的广施博爱与普遍施利的美好行为，从而克服人与人、家与家、国与国之间的嫌隙与争斗，故而只有从人法天的宗教角度才能从根本上解决这个问题。

在墨家那里，天志和鬼神是确实存在的，但是两者的内涵都是通透的，就是符合兼爱、交利的原则，因而显得缺少神秘色彩与神圣意味。墨家采用经验主义的实证方法来推测鬼神的存在，特别是上天的意志、鬼神的意志与墨家提出的道德要求是完全对应与重合的，以致宗教更像是为了构建理论体系的需要，而不是为了人的信仰。侯外庐认为，墨子提出"天""鬼神"都是神道设教，其真正意义并不在于形成系统的宗教学说，而是以天、鬼神之口来宣扬自己的理论。② 这可谓一针见血地指明了墨学宗教性的实质，即天志、鬼神是墨家秉承实用主义加以利用的对象，而不是鼓励人们去追求的信仰对象，天志和鬼神的政治意义要远远大于其宗教意义。

有的研究者索性使用事物对立统一的方法论，从客观上顺应墨学的内在矛盾，采用中立的方式接受其原本的面貌。陈宪猷就认为，墨家的整个理论赖以建立的基础是唯心主义的有神论，不过，它能面向现实，又具有朴素唯物主义倾向。③ 研究者把唯心主义与唯物主义统一到墨学当中，毕竟唯心与唯物的二元划分是后世的治学思路，作为古人的墨家并不需要遵从后世的致思路径。

更有研究者分析得出墨学的二元论思想，指出可以用一分为二的研究方法来克服其内在矛盾性，上帝的归上帝，恺撒的归恺撒，不必用其包含的唯物主义来否定其唯心主义，也不必用后者来否定前者，两者可以和谐共存于一体。"墨子的强力、非命与天志、明鬼并行不

---

① 李冬梅：《墨子"兼爱"伦理观研究》，《东南大学学报》2006 年第 4 期。
② 侯外庐：《中国思想通史》（第一卷），人民出版社 1957 年版，第 85 页。
③ 陈宪猷：《墨子世界观略论》，《华南师范大学学报》1986 年第 4 期。

悖，其宇宙观具有二元论倾向；而在认识论方面，特别是在认识标准的问题上，墨子以人的经验认识作为认识的标准，也陷入了二元论的境地。"① 这种二元论的解释角度，较好地解决了学说内部自我冲突的紧张性，提醒人们采用本质直观的方式来直面墨学，而不要先行提出研究假设来限定研究的思路和结论。

这种新的研究角度冲破了由于学术积累所形成的思维限制，按墨学的本来样式看待它，不要被唯心宗教与唯物哲学之争框定住思考模式。"既不必以墨子用'三表'来论证鬼神的存在，而否定其'三表法'的唯物主义性质，也不必在充分肯定墨子认识论的唯物主义性质上，力图以'神道设教'为墨子的宗教思想开脱，从而'人为'地使墨子的思想趋于'一致'。"② 如果研究者强行使墨学的内在逻辑符合后世的学术规范，那么，这极有可能是对之削足适履，这种强行包装和改造过的墨学，可能已经不再是原本意义上的墨学。

接受其本然面貌，也就意味着接受其内在的矛盾特质，接受二元论与双重性，接受可能原本就存在着内在冲突的墨学。"墨家哲学存在着对立的两个方面，两个方面的对立统一构成了墨翟的二重化世界观。"③ 这样的解释相比于刻意用唯物主义或者唯心主义的总纲来涵括墨学，可能更加具有可接受性，也更加具有理论上的说服力。

3. 墨学是民主的还是专制的

由于现代社会中政治具有举足轻重的作用，政治哲学成为第一哲学④，对墨学进行政治哲学研究成为绝学复兴中的一股强劲力量。但它要面对这样的两难困境：墨学究竟是朴素的民约论、富含民主精神的，还是专制的甚至带有集权性质的，这方面的争执不下成为理解其

---

① 杨凤麟：《简述墨翟二元论的哲学思想》，《辽宁大学学报》1982 年第 6 期。

② 赖永海：《论墨子朴素唯物主义认识论与宗教思想的矛盾统一》，《中州学刊》1985 年第 2 期。

③ 马序：《论墨翟的二重化世界观》，《河北大学学报》1989 年第 4 期。

④ 参见赵汀阳《坏世界研究：作为第一哲学的政治哲学》，中国人民大学出版社 2009 年版。

政治思想的分水岭，也成为其创造性转化与创新性运用中所面临的根本性挑战。在"诸子国家治理思想的现代转化"① 中，能否发挥墨学的应有作用，厘清其基本政治思想是前提条件。

（1）墨学是民主的契约论

最早把墨学和西方契约论思想加以类比的是梁启超。他说，墨子"言国家之起源，由于人民相约置君，君乃命臣，与西方近世民约说颇相类。"② 他在评论墨家的国家起源理论时说："'民约论'虽大成于法国的卢梭，其实发源于英国的霍布士和陆克，他们都说，人类未建国之前，人人都要野蛮的自由，漫无限制，不得已聚起来商量，立一个首长，于是乎就产出国家来了。墨子的见解，正和他们一样。"③ 虽然梁启超认为，墨家在论述国家起源时提及"君臣萌通约也"而具备了契约论原理，但他同时强调墨学的专制倾向。"国家成立之后又怎么样呢？墨子所主张，很有点令我们失望，因为他的结论，流于专制。"梁启超认为，墨家的政治思想起于民约、经历尚同、终于专制。这种比较研究的方法启发了后续的研究者，也为把墨学定义成民主思想开辟了思考的空间。

沿着墨学是契约论的思路，有研究者认为，墨家构想的合理社会乃是选举制的民主社会。"墨子设想了一个合理的社会，大家在其中选举天下最为贤能的人做天子，天子又选些次贤的人作为自己的辅佐。……又将天下划分为万国，选各国中最贤的人做国君。……里长、乡长都由国君选择里中、乡中最贤的人充任。乡长既然是全乡中最贤的，那么全乡的人不独应当服从他的命令，并且得依着他的意志以为是非毁誉。等而上之，全天下人的是非毁誉都得依着天子的意志。……这便是墨子所谓上同。"④ 当天子由民众选举出来之后，依次选举产生各个级别的政治官僚，由于墨家同样推崇贤能政治，因此，逐层意志一致、政治清明、秩序合理，这样社会就会走向和谐、稳定与幸福。

---

① 刘思禾：《发掘诸子治国理念》，《光明日报》2015年6月8日第16版。
② 梁启超：《墨经校释》，商务印书馆1922年版，第72页。
③ 梁启超：《墨子学案》，《梁启超全集》卷11，北京出版社1999年版，第3275页。
④ 张荫麟：《中国史纲》，中华书局2012年版，第120—121页。

更有研究者直接判断墨家的政治设想就是民主制度。"墨子还有个这样的意思：他主张人们的思想和行动，都应当向最高当局去取法。……我们看，他是民主的！第一，他认为所有行政官吏，不论是最高当局也好，僚属也好，均应当由人民选举或推举出来。"① 研究者搁置了"选天下贤可者，立为天子"② 中选举主体缺失的问题，直接宣称这句话的主语就是人民。因此，得出墨学主张民主选举制度的结论，也就顺理成章了。

对于"选天下贤可者，立为天子"以及国君、乡长、里长的层层选举究竟是民选还是神选的问题，有研究者进行了删减处理。"尚同上还说：'选择天下之贤可者，立为天子。'因此，所谓'同'是'同意'之'同'，意指天鬼和人民都同意。如果略去天鬼的一句空话，剩下的就是天子由民选举。"③ 这就是说，选举的主体既可以是人民，也可以是天神。由于"天鬼"指向一个空洞的被指物，可以忽略不计，那么墨家所设计的国家和政府以及行政官僚就是民主选举的产物。这种处理技巧避开了民主与专制的争论，直接得出自认为正确的答案，不太符合学问为天下公器的治学原则。

墨家由于起身于民间，因而古来就被形容为"役夫之道"，墨子也声称自己的学说为"贱人之所为"。作为平民阶层的代言者，这预示着墨家代表的平民文化与儒家所主张的精英文化进行分庭抗礼，墨家的这种平民立场，以及儒墨之间学术权力的争夺，引发了一些研究者的同情。"墨子集团的尚贤、尚同的思想，是比较彻底的，他们代表当时被压迫阶级中的上升分子……他们要建立选举制度，连天子都是选举的，在这一点上，他们的改革政治的理想，是带有革命性的。"④ 无疑，战国时代的社会生活基本上是以战乱、倾轧和痛苦为基调的，而墨家敢于挺身而出，从根本上为国家制度、社会生活与人心秩序重新布局谋篇，这为其赢得了尊重与支持，也为墨学被定性为

① 杨荣国：《孔墨的思想》，生活书店 1946 年版，第 88 页。
② 方勇译注：《墨子》，中华书局 2011 年版，第 85 页。
③ 侯外庐：《中国思想通史》，人民出版社 2011 年版，第 123 页。
④ 童书业：《先秦七子思想研究》，齐鲁书社 1982 年版，第 69—70 页。

民主政治提供了情感及道义上的支持。

在西方民主思想的激发下，研究者凭借主观臆想和大胆推测，把墨家装扮成为中国原创性民主思想的先驱，存在着一个严重的问题，即中国古代文化中的墨学果真能产生超越现实存在的民主意识吗？同样基于对墨家《尚同》与《尚贤》篇章的解读，人们得出了相反的结论，墨家是专制的、集权的。这拉大了墨学中原本存在的思想张力，增强了学术研究的活力与动力。

（2）墨学是专制的极权思想

有研究者对肇始于梁启超以西方近代社会契约论思想比附墨家政治主张的观点持反对态度，其理由有三：一是在《天志》中君由天立；二是墨团纪律如钢；三是战国时期攻伐不休并无西方民约论之背景。[①] 墨家政治权力的合法性来源是天而不是民，其团体依赖刚硬的价值规则与行动纪律而不是公共自治，以及政治理论得以产生与存在的社会基础等几个方面，反驳了梁启超对墨学的民约论假设，切断了墨学乃是中国最早的自由主义的思想想象。

郭沫若指出："墨子的主张明明是那'天生民而立之君'的一派神权起源说，他何曾说'国家是由人民同意所造成'，更何曾与欧西的'民约论'在同一立足点上呢？"[②] 他阐明墨学乃是君权神授的神本主义政治，这和兴起于西方启蒙运动中的契约论思想存在着根本差异。可见，他在立论时是以梁启超的观点为隐含批判对象的。

又有研究者指出："墨子提倡事鬼尊天，并不是为了蒙蔽欺骗老百姓，训斥恫吓老百姓。相反，主观上倒是为万民的利益来服务。但是，也得承认，由于提倡尚同学说，天下之百姓，皆尚同于天子，还须尚同于天，客观上就有利于封建专制主义的形成。"[③] 这位研究者申明，墨学中的宗教思想是为百姓的利益服务的，可是由于"尚同"的社会组织机制而导致权力的无限集中与垄断，对墨者团体的组织性

---

① 王讚源：《墨经正读》，上海科学技术文献出版社2011年版，第29页。
② 郭沫若：《郭沫若全集·历史编》（第三卷），人民出版社1984年版，第265页。
③ 王明：《从墨子到太平经的思想演变》，《光明日报》1961年12月1日第4版。

起到巩固作用，在客观上有利于维护专制统治。

墨学从民主思想到专制主义的急转直下，接受起来相对困难，因此有研究者用事实来证明墨学的专制主义。"墨家自以为善的各种主义，必然成为建立墨家团体的指导思想和基本准则。它的核心实质同封建专制主义完全合拍，所以战国晚期秦国无儒而崇墨，所谓'圣人隐伏墨术行'，这绝对不是偶然的。"① 有研究者认为，墨学的主张乃是一种乌托邦精神，通过建立绝对的精神权威，来统一国家的意识形态，通过严密的组织体系来控制人的思想认识，政治行动和生活方式都要保持高度一致。这无一不说明了墨学是绝对的王权专制主义，并且这种王权专制主义在战国晚期的秦国得到了最为彻底的实施和淋漓尽致的体现，而秦国是重法苛刑的国家，绝对不是民主选举的政体。这种观点得到了何炳棣先生的呼应，他在2010年清华大学高等研究院的演讲中指出："从献公起秦国开始转弱为强，主要应该归功于墨者的帮助。"②

上述事实显示了墨家在秦国的政治作为，秦国的建制实现了墨学的政治思想。秦朝自建立以来，实施"书同文、度同制、车同轨、行同伦"的社会管理政策，建立了高度中央集权的专制国家。这种"秦国之俗，贪狼强力，寡义而趋利；可威以刑，而不可化以善；可劝以赏，而不可厉以名"③ 的政治形态，隐含着墨家尚同、尚贤政治主张的影子，为墨学被理解成极权主义埋下了伏笔。也有研究者把法家定性为反道德的极权主义，"最高统治者奴役和驱使各级被统治者，谋求自身的最大利益"④。而墨家的"法仪"思想和法家的内在渊源是学界共识，因此，墨学在产生之初就为其走向奴役之路的极权统治播下了不幸的种子。

（3）是否再次落入二元论的窠臼

用民主选举或者专制极权来刻画墨学中的政治思想，如同对其是

---

① 罗世烈：《墨家的专制主义》，《四川大学学报》1999年第5期。

② 何炳棣：《国史上的"大事因缘"解谜——从重建秦墨史实入手》，http：//theory.people.com.cn/GB/11770880.html，2015年12月28日。

③ 《淮南子》，中华书局2012年版，第1272页。

④ 赵敦华：《中国古代的价值率与政治哲学》，《北京大学学报》2005年第5期。

功利主义还是非功利主义、是宗教有神论还是唯物无神论的分析一样,都是以后世的学术累积效应来推断古代的思想。"学术界对于墨子'尚同'说一般持两种对立的观点,即一派主张'尚同'专制说,另一派主张'尚同'民主说。我们认为,这一论争主要源于对'专制'概念的抽象化理解和墨子'尚同'说的复杂性。墨子'尚同'说既有'专制'又有'民主',然而这两者皆非'尚同'说的本质所在,其本质是超越人治的神本主义,即'尚同'说的本质在'尚同于天',其价值也就在于此。"① 行走于中间的中庸道路看似稳妥,但是依然要对可能引起的后续争论展开辩护。"关于尚同,多数人肯定,甚至认为有民主法制因素,也有人认为尚同若发展下去,可能导致专制集权。"② 争论还在延续着,要得出令众人信服的结论尤为困难,搁置争议亦不符合正反双方的要求。在对中绝原因的分析中,也是仁者见仁智者见智,从内部精神特质或外部环境压力两个方面探讨了墨学无法在中华文化土壤中存活下去的缘由。

4. 对墨学中绝原因的探析

墨学的这种内在张力和对立矛盾难以协调,成为人们认定其无法延续长久的原因。有研究者指出,墨学中绝的原因之一,是其思想体系在发展进程中不断否定自我而造成的难以自洽。"墨子出于儒而反儒,墨子思想是对于孔子儒家思想体系的否定,但是这个否定的体系正与原来的结构形成了互补关系,后来者把它们汇集成为一个更加复杂的整体结构,并最终走向否定'否定者'。通常认为,后一个否定的任务乃是由儒家后学如孟子、荀子等在儒学的框架中来完成的。实际上,这个任务是由墨家和儒家共同完成的,墨学的发展已经孕育了否定自身的因素。这也可以说是墨学'衰微'的一个原因。"③ 这种观点认为,由于墨家否定了儒家才确立自身的合法地位,但这种否定所产生的破坏性力量又反过来波及自身,这就产

---

① 高深:《神本主义对专制和民本的超越——墨家"尚同"说评议》,《职大学报》2014 年第 6 期。

② 谭家健:《中国近二十年之墨学研究》,《齐鲁学刊》2000 年第 1 期。

③ 钱永生:《论墨子思想结构的生成》,博士学位论文,首都师范大学,2002 年。

生了对于自我的否定。这种否定之否定的方式，导致墨学不堪重负而走向了最终衰落。无论是墨学的理论体系，还是墨家的精神风格，皆有可取之处。然而墨学的长期隐而不显、著而不彰，往往令研究者扼腕叹息、掩卷长思。概括而言，关于墨学中绝的原因主要有以下几种观点。

第一，墨学的"兼爱"难以实施。这种观点起源于《庄子·天下篇》评价墨子"反天下人之心，天下人不堪。虽墨子能独任，如天下何？墨子真天下之好士也"。庄子客观上承认墨子的伟大人格，但他认为，墨家的道德要求过高，虽然能通过人格感染在一定范围内实现，却因为失去广泛的民众基础而无法全面施行，根本原因在于墨学反乎人心。后来者对此颇为认同，一般认为墨家的"兼爱"伦理观虽好而难行，并不能像墨子所期望的那样发挥出应有的作用。张岱年说："不过事实上，达到如此境界，实在极难，决非可望之于人人。……墨子的兼，与孔子的仁，大体相近，然亦颇不同。仁是由己推人，由近及远，以自己为起点，而渐渐扩大；由近远之程度，而有厚薄。兼则是不分人我，不分远近，对一切人，一律同等爱之助之。所以仁是有差等的，兼是无差等的。……我的一举一动，都是为群体，丝毫不自私。完全公而无私，这种精神的拔高，乃达到了极点。"[1] 墨子的兼爱思想是对孔子仁爱思想的拓展和拔高，但仁爱是"爱有差等，施由亲始"，而兼爱则是要求人人去私、去亲，一切人向一切人施行一种普遍化、均等化和同质性的爱，这直接导致墨学在秦汉以后难以传播和延续。

第二，墨家组织的难以通行。究竟是墨出于侠，还是侠出于墨，或者是侠墨为一，这是个尚未达成定论的问题。冯友兰说："墨家虽出于侠，而与普通的侠，有不同处。"[2] 此外，有研究者指出："墨家作为一个学派虽在秦汉之际已明显消失了，但它的精神却由侠的形式较为完整地保存了下来，在中国传统文化中继续发挥着作用，只是隐

---

[1] 张岱年：《中国哲学大纲》，中国社会科学出版社1982年版，第278页。
[2] 冯友兰：《原儒墨》，《清华学报》1935年第2期。

匿于民间，由显学变为隐学。"① 墨家组织游走列国、宣讲止战，但是作为倡导国与国互相兼爱的学术流派，很难形成自己固定的政治归属，并且他们强大的攻防能力和超越于生命之上的忠诚，既容易为统治阶层所利用，也容易引起统治阶层的忌惮。"实际上，前期墨家的政治主张已被消解，后期墨家的学说无法承担意识形态功能，乃是墨学不受秦汉统治者青睐的主要原因。"② 可见，其组织已经失去了赖以依附的政治实体，"秦汉后，墨学衰微，一在于其组织严密，为统一政权所不容"；③ "二在于其理论体系驳杂，极容易被其他学说吸收或者借鉴"④。墨家组织的强大性与游离性，对于正统政权是一种潜在的威胁，难以容忍于正式的国家权力，失去依附主体的墨家很快走向沉寂。

第三，墨学体系的分化离析。墨学体系庞杂多方，其主张激进变革，有学者认为它的衰微是由多重原因决定的。如果只是局限于墨道太苦，俭而难遵，难以为常人所接受及其历来遭受统治阶级的冷落甚至打压这样的表面现象，难以全面概括出导致墨学中绝的多种因素。而分析其衰微在于"其政治上'尚贤'威胁到了'世卿世禄制'，'违背了血缘宗法制度'；其科学逻辑精神怀疑起根深蒂固的血亲宗法制下的'祖先、先王崇拜'来；其理论又缺乏'内外调节机制'，并在外没有互补的理论体系，在内'兼爱'与'尚同'、'天志'与'非命'、'薄葬'与'有鬼'互相矛盾"⑤。如此等等，衰微自不可免。墨学体系的高度分化，导致自家主张首尾难顾，以及具体内容和有着深厚宗法血亲制度的中国文化土壤难以共生共存，其深重的怀疑精神和辩证思维势必会引起国家统一的意识形态的抵制，这导致在汉

---

① 廖加林、邹雯雯：《论墨侠精神及其现代价值》，《中南林业科技大学学报》2008年第6期。

② 张永义：《墨：苦行救世》，广东人民出版社1996年版，第36页。

③ 曹胜高：《墨学衰微考辨》，《社科纵横》1999年第4期。

④ 曹胜高：《先秦诸子天论的形成及其演变》，《古代文明》2007年第1期。

⑤ 王志平：《"显学"的衰落：论墨学骤衰的主因》，《兰州大学学报》1992年第2期。

朝儒家大一统的思想定位之后，墨学被排挤到边缘的位置，为儒学的定于一尊腾挪出足够的时间与空间。

第四，墨家宗教的难以维续。丁为祥从墨家的宗教因缘入手，指出其中绝的原因。"从外在来看，可以说是中国人强烈的现实关怀对超人位格拒斥的结果……从墨家来看，其本身就是强烈的现实关怀的产物，但是，这种现实关怀恰恰采取了最不现实的方式，这就是完全无我的超人位格，这样，它就根本无法满足人们自救（包括自爱）的愿望。"① 中国文化有着实用理性的传统和乐感文化的要素，而墨家对超越自我、趋向天志的价值取向和超人位格的要求，与社会心理的接受系统格格不入。诸子时代已经初步脱离了初民的原始宗教信仰，由关注天、神和神人关系的神本主义日益走向关注世俗生活、人伦关系的人本主义，墨家试图再次把人们的生活笼罩在天与鬼神的意志之下，这样的尝试由于与自我发展、自我需要的满足相脱离而失去了社会基础。

墨家宗教思想中最能打动人心的就是"兼爱"，最饱受争议的也是这种毫无分别的爱的观念。蔡元培先生对墨子无差等的"兼爱"伦理给予了肯定，认为其实际上是社会稳定与团结的根本，并且对孟子辟墨进行了批判："然则爱人之亲，正所以爱己之亲，岂得谓之无父耶？"② 他肯定了墨家爱人如己的伦理原则的积极意义，也给予"兼爱"伦理观以高度的评价。蔡元培先生接受过近代启蒙思想的熏陶，对西方文明中的博爱思想并不陌生。他站在中国传统文化之外看待古代思想，代表了当时人们用墨学与西学接榫的学术情怀。

墨学在西方世界的传播，使"兼爱"伦理得到接受，如何运用于现代社会也获得相应的思考。英国历史学家汤因比和日本学者池田大作在展望新世纪的发展方向时指出："墨子关于舍去利己、树立爱他的兼爱学说……是极其现代化的，只是墨子主张兼爱，过去只是指中国，而现代应作为世界性的理论去理解。""墨子的爱比孔子的爱更

---

① 丁为祥：《墨家宗教因缘析辨》，《中国哲学史》1998年第3期。
② 蔡元培：《中国伦理学史》，东方出版社1996年版，第40页。

为现代人所需要。"① 墨家的"兼爱"理想最接近于普遍伦理，它在呼请人们恪守职业伦理为他人福祉而奉献、超越家庭和国家的博爱精神、人对自然的不压迫不剥削等生态伦理方面，都能够很好地开陈出新，鼓励人们为理想、为他人、为职业和为社会而奋力勇为。关于兼爱的争议，会伴随着对墨家宗教情怀的肯定或否定而改变，其空想性令人敬而远之，其理想性又让人向往不已。

综上可见，墨学研究洋洋大观，对已有文献的梳理难免挂一漏万。进入21世纪以来，其相关书籍、学位论文与期刊论文时有出版与发表②，这些学术成果同样是本书的重要参照。"在21世纪，对墨学的研究如果欲取得重大的突破与进步，在无新史料发现的前提下，仍然只能诉诸思维方式与研究方法的变革。"③ 对当前墨学研究所表现出来的特点和发展趋势，笔者认为，新的研究方法的引入为之注入了新活力，例如从语言哲学的角度分析墨学文本④，既顺应了20世纪以来西方哲学中语言哲学转向的潮流，也可以从语义学、语用学的角度分析墨家的名辩思想，可以更好地理解墨家的身份地位、社会文化和思维方式。利用西方社会科学的最新成果，去探寻墨学中尚未被熟知的内容，也是相当不错的研究路径。比如从政治哲学中的自然法角度⑤探讨墨学中所包含的自然法思想，丰富了墨家法哲学的内容。新的研究方法的采用，新的研究内容的开发，提升了墨学研究的境界，反映着社会、文化转向的轨迹，这又反过来作用于社会、文化的发展进程。符合科学原则的墨学研究可

---

① 焦世瑜：《中国需要墨学，墨学需要宣传》，《墨子研究论丛》（四），齐鲁书社1998年版，第442—443页。

② 如专著类有郑杰文《20世纪墨学研究史》（清华大学出版社2002年版），《中国墨学通史》（人民出版社2006年版），陈柱《墨学十论》（广西师范大学出版社2010年版）；博士学位论文有庄庭兰《中日墨学比较研究》（山东大学，2011年）；期刊论文有谭家健《中国近二十年之墨学研究》（《齐鲁学刊》2000年第1期），张骏翚《五十年来墨学研究综述》（《四川师范大学学报》2002年第4期）。

③ 王兴国：《墨学研究之回顾、反省与再诂》，《华东师范大学学报》2008年第2期。

④ 参见李雷东《语言维度下的先秦墨家名辩》，中国社会科学出版社2013年版。

⑤ 参见郑晓珊《论墨子的自然法思想》，《广州社会主义学院学报》2010年第2期；赵建文《墨子法律思想的自然法理论特征》，《现代法学》1995年第2期。

以克服低水平重复和大而化之的空泛弊病，从中西方比较文化的视角进行视域融合，足以取得墨学研究的新高度，有益于建立真正的墨学诠释学。

三　研究方法和研究目标

（一）研究方法

本书采用的三种主要方法。

1. 文献法

文献法主要指收集、整理、选择和甄别文献，通过对文献的系统研究，形成对事物和事实的客观认识。文献法一般包括提出研究主题、设计研究过程、搜集文献、整理文献和进行文献综述。在确立墨家教育思想作为研究对象之后，首先，收集了关于墨学研究的相关文献，在最基础的资料收集过程中，阅读墨家的原典文本，揣测其文字背后的写作意图，在前、后墨家之间建立起有机的联系。其次，初步设计了墨家教育思想透视、儒墨教育思想比较以及用现代性的分析框架来观照墨家教育思想的基本研究步骤，在对前期文献进行筛选和整理时，主要突出这几个主题的文献资料。通过对墨学研究文献的大量搜集，了解不同历史时期的墨学研究概貌，较为分散地理解不同研究者的观点，概要地领略了墨学研究的轮廓。最后，在整理、分类和消化、吸收文献的过程中，系统地爬梳墨学研究的理论成果，凝练出观点。在对文献进行深入分析的基础上，不断为自己的研究寻找佐证与依据。

2. 解释学方法

解释学方法最基本的要求是根据文本本身来了解文本，它的根本特点是客观主义。作为解释和了解文本的哲学技术，强调忠实、客观地把握文本和作者的原意。在对文本进行解释时，解释者根据文本细节来理解整体，再根据文本的整体来理解细节。在不断循环的过程中，基于《墨子》文本本身理解墨家思想，保证理解的准确性和客观性。"历史学的兴趣不只是注意历史现象或历史流传下来的作品，而且在一种附属的意义上注意到这种现象和作品在历史上所产生的效果，这一点一般被认为是对那类曾经引发出许多有价值历史洞见的历史探究的一种单纯的补充。"① 在解释学的这种"效果历史"意识的指引下，本书采用解释学的方法，并非以西解中，亦非以古解今，而是深入墨学和墨家教育的内在思想脉络来以墨观墨，对这两者加以解释与建构。通过细读文本的方法，反思墨学的进步与不足，活解及活用墨家的智慧。

3. 比较法

比较法是根据相同的标准，针对不同对象之间的相似程度与差异程度进行研究与判断的研究方法。本书主要对儒墨教育思想进行比较。目的有两个：一是通过静态的横向比较，从天人关系、个体之善、国家之善、精神生活、物质生活、人生动力与对待差异的态度这七个方面入手，比较儒墨教育思想之间所存在的本质差异，以及由此带来的对社会政治、人心秩序及文化品质的影响。二是通过动态的纵向比较，分析儒墨教育思想在面对共同的传统文化——礼乐文明时的态度以及做法的差异，呈现出两者在产生与演变过程中的独特经历与遭遇，探寻现象背后的深刻原因，观照教育改革与传统文化间合理的互动关系。

（二）研究目标

本书从历时性和共时性两个维度探讨墨家教育思想，对其思想面貌进行完整的梳理及合理还原。一是从历史与逻辑相统一的角度考察墨家教育思想生成、发展及演变的路径，主要研究其所包含的人性观、社会观、正义观、美学观及知识观等思想，完整地勾画出墨家教育思想的发展线索与思想内核，为研究的进一步深入建立良好的基础。二是探讨墨家教育思想所具有的显明的现代性特质，在此基础上继续研究其现代转化问题。虽然已经有研究者指出墨学蕴含着现代性，但是分析墨家教育思想现代性的研究成果付诸阙如。本书主要把墨家教育思想作为底层民众以及民间传统的思想样本，微观考察与逻

---

① ［德］伽达默尔：《真理与方法》，洪汉鼎译，上海译文出版社 2004 年版，第 388 页。

辑论证中国社会中平民阶层自下而上地争取自我认同与他者承认的思想方案，以及教育正义与中国底层民众的精英意识觉醒的关系。把自上而下的文明教化与自下而上的身份争取作为理解中国教育与社会发展的两条线索去发掘传统教育思想资源中的精神要素，为深入理解教育现代性问题和思考中国现代教育的发展路向提供参考。

四　主要概念、问题假设和创新点

（一）主要概念

墨子：名翟，战国初期思想家，墨家学派创始人。后世研究者关于墨子的姓名、身份、里籍、主要活动以及出生年代等说法莫衷一是，引起了种种推论以及相关的证实。① 关于墨子，可以确定的信息是：墨子略后于孔子，早于孟子，从事过机械制作与守城战备工作，是技艺高超的工匠，做过宋国的大夫，在鲁国、宋国与楚国等诸侯国都留有活动的痕迹。他创立了墨家学派，积极从事教育活动，向上游说诸侯采用自己的政治主张，宣扬并亲身践行墨家的学说。墨家既是一个学术流派，又是一个组织严密与信仰一致的政治团体及教育团体，墨家学派后来发生分化，在汉朝以后则不见传承。门人记录了墨子的言谈、行为以及思想学说，也有弟子增添了自己的言论或者解释，结集合成《墨子》一书，依赖明代编纂的《道藏》得以收录及留存于世。

墨家：东周时期的哲学派别，诸子百家之一，与孔子所代表的儒家和老庄所代表的道家共同构成了中国古代哲学思想的三支主流。墨家是一个纪律严密的学术团体，其首领被称为钜子，其成员被分派到各个诸侯国参与政治活动。在担任职位期间，必须推行墨家的主张，所得俸禄必须缴纳为团体公用。前期墨家关注社会现实，思想主要涉

---

① 参见司马迁《史记》，岳麓书社 2001 年版。司马迁在《史记·孟子荀卿列传》篇尾仅用寥寥数言记载了墨子的生平，"盖墨翟，宋之大夫，善守御，为节用，或曰并孔子时，或曰在其后。"这为后世学者考察墨子的生平埋下了伏笔，研究者也对司马迁对墨子的记载为何如此简略的原因进行了种种推论。而墨子活动的地理区域，可以从《墨子》一书的相关记载中得出。

及社会政治、伦理以及认识论领域；后期墨家注重知识的生产与技术原理的探索，在逻辑学和制作技艺方面有重要贡献。

墨学：墨家哲学的简称，包括两层含义：一是指墨家学派的学术思想，即墨翟及其弟子所思所说与所传的学术内容，以及墨家学派对相关思想的宣扬与实践，包括墨家的思想体系、政治活动及独特的科学技术成果等，这些组成部分及其关系构成了完整的墨学体系。具体来说，主要是指墨学"十论"及其所蕴含的精神。二是指后世治墨学者对墨家及其思想学术的研究与诠释，即有关墨学的学术研究成果。这既扩展了墨学的内涵，又使墨家思想能够跟随历史的脚步经历各个时期的嬗变。

墨家教育思想：指反映墨家基本哲学理念的教育理论和教育实践体系，是墨家对教育中的人性、社会、正义、美和知识的系统论述，即关于善、美、真理、认识和何谓好的教育以及正义社会的系统论述。墨家思想的核心要素"爱""义""利"互相证实且彼此勾连成为一个完整的价值体系，这成为墨家构想的社会理想与教育目的之重心。"兼相爱、交相利"的社会理想决定了墨家的教育目的是培养能够实现这一理想的人。[1] 墨子自称："教天下以义者，功亦多。"[2] 墨家教育思想就是通过"教天下以义"，把"兼相爱""交相利"的伦理思想推广成为普遍的价值共识，以达到培养"兼士"的教育目的，从而实现互相施以关爱和利益的美好社会。

（二）问题假设

通过追溯墨家教育思想的精神渊源、透视其思想结构、对比儒家教育思想、解析墨家独特的宗教社会，紧紧围绕墨家教育思想的源、起、承、转，本书提出了如下问题假设：

首先，墨家教育思想对基本人情人性和文明演进方向的逆反是其断绝的根本原因，也是其教育实践难以维续的主导因素。这揭示出教

---

① 孙培青：《中国教育史》，华东师范大学出版社 2000 年版，第 63 页。
② 方勇译注：《墨子》，中华书局 2011 年版，第 456 页。

育发展要顺应人的自然本性，在尊重人情人性的基础上施行教化；教育改革需要立足于传统文化的根基之上，与人类文明的演化趋势保持偕同。在墨家教育思想创立之初，墨家对当时已经形成的代表文明演化方向的古之礼乐传统文化进行了激进的批评和根本的反对，这造成其教育理论和实践失去传统文化的支撑，虽然能够骤然兴起，但是难以逃脱极速衰落的命运。本书以墨家教育思想作为例证，证实政治改革、社会改革以及教育改革如果离开传统文化的深厚土壤，就会损害其文化根基乃至人心秩序，其活泼的生命力将会受到损害而导致其不能长久地存续下去。

其次，通过儒墨比较，得出墨家是宗教社会的结论，神道设教思想使墨家无从设计出完整的学校教育体系，而是依托强大的社会教育、宗教制裁的力量和宣扬言行合一来规范人的价值，统一人的行动。通过分析儒墨教育思想之争的核心议题，表现出两者的分野是人文主义与宗教有神论，继而分析墨家宗教社会的形上基础与运行方式。而墨家教育思想中绝对主义伦理的"义"是统整其宗教社会的黏合剂，在"义"的绝对控制下，澄清其宗教社会可能产生何种弊病，推断出墨家宗教社会单一性、空想性和极权性的特征。但是墨家教育思想的宗教性是与西方宗教文明、普遍伦理对接的优良文化资源。"墨学是当今中国，在传统文化内部，唯一不需要更新转进的学问。墨家多年前因为超前而实现不了的社会理想，两千年之后随着生产力的提高和人类智识的进步，反而应该是大有可为，可以开出兼具中国本位和普遍文明的先进价值。"① 墨学的复兴总是伴随着外来文

---

① 黄蕉风、顾如、南方在野：《该中国墨学登场了》（一），http：//www.21ccom.net/articles/thought/bianyan/20150203120453_ 8. html. 2015 - 4 - 2。共识网对"该中国墨学登场了"系列访谈的简介如下："《该中国墨学登场了》系香港儒艺青年文化协会'当代新儒家艺术谱系'的系列访谈计划。本计划邀请三位在民间有广泛影响力的墨者参与对谈，以聚焦思想界的新思想学派——当代新儒家的学术动态和思想主张，及其对大陆新儒家、读经运动、墨学复兴、宗教对话、民族主义、全球伦理、普遍价值等相关议题的'墨家立场'。"其中，新墨家针砭了大陆新儒家的一些时弊，并且提出了这一颇具"墨家立场"的核心观点。新墨家和新儒家的争论，将会推进新的儒墨之争，这对于"新子学"的建立和传统文化的复兴，具有一定的意义。

化的冲击，在儒家、墨家与西方文明所构成的三足鼎立的文化格局中，墨家教育思想的宗教性更是可以与西方基督教文明进行对话的精神资源，这迎合了人们在反思国民信仰缺乏、道德风气不振以及公共德性失落时的心理需求，更是与普遍伦理价值对勘，增强中华民族文化自信的必由路径。

最后，从现代性的视角切入分析墨家教育思想中所包含的丰富的现代性元素。墨家对理性与功利的现实许诺，对钜子制度与尚同国家的政治建构，对个人权利、平等主义、威权主义乃至为获得承认而斗争的精英意识的唤醒，都可以借助现代性的解释框架来进行理解。墨家教育思想所宣扬的价值观念在此也表现出二律背反：既是世俗功利的，又是宗教超越的；既是对等性的利益交换关系，又是无私、忘我的利他主义；既是绝对平等的，又是严格等级制度的；既是个人能力与权利本位的，又是消解个人以社会为本位的。理解了墨家教育思想的这种内在冲突，也就接近了其本性。从现代性的角度分析墨家教育思想，可以跨越时空的阻隔，充分反思其和现代教育中共同存有的工具理性至上、人的异化与自由的丧失以及社会的凝滞等问题。

（三）创新点

首先，方法论上的创新。本书以解释学方法来探察《墨子》文本中所流露出来的意义与价值，面对墨家教育思想中看似前后矛盾之处，理顺其内在逻辑与本真含义。合理化墨家的运思逻辑并不是为了宣告理性的胜利，而是为了走近墨家教育思想的本质，客观理解和部分再现墨家教育理论与实践的原貌。

其次，对墨家教育思想认识上的创新。针对墨家教育思想的整体加以系统解读，全面梳理其组成要素、内在结构与历史影响，深入而力求客观地评价其思想所存在的优势、不足以及现代价值。通过对儒墨教育思想较为全面的对比，分析两者之间的异同，阐述这场思想史事件如何影响了中国传统教育的走向以及中华文化的品质。

最后，研究视角的创新。在墨家教育思想与现代性之间进行勾连，解读墨家拯救人心与社会的总体性方案，理解墨家针对当时的社会弊病以及人心困顿所提出的应对措施，并且争取碰触墨家当时的心灵世界。力求在客观本质还原与主观自我诠释之间保持平衡，争取对墨家教育思想作出尽量客观、公正的解释。

当然，由于本书的结构设计以及笔者的水平局限，对有些问题的看法可能还是流于表面，而有些研究结论的获取尚且缺乏更为严密的推理过程，在未来的研究旅程中，定当借鉴墨家的名辩智慧，把墨家教育思想的研究做得更为完善。

第一章　墨家教育思想考源

　　追溯墨家教育思想的起源，并非要把墨家所处时代的夏商文明、社会现实消极地看作其形成背景，而是要主动勾勒出文化和现实如何与墨家进行多向的互动。墨家的身份意识与其教育思想同样存在着互相建构的关系，其身份认同影响了思想构成，而后者亦反向强化了前者。如此立体化地架构出墨家教育思想的多向生成路径，有助于从整体上理解墨家在面对礼崩乐坏的社会现实时，它们如何智慧地看待文化和社会的发展前景。分析墨家的心路历程及其应对社会变革的方法和措施，《墨子》文本就会从历史的记忆中活化过来，就不再是毫无生命力的文字，而是连续的完整的人类文化生活的一个活动片段。

第一节　夏商文明与墨家教育思想的互动

　　"一种科学创造的行为依赖于两个事实：一个是心灵的某种内在特质，另一种是一系列现存的社会条件和知识条件。"[①] 自从文字符号形成以来，古老的华夏文明就有意识地踏出了记载历史事件的脚步，而夏商文明中积淀形成的理想圣王形象，对墨家教育思想来说，就是所要寻找的思想坐标。墨家敏感的心灵捕捉到时空中传递过来的圣王之道，可以解救民众于战乱、贫困、疾病、无情的倾轧和沉重的压迫之中，可以克服诸侯国之间战争所带来的破坏与毁灭。而与墨家

---

　　① ［美］方斯·厄尔德斯：《乔姆斯基、福柯论辩录》，刘玉红译，漓江出版社2012年版，第48页。

形成初期较为接近的早期儒家和道家思想，启发了墨家的思绪，滋养了墨家的精神，也成为墨家教育思想形成的活水源头。

一　夏商文明中圣王之道的承续与改造

在先秦诸子中，无论是儒家还是墨家，都有难以化解的圣王情结。这种圣王史观既表现了它们对清明政治的渴念，也表明当时的统治合法性糅合了神话逻辑与王权主义。这一带有神圣色彩的理想君王形象的刻画，承载了知识权力对政治权力的理想化描摹。掌握知识的士阶层期待着集合了所有完善品性与完美品德于一身的君王能够出现，可以让知识阶层顺利地接受天道的邀请，让生民能够安立于世。只有圣王出现，知识人所精心构建的道术才能找到实现途径，他们为民请命的内在使命才能得到彰显，人们期待幸福来临和盼望治世的心理诉求才能得到满足。墨家也不例外。它们把圣王之道上升为"本之者"①，作为考察本原的标准，是居于上位的判断依据。

圣王之道之所以具有如此重要的地位，是因为墨家对当时的政治情势进行了基本判断，认为天下道义的丧失是人伦堕落、官民怠惰、自利横行和天下混乱的根本原因。"逮至昔三代圣王既没，天下失义，诸侯力征。是以存夫为人君臣上下者之不惠忠也，父子、兄弟之不慈孝弟长贞良也。正长之不强于听治，贱人之不强于从事也。民之为淫暴、寇乱、盗贼，以兵刃、毒药、水火，退无罪人乎道路率径，夺人车马、衣裘，以自利者并作。由此始，是以天下乱。"② 战争、动乱、犯罪和道德水平下降的直接原因，就是作为正义化身的理想圣王不再出现，重建圣王之道就成为摆在墨家眼前的重建社会、整顿人伦和止息战争的首要任务。墨家分析了圣王之道的消失所造成的严重的社会影响，缺少圣王的带领，民众缺少鬼神信仰，利己的欲望暴露出来，暴力战争接踵而至。

---

① 方勇译注：《墨子》，中华书局2011年版，第286页。
② 方勇译注：《墨子》，第250—251页。

（一）人民鬼神信仰的丧失

圣王之道象征着德智兼备的理想人格，代表着最高的价值规范，因而是人的内在信仰和伦理价值的来源。当人民失去对上天的敬仰和对鬼神的畏惧之后，就不再与更高的存在者进行交往，鬼神奖赏贤能、惩罚残暴的功能无法发挥出来，每个人都自以为是，国家各自为政，混乱不堪的局面就会产生。"此其故何以然也？则皆以疑惑鬼神之有与无之别，不明乎鬼神之能赏贤而罚暴也。今若使天下之人，偕若信鬼神之能赏贤而罚暴也，则夫天下岂乱哉！"① 墨家深知初民朴素的敬天事鬼的原始宗教信仰，充分利用上古神话传说来调节天人关系、整肃人心秩序和治理社会政治，把《诗》《书》等古代典籍中敬事上帝、明德保民、为政以德等思想综合起来，为世俗的政治权力寻找神圣依据，尝试重新建立神权与王权的统一，利用神圣权力和世俗权力的结合来为政权统治奠定更加坚实的基础。

可是，鬼神存在的证据是什么？如何把鬼神存在的证据展示给世人呢？墨家采用经验主义的方法进行证明，利用古代典籍的史实记载来增强说服力。在分析事物时普遍采用经验主义的方法，这就是墨家所说的"原之者"，即"下原察百姓耳目之实"，这是事物自下而上的标准，即百姓的耳闻目见。② 墨家引用各诸侯国《春秋》典籍里记载的鬼神史实，以及封建三代圣明君王从事祭祀的事迹来验证鬼神的真实性。鬼神重要的职责就是执行奖赏和惩罚，按照人的行为善恶来施行报应，这是人所无法躲避的。鬼神拥有神灵般的能力，即使是最幽闭的场所，也无法逃脱视听。因此，人的道德行为最主要的训导力量来自于鬼神，基于此，墨家严厉地反驳了当时认为鬼神并不存在的论点。"墨子注重宗教的制裁，以为有上帝在上，赏兼爱者而罚交别者。"③

历史典籍里零散记载的鬼神传说需要被整合为系统化的理论，只

① 方勇译注：《墨子》，中华书局 2011 年版，第 250—251 页。
② 方勇译注：《墨子》，第 286 页。
③ 冯友兰：《中国哲学史大纲》，重庆出版社 2009 年版，第 85 页。

有为宗教制裁奠立了形而上的根据，才会具有更强的说服力。墨家在规划理论体系时，设立"天志"作为"明鬼"的基础。对天进行了去神秘化的祛魅处理，天的功能被简化成非常有效的奖励与惩罚职责。天志是强有力的意志之天，是事物的根据，是行为的准则，也就是墨家的"法仪"。"法＝意志，一种使当下的强力关系永存的意志。前提是满足于这种强力关系。一切令人敬畏的东西被吸引，其任务是让法显现为永恒的东西。"① 经过墨家的层层论证，高高在上的天志演化成为规范世俗生活的"法仪"。墨家意志之天代表的法仪内容就是"义"，"天欲义而恶不义"，天的意志就是"义"的政治原则和道德规范，"义"的进一步展开即为"兼爱、相利"的伦理原则。经过这样的逻辑推演，行为的基本准则就是兼爱与交利，如果国家政治生活和百姓日常行为不能符合此项规范，那就违背了天志，就会得到鬼神的惩罚。

至此，墨家把上天的意志、鬼神的力量、政治的优劣和行为的善恶联合成为一个封闭的圆环，而圆心就是墨家所宣称的"义"。圣王、君民、鬼神、上天联合运作起来，自上而下的层层监督与奖惩，每个级别都自下而上地进行舆论传播和汇报，都集中到以"义"为代表的上天意志中来。墨家试图用神权来限制王权，用鬼神来驯服人心，用神圣之物来统整世俗秩序。"这是墨子对伦理规范的论证：对伦理规范的遵循有利于秩序和福祉；对此规范的蔑视会导致社会秩序的摧毁并因此而导致贫困。"② 墨家把道德法则、善恶标准树立在人良心的外部，把对人的行为要求上升到天志的高度，利用圣王之道、鬼神信仰和社会控制技术来坚实人的价值信念。如此，墨家所期待的大众福祉就会快速地实现，太平秩序就会一直平稳地运转下去。

（二）人民自利之心蜂起

墨家难以忍受人性中的自私、懒惰、浪费、消极、自以为是等负

---

① ［德］海德格尔：《海德格尔存在哲学》，孙周兴等译，九州出版社2004年版，第345页。

② ［瑞］耿宁：《心的现象》，倪梁康等译，商务印书馆2012年版，第271页。

面品质，虽然没有明确说明人性本恶，但在立论时一般会着眼于人的消极品格。在论述国家起源时，墨家设置了这样的自然状态："古者民始生，未有刑政之时，盖其语，人异义。……夫明天下之所以乱者，生于无政长。"① 墨家的判断是，在原初的自然状态中，人在是非善恶上没有统一的标准，在话语思想上缺乏一致的认识，因此人们无法和睦相处，这就需要出现强而有力的领导来管理他们。"天下之百姓，皆以水火毒药相亏害，至有余力不能以相劳，腐朽余财不以相分，隐匿良道不以相教，天下大乱，若然禽兽。"② 墨家把在国家产生之前人们没有政府统治的自由自在的自然状态，定义为野蛮的堕落状态，因此，社会文明累积发展到一定程度，就要改变这种状态，使人能够"有力者疾以助人，有财者勉以分人，有道者劝以教人"③。如此，则可以从根本上消除自私自利的为我心态，迅速转向主动助人、积极行善和共享道义的后发状态。

墨家在阐释兼爱、交利的伦理规范时，也澄清了人与人之间不相爱、不互利的社会现状。"圣人以治天下为事者也，不可不察乱之所自起。当察乱何自起？起不相爱。"④ 墨家指出，君臣、父子、兄弟之间互相亏欠对方从而为自己谋取利益，大夫的封邑、诸侯国家之间互相攻打，都是因为不能彼此相爱、只为自己谋取利益而造成的。解决利益冲突和社会矛盾的钥匙就是教之以良道，使"天下兼相爱，爱人若爱其身……视人身若其身……视人之家若其家……视人国若其国。故天下交相爱则治，交相恶则乱"⑤ 成为普遍性共识，人们就会消除为己的自私之心，社会稳定和人群团结就指日可待。墨家把治乱的缘由线性地归结为爱的缺失、利益的争夺，恢复社会秩序的枢纽就是劝导人们能够爱得无我、无私和毫无差别。

一旦祛除了人们的私心妄念，再加以自下而上地不断逐级"尚

---

① 方勇译注：《墨子》，中华书局 2011 年版，第 84—85 页。
② 方勇译注：《墨子》，第 85 页。
③ 方勇译注：《墨子》，第 79 页。
④ 方勇译注：《墨子》，第 120 页。
⑤ 方勇译注：《墨子》，第 122 页。

同"，居于高位的天子和天志保持一致，从而使所有的人都能够达到上天要求的兼爱与交利。这样，社会冲突的根源就被彻底消解了，人们之间会因为无我地相爱而不会有罪恶、战争、欺诈和匮乏的产生。人人都能够安定于自己的社会位置，遵守自己的角色特征，并且完全地和他人分享自己所拥有的一切，终极的理想社会的建成就不再是难事。"对民的重视，在墨家兼爱、节用、节葬、非乐等主张中，就是君主要体现对人民的爱。"① 圣王如同上天一般把无尽的恩泽撒播在人民身上，加以社会教育把人人相爱互利的道理教导给普罗大众，由于崇圣敬神的情感需求，以及出于对鬼神严罚重赏的信任，人们就会普遍地相爱，直至兴起天下之利。墨家认为"兼"能够解决各个层次的问题，"故兼者圣王之道也，王公大人之所以安也，万民衣食之所以足也。故君子莫若审兼而务行之，为人君必惠，为人臣必忠，为人父必慈，为人子必孝，为人兄必友，为人弟必悌。故君子莫若欲为惠君、忠臣、慈父、孝子、友兄、悌弟，当若兼之不可不行也。此圣王之道而万民之大利也"②。"兼"的贯彻力度决定着社会问题的解决程度，而教育的职责就是要把"兼"的道理和做法尽可能广泛地传播开去。

（三）暴力与战争造成深重灾难

圣王不作，大道难行，天下暴力蜂起、战争频仍、掠夺成风，造成了极大的物质损耗和民众的困苦流离。"与其居处之不安，食饭之不时，饥饱之不节，百姓之道疾病而死者，不可胜数；丧师多不可胜数，丧师尽不可胜计，则是鬼神之丧其主后，亦不可胜数。"③ 战争破坏了天、地、神、人的和谐共存，从墨家一贯坚持的功利取向出发，诸侯国之间频繁地发动战争，与其说是为了获取名利，倒不如说是得不偿失，投入战争的成本和付出的代价，远远大于战争的获利，这样不利天、不利人、不利鬼神的事，实在是有识之士所不应该赞同

---

① 方铭：《战国诸子概论》，学苑出版社2012年版，第65页。
② 方勇译注：《墨子》，中华书局2011年版，第150页。
③ 方勇译注：《墨子》，第158页。

的。"墨子对战争之态度正是以功利主义之角度决定之。"① 墨家从拥护功利的角度反对战争，这只是看到了战争的物质性层面。但是对于人类来说，战争还表现了人类执着地追求美好价值以克服死亡恐惧的本能，可以升华超越性自我的精神价值。这是墨家没有且无法看到的。

发动战争也不只是为了使用暴力手段去争夺利益，"暴力需要有正当的理由而且是可辩解的，但是暴力所要达到的目的与现实的联系越远，它的正当性就越发不合乎情理。"② 战争总是有正义与非正义之分，正义的战争被视为产生解放性质的、为了摆脱奴役和奋力自卫，国家也会因为天命的召唤和灾异的讯息而对不义之国发动战争，墨家因而区分了"攻"与"诛"的差别。"盖墨子以国家和个人无别，悉当以义为断，其理至明；而当时谓攻国为义者，殆亦必有如近世国家学者之说，歧国家道德与人民道德为二也。"③ 正义的国家受命于天，去讨伐无功德、非正义的国家，这就是诛。圣王会得到上天的赐福，代天行使诛灭的使命，完成朝代更迭来成就圣王之业，为百姓带来长久安康。圣王之道得以彰显，暴王被诛灭，都是上天的旨意。在私人政治时代，这种对圣贤君王的渴求成为先秦诸子的共同心愿，体现了知识权力能够赋予政治权力的主要内涵。墨家也把诸多政治主张寄托于圣王形象上，试图让圣王重新出现，来实现其主张的治道与期待的社会图景，由此演化出来的盼望救世主的思想，也成为人民在苦难中的安慰。

二 夏商文明中文化典籍的渗透与启发

"诸子出于王官"说在中国文化史上由来已久，可见夏商文明中流传下来的文化典籍是诸子百家创立新说的基础。"儒家者流，盖出于司徒之官，助人君，顺阴阳，明教化者也。……道家者流，盖出于

---

① 高柏园：《墨子和孟子对战争之态度》，《鹅湖月刊》1976 年第 17 卷第 5 期。
② ［美］汉娜·阿伦特等：《暴力与文明》，新世界出版社 2013 年版，第 19 页。
③ 柳诒徵：《中国文化史》（上），东方出版中心 2007 年版，第 330 页。

史官，历记成败存亡祸福古今之道。……墨家者流，盖出于清庙之守。……"①这种观点直到现代仍然有所继承，"儒乃一种职业，乃社会生活一流品。"②傅斯年先生认为："墨子出于礼云乐云之儒者环境中，不安而革命，所以墨家所用之具全与儒同，而墨家所标之义全与儒异。儒者称诗书，墨者亦称诗书；儒者道春秋，墨者亦道春秋（但非止鲁春秋）；儒者谈先王，谈尧舜，墨者亦谈先王谈尧舜；儒者以禹为大，墨者以禹为至；儒墨用具之相同远在战国诸子中任何两家之上。"③天子失官、学在四夷，王官学在民间的散布、传播以及私学教育的兴盛，以《诗》《书》《春秋》等古代典籍为文字载体的知识传统孕育了儒墨的诞生，这也就是傅斯年先生所说的儒墨用具相同。

（一）《尚书》对墨家的启发

《尚书》记载了古代政治传统中的"典谟训诰之文"，追述了古代圣贤君王的历史事迹，摘录了君臣谈话纪要，展示了治国方略，标志着华夏民族迈入人类政治文明的门槛。这部历史文献既是统治者治理国家的经验反思，也是统治阶层施教的主要教科书，又是知识阶层纵论天下时势的重要经典。纵览《墨子》全书，可以看出墨家的一些思想观点是对《尚书》的创造性继承。

首先，对墨家"天志"观念的影响。

在宗法封建时期，为了论证政权更替所带来的统治合法性问题，天和天命的观念成为维护权力正当性的重要依据。就天人关系来说，君王承担着敬天保民、以德配天的神圣职责，崇敬上帝和祭祀天神成为统治者的固有义务，这也是赢取民心和对民众施行教化的主要内容。天是宇宙万物的最高主宰，是国家兴亡盛衰的最终决定力量，是赏罚权力的最高赐予者。"有夏多罪，天命殛之""予畏上帝，不敢不正"④，天命授予正义之师讨伐的旨意，如果不执行上天的战争命

---

① 班固：《汉书·艺文志》，中华书局 1962 年版，第 1728 页。
② 冯友兰：《原儒墨》，《清华学报》1964 年第 2 期。
③ 傅斯年：《战国子家叙论·史料论略及其他》，辽宁教育出版社 1997 年版，第 82 页。
④ 王世舜、王翠叶译：《尚书》，中华书局 2012 年版，第 97 页。

令,那么就会惹动上天的怒气。《礼记·表记》载:"殷人尊神,率民以事神,先鬼而后礼。"这和《尚书》中关于国家祭祀的记载,互相印证了政治生活中浓郁的神权气氛。天作为伟大的精神实体,掌管着政治运行的命脉。"君主顺应天意,任用有德行的臣子就会得到天的眷顾而获得天命,得到帝国的人民与领地;反之,天就会降与惩罚,将天命转给一个新的有德之君,一个新的王朝。"①

　　相对于其他诸子而言,墨家详细阐释由"天志""明鬼"和"非命"组成的宗教理论体系,体现了更为丰富的宗教性。其宗教思想主要有三个来源:一是古代人民生活中的宗教信仰传统;二是先秦典籍中的天人叙事;三是墨家的创造性发展。这三个因素在墨学思想中都有所体现。"虽使鬼神请亡,此犹可以合驩聚众,取亲于乡里。"② 墨学主张"明鬼"是圣王之道,祭祀是孝子之行,对鬼神的崇敬是高尚人格的表现,仅就功能而言,祭祀仪式不失为联络乡民感情的一种良好方式。"中国人在法律、道德、文艺和一切社会生活、精神生活中,只效法先人、圣人,并没有分化出专司某一方面职能的神灵,且由神来管理该事物。"③ 作为早熟的文化形态,在战国时期华夏文明就已经经历了祛魅的过程,墨家面对人文主义的抬头,作出了折衷与让步,即使鬼神真的不存在,那么举行祭祀仪式也可以把民众聚集起来,使乡邻得到情感交流的机会,营造出洋溢着和睦氛围的公共活动空间。墨家的这种处理策略使得其神本主义披上了人文思想的外衣,对《尚书》神权思想的继承,更多地表现为对鬼神的超验性力量以及赏罚功能的强调。

　　"鬼神之明,不可为幽闲、广泽、山林、深谷,鬼神之明必知之;鬼神之罚,不可为富贵众强、勇力强武、坚甲利兵,鬼神之罚必胜之。……鬼神之所赏,无小必赏之;鬼神之所罚,无大必罚之。"④

---

　　① [芬]聂培德:《从〈尚书〉看周代思想中的天与王朝更迭》,《求是学刊》2009年第2期。

　　② 方勇译注:《墨子》,中华书局2011年版,第270页。

　　③ 龚鹏程:《中国传统文化十五讲》,北京大学出版社2006年版,第102页。

　　④ 方勇译注:《墨子》,中华书局2011年版,第267—269页。

鬼神是无处不在、无所不知的，他们会按照人民和国家的行为来相应地赐予奖赏或施加惩罚。国君协助上天和鬼神来广泛监督民众的舆论动向，察觉人们生活中的各种善恶是非，施加奖惩来加以引导和规范。"上有隐事遗利，下得而利之；下有蓄怨积害，上得而除之。是以数千万里之外，有为善者，其室人未遍知，乡里未遍闻，天子得而赏之；数千万里之外，有为不善者，其室人未遍知，乡里未遍闻，天子得而罚之。是以举天下之人，皆恐惧振动惕栗，不敢为淫暴，曰：'天子之视听也神！'"① 这种使上上下下讯息相通，利用整个社会网络的耳目、言谈和心理动向来帮助执政者控制社会的行为，和《尚书》中的"天聪明，自我民聪明。天明畏，自我民明威，达于上下，敬哉有土"② 如出一辙，都是把上帝、君民一体化，利用社会舆论的传播与控制来使舆情通达、赏罚分明和政事顺利。

其次，对墨家"尚贤"思想的影响。

在中华政治文明的开端，即"天下为公"的禅让时代，关于选拔贤能人才参与政治活动和管理事务的事迹，在《尚书·虞书·皋陶谟》中有所记载："臣作朕股肱耳目。予欲左右有民，汝翼。予欲宣力四方，汝为。"这是关于舜帝语言的记载，意思是说，大臣是君王的股肱耳目。君王想帮助百姓，大臣就必须辅佐君王来管理好百姓，使百姓能够安居乐业。君王想用力地治理好四方，大臣就需要和君王同心合力。推崇贤能与施行德政是中国传统政治哲学建构形成的双足，国家的顺利治理，在于国君选拔和组织贤能的官员形成强有力的统治中心，对于振兴邦国、维护政权稳定和赢得民心有举足轻重的作用。《虞书·尧典》记载了在国家产生之前的氏族时期，共同推选官吏和任命氏族首领的朴素民主事迹，墨家所主张的选贤任能制度，与其将其过度阐释为中国最早的民主选举的萌蘖，不如说是古代禅让推

---

① 方勇译注：《墨子》，中华书局 2011 年版，第 103 页。
② 王世舜、王翠叶译：《尚书》，中华书局 2012 年版，第 39 页。

举传统的遗风。① 由此，墨家尚贤思想的形成，也是延续和吸收这一思想的结果。

墨家引用《尚书·洪范》中的"无偏无党，王道荡荡；无党无偏，王道平平"来论证"兼"的合理性。这种公正、平等思想的表现就是《墨子·尚贤》中所说的"古者圣王甚尊尚贤而任使能，不党父兄，不偏贵富，不嬖颜色"。墨家追溯圣王之道，一是为了反对当时盛行的血亲宗法等级礼制的权力垄断，反映了平民阶层在向上流动时期的平权诉求；二是为其尚贤思想寻找历史根据，增强其理论的可信度和说服力。墨家接续了中立、公正的人才选拔原则，希望有才能的贤德之士能够获得上升的机会和空间，继而利用贤能者的位尊权重、富贵名利来引导更多的人走向为贤之路。通过对无才能者的歧视和罢免，使用这种惩罚手段来端正社会风气，让整个国家人尽其才、才尽其用，避免出现劣币驱逐良币的恶性局面。这样有利于形成整个社会逐步改进的累积效应，"兼"的信念也会被更多的人所接受，从而得到最大限度的推广。"是以民无饥而不得食，寒而不得衣，劳而

---

① 墨学中是否包含民主选举思想，向来是墨学研究界持续争鸣的论域。肇始于梁启超把墨家决断成为类似西方近代政治文明中的民主契约思想，历经百年而时有承续。具体可参见梁启超《先秦政治思想史》（岳麓书社 2010 年版）关于墨家思想部分的论述，其中有言："墨子所说，与欧洲初期之'民约论'酷相类。……彼以为国家由人民同意所造成，正与民约论同一立脚点。"（第 150 页）现代民主制度是建基于西方个人主义之上的个体人格尊严、权利平等和基本人权自由的保障性制度，梁启超从"明乎天下之乱生于无政长故选择贤圣立为天子使从事乎一同"推断出："孰明之？自然是人民明。孰选择之？自然是人民选择。孰立之孰使之？自然是人民立人民使。"其中的思维跨度较大。梁启超继续以《墨子》中的"君臣萌，通约也"作为墨家主张民选政府的支持论据，也显得推论比较局促，因为后期墨家的这句话也可以用来描述墨家政治"尚同"的结果，而不是国家政权的产生过程。并且后续研究者在延续梁启超的观点时，往往忽略了他接下来的论点："国家成立之后又如何？墨家所主张，殊不能令吾侪满志，盖其结果乃流于专制。""彼盖主张绝对的干涉政治，非惟不许人民行动言论之自由，乃并其意念之自由而干涉之，夫至人人皆以上之所是非为是非，则人类之个性，虽有存焉寡矣。"可见，梁氏的分析是民主和专制二元论而非只有民主一元的。在《墨子·尚同》中，"故古者之置正长也，将以治民也。譬之若丝缕之有纪，而罔罟之有纲也，将以运役天下淫暴而一同其义也。"从中分析可知，层层设立政长的目的在于统治民众，因此墨家简单定性为民主思想是值得商榷的，还需要进行更为周全的论证。

不得息，乱而不得治者"①，最终为百姓的安居乐业提供良好的政治环境。

墨家的尚贤思想，把上到天子、中到才士、下到庶民都纳入人才任用体系之中，其最终的依据仍然是"天"，认为这是人取法于天的结果和表现。尚贤所尚之"贤"的内涵被规定为"兼而爱之，从而利之"，遵从这一治理原则的君王就是圣王，否则就是暴王；行为符合此原则的就是圣贤之人，不然就是暴虐之人。显然，《尚书》中的"无虐茕独，而畏高明。人之有能有为，使羞其行，而邦其昌。凡厥正人，既富方谷。汝弗能使有好于而家，时人斯其辜。于其无好德，汝虽锡之福，其作汝用咎"② 深为墨家所领会，兼爱、尚贤思想与之如出一辙，都同样是强调善待弱者、尊敬高位，两者都指出任用贤能人才能够使国家繁荣昌盛，让百姓安享日用之需。

"上之所以使下者，一物也。下之所以事上者，一术也。"③ 对那些治国有方之人，应当丰厚其待遇、提高其声望、表彰其事迹，这样就能使"尚贤"和"为义"相得益彰。墨家的"尚贤"思想不仅受到《尚书》中政治智慧的影响，还进一步把精英政治的范围扩大到平民身上。"故古者圣王之为政，列德而尚贤，虽在农与工肆之人，有能则举之，高予之爵，重予之禄，任之以事，断予之令。……故官无常贵而民无终贱。有能则举之，无能则下之。举公义，辟私怨，此若言之谓也。"④ 墨家首次为平民的政治权利发声，认为有"尚贤"作为保障，这种频繁的官位轮换制度可以营造出良好的竞相为贤的社会氛围，以此促使民众保持对统治阶层的认同感、敬畏感和向心力。

最后，对墨家"重民"思想的影响。

《尚书》内容的演化逻辑证实了封建政治由"重天"向"重民"的转变，天的遥不可及与运行无常逐渐引起了人们的怀疑和质询，而民意、民情与民生倒是由于现实的紧迫性而日益受到重视。墨学中

---

① 方勇译注：《墨子》，中华书局2011年版，第66页。
② 王世舜、王翠叶译：《尚书》，中华书局2012年版，第148—149页。
③ 方勇译注：《墨子》，第52页。
④ 方勇译注：《墨子》，第52页。

"兼爱""非攻""节葬""节用"和"非乐"所表达的节约社会财富、设置最低限度的生活保障、维护人民生活安定等思想，继承了《尚书》的重民思想。接承天命的天子、贤能的文臣武将和接受治理的平民是支撑起"人存政举、人亡政息"之人治社会的三个要点，为了履行各自的角色要求而形成的品质内涵分别构成君德、臣德与民德，由此构成的三足鼎立局势既可以维持稳定的政治结构，也可能会因为其中的某个方面发生急剧变化而失去平衡。对于民这一维度，也成为历代政治哲学的关注要点。

《尚书》中对"民"有基本的定位，"皇祖有训，民可近，不可下，民惟邦本，本固邦宁。予视天下愚夫愚妇一能胜予，一人三失，怨岂在明，不见是图。予临兆民，懔乎若朽索之驭六马，为人上者，奈何不敬？"[1] 这里的"民"至少包含三个方面的含义：其一，民众是需要亲近、联合的对象，而不是遭受疏远、歧视的无用之物；其二，民众是有力量的，不要激起他们的怨恨之心，否则的话，对政权是一种潜在威胁；其三，民众是国家的根本，在根基上凝聚民意、巩固民心，只有在上的天子注意体恤和满足人民的日常之需，政权才能够稳定。墨家念兹在兹的"兴天下之利"所主张的基本内容也就是满足人们的生命安全、日用饮食、人口生产繁殖等基本需要，"饥者得食、寒者得衣、劳者得息"乃是墨家所认为的较为满意的社会状态。

墨家具有强烈的济世救民的现实主义情怀，它对于不平等、战争和饥荒的恐惧和排斥，促使把解决社会问题的重心放置于解决人民的生产与生存问题上，甚至生产和生存成为民众生活的全部内容。"赖其力者生，不赖其力者不生"[2]，人的生存权利直接与人的生产、劳动及从事职业的义务相对接。那些荒废生产的葬礼仪式、音乐制作、国家战争和奢侈消费都应当被纳入需要取消的范畴，因为这样会无谓地浪费社会生产所创造出来的物质财富。"《尧典》里'钦若昊

---

① 王世舜、王翠叶译：《尚书》，中华书局 2012 年版，第 148—149 页。

② 方勇译注：《墨子》，中华书局 2011 年版，第 279 页。

天……敬授民时'的话语，把人民按时播种耕耘说成是顺从上天旨意而行事的，那份对上天的惶恐与崇敬是很突出的。"① 墨家也认为重视劳动生产是"兴天下之利，除天下之害"的必要手段，使每个人的生活需要都得到保障是上天兼爱万民的外在表现，这给人的劳动涂抹上了神圣的色彩。

（二）《春秋》对墨家的影响

这里所说的《春秋》并非仅指孔子编纂过的鲁国历史，而是墨子广泛涉猎的各个诸侯国的历史典籍。墨家在对兼爱、交利的合理性与可行性进行分析的时候，往往引用当时不同诸侯国的《春秋》纪事来作为例证，燕、宋、齐等诸侯国的史料都成为其发展理论的依据。

首先，墨家引《春秋》证"兼爱"之可信与可行。

墨学中最令人神往的是"兼爱"思想，而最饱受争议的也非它莫属。墨家创立并宣扬"兼爱"时，虽然着力强调"兼爱"就是正义，就是圣王之道，就是拯救天下的良方，但是受到其他诸子对如何施行兼爱的挑战。尤其是来自思想对手儒家的质询，使"兼爱"的人性基础产生了根本性的动摇。墨家必须证明它是合理的、现实的、可行的与可爱的。

墨家主要从《春秋》中引用史实来说明兼爱的正当性。"昔者晋文公好士之恶衣，故文公之臣皆牂羊之裘，韦以带剑，练帛之冠，入以见于君，出以践于朝。是其故何也？君说之，故臣为之也。昔者楚灵王好士细要，故灵王之臣，皆以一饭为节，胁息然后带，扶墙然后起。比期年，朝有黧黑之色。是其故何也？君说之，故臣能之也。昔越王句践好士之勇，教驯其臣和合之，焚舟失火，试其士曰：'越国之宝尽在此！'越王亲自鼓其士而进之。士闻鼓音，破碎乱行，蹈火而死者左右百人有余。越王击金而退之。"② 墨家选取了诸侯君王的事例，来应对世人对于"兼爱"的批评。一种批评说，"兼爱"在理

---

① 王定璋：《从敬天保民到敬德保民——〈尚书〉中神权政治的嬗变》，《天府新论》1999 年第 6 期。

② 方勇译注：《墨子》，中华书局 2011 年版，第 128 页。

论上是好的，但是实行起来却不可能；另外一种批评说，即使行动上没有遵循"兼爱"原则，实际上也没有造成不良后果。但是墨家引用《春秋》中的事例雄辩地证明在上者的指令和示范可以很好地解决"兼爱、交利"善而不可行的两难处境。

墨家认为，国君的偏好可以决定官员和百姓的行为方式，即使这些行为偏离常规，官员为了趋附国君，也会放弃自己的选择性偏好，而迎合国君的趣味。"最初的提示，通过相互传染的过程，会很快进入群体中所有人的大脑，群体感情的一致倾向会使其变成一个既成事实。正如所有处在暗示影响下的个人所示，进入大脑的念头很容易变成行动。无论这种行动是纵火焚烧宫殿还是自我牺牲，群体都会在所不辞。"① 墨家继续推论道，在这种群体心理情境中，即使是恶衣、节食、胁息和蹈火而死，只要君王发布命令表现出这种喜好，鼓动下属去执行，他们就会不惜一切代价地做出这种举动。

既然兼爱和交利优于这些极端行为，并且可以得到对等的回报，怎能说"兼爱、交利"是善而难行的事情呢？这只能说明在上者的引导力度不够。这里仍然可以看到墨家尚贤、尚同的价值导向所发挥的效用，即通过模仿这种社会基本现象而起作用。社会下层人民一般会主动模仿上层人士的行为，以此减少人们由于无法达成共识而造成的行动阻力。兼爱只有通过这两种方式，即上位者的推行与下层人民的积极效仿，才能够更好地得以推行。墨家引述《春秋》中的事例来说明君王的号令、好恶和价值取向可以决定臣民的价值规范与行为方式，言下之意是，只要君王愿意采纳"兼爱"的主张，在国君治理政事、官员管理百姓时能够付诸实施，再加以严厉的惩罚或丰厚的奖赏，兼爱就可以得到普遍实施，天下也可以顺利地得到治理。

其次，墨家用《春秋》论"非攻"之可能与可贵。

东周时期，兼并战争频繁发生，墨家反对不义之战，排斥战争对生产和生活所造成的破坏。然而，各诸侯国之间为争夺土地、人口和财富展开了更大规模的战争，战争成为当时诸侯国交往的常规形态。

① [法]古斯塔夫·勒庞：《乌合之众》，中央编译出版社2005年版，第24页。

"所以春秋时代，大局的变迁，系于几个大国手里。"① 针对这种大国争霸、杀戮不绝的局面，墨家一方面在理论上指出战争的破坏性作用大于建设性效用，另一方面在行动上凭借高超的守城战术和机械制造水平帮助弱小国家对抗强大的国家，从理论和实践两个方面为制止战争、赢取和平做出了贡献。而对《春秋》中所记载的东周早期战争形势的分析，成为墨家解释战争问题的主要历史材料。墨家这样做的出发点是"君子不镜于水，而镜于人。镜于水，见面之容；镜于人，则知吉与凶"②，以历史上出现过的人物、发生过的事实作为借鉴，就可以预料未来的吉凶祸福。

墨家引用《春秋》中吴越之战、晋国智伯的事迹和赵魏韩合纵连横等历史事件，来分析国家军事实力的不均衡变化，反证攻伐征战难以赢得民心，说明借助战争去获取名利的欲望终将难以实现。墨家阐明战争实在是不利天、不利鬼、不利人的事物，征战攻伐之事是劳民伤财的举动。"是故古之仁人有天下者，必反大国之说，一天下之和，总四海之内。焉率天下之百姓，以农臣事上帝山川鬼神。利人多，功故又大，是以天赏之，鬼富之，人誉之，使贵为天子，富有天下，名参乎天地，至今不废，此则知者之道也，先王之所以有天下者也。"③ 真正的圣王并不以攻伐兼并成为强国为目的，而是让普天之下的百姓和睦相处，以和平的手段统一四海之内的诸侯国，带领天下百姓致力于农业生产，以丰盛的物产来敬献、侍奉上天、山川之神和祖先之神。这样才能为国家创造出更多的利益，生产出更为丰富的物产，鬼神会因之施下奖赏、赐下富贵，百姓会称赞他、拥戴他，让他贵为天子、富有天下，他的名声会和天地共存、与日月同辉而流芳百世。反对战争才是智慧者的道术，才是先王们能够拥有天下的理由。

墨家利用诸国《春秋》中的历史往事来和当今的诸侯国君进行对比，好战的诸侯国忙于训练士兵、打磨兵器、激发将士们的英勇气概

---

① 吕思勉：《中国通史》，凤凰出版社 2011 年版，第 357 页。
② 方勇译注：《墨子》，中华书局 2011 年版，第 165 页。
③ 方勇译注：《墨子》，第 167—168 页。

并让他们猛烈地攻击敌人，同时不忘维系民心、联合盟国，认为具备了这些条件，足以王霸天下。岂不知，即使具备这些条件，并以此攻伐征战，也会使国家失去法度、百姓改变本业，进而成为最为严重的祸患。"随着农业生产率的提高，人口不断增加，村庄拓展为城镇，城镇又拓展成拥有巨大的宫殿和庙宇以及聚敛来的财富的帝国。由于此时可以争夺的东西实在太多了，战争变得愈来愈频繁，也愈来愈具有毁灭性。"① 在墨家看来，战争的最大威胁是损伤人口、耽误农时，好战的齐、晋、楚、越等国急于争夺土地，却不好好地耕种已有的土地，实在是得不偿失。墨家征引《春秋》，描述了征伐不断的时势局面，较为客观地分析了战争的弊端和危害，表达了人们的反战立场，倡导天下一家的大同精神，呼吁诸侯国按照自然和历史形成的疆域来实行和平统治，让人们能够安居乐业。圣王正是制止战争来赢取仁义的名声，用仁德来让诸侯归顺，则天下的和好指日可待，这才是为天下人谋取利益的千秋伟业。

最后，墨家以《春秋》说明鬼神之存在与可怕。

墨家在诸子中的宗教色彩最为丰富，较为集中地做出了关于鬼神存在的证明，不同国家所编撰的《春秋》史籍中涉及鬼神的内容，都成为其证明鬼神存在的重要论据。这种间接的经验主义的证明方法，即为墨家所讲的"众人耳目之实"。但是"天志"与"明鬼"学说，同样也受到时人的批评，最多的疑问是："自古以及今，生民以来者，亦有曾见鬼神之物，闻鬼神之声，则鬼神何谓无乎？若莫闻莫见，则鬼神可谓有乎？"② 既然"众人耳目之实"是判断事物的标准之一，那么到底有谁见过或听过鬼神呢？

墨家在《春秋》中找到了鬼神被听见和被看见的史实，列举了周国、燕国、齐国、宋国《春秋》中所记载的灵异现象，来说明鬼神的存在是毋庸置疑的。国家和民间的祭祀传统也可以证实鬼神是存在的，既然国家政治典礼和百姓日常生活都与祭祀相关联，那么这也可

---

① ［美］斯塔夫理阿诺斯：《全球通史》（上），北京大学出版社 2005 年版，第 44 页。
② 方勇译注：《墨子》，中华书局 2011 年版，第 252 页。

以作为鬼神存在的证明。"神话已被植入历史之中。"① 鬼神不仅是历史上存在过的事实问题，而且是重要的政治问题。墨家认为，如果没有鬼神的无处不在、无所不知，人们善良和邪恶的行为就无法得到相应的奖惩，这样，人们就会毫无节制地选择去做危害别人之事。"民之为淫暴寇乱盗贼，以兵刃毒药水火退无罪人乎道路，夺车马衣裘以自利者，由此止。是以莫放幽闲，拟乎鬼神之明显，明有一人畏上诛罚，是以天下治。"② 让人们相信鬼神的存在，信从善恶的必然报应，充分认识到鬼神的明察秋毫，可以让人们恐惧上天的诛灭，有效制止人们去做危害他人的行为，这样有助于人们之间互相为利，而不是互相危害。墨家虽然多处引用《春秋》以证实鬼神的确切存在，但其根本目的还是在于宣扬墨家"兴天下之利，除天下之害"的伦理规范。

（三）《诗》对墨家的影响

在《墨子》成书过程中，多次以《诗》中内容作为佐证，这有两个明显的益处：一是使墨家理论与已有文化传统产生互动，使之言之有据；二是借助人们广泛接受《诗》的社会背景，减少墨学传播中可能遭受的排斥与责难。

首先，墨家用《诗》来阐释"兼爱、交利"的正当性。

"兼爱"与"交利"思想设计的初衷是美好的，希望人们适度放弃自我的欲望和利益，来为他人利益和社会和谐做出贡献。但是人们未必如其希望的那样完全认同这样的价值观念，于是墨家使用《诗》中的语句设计了过渡条件，即"兼爱、交利"是无条件地相互施与的，这样就解决了这个命题成立的前提。《墨子·兼爱》下篇引用《诗经·大雅》中的"无言而不雠，无德而不报。投我以桃，报之以李"，作为"兼爱、交利"思想正当性的证据。墨家把它理解成社会交往中必然成立的对等交换，解决了实现"兼爱、交利"的前提条件问题，以此说服更多的人来信从。

---

① 刘小枫：《海德格尔式的现代神学》，华夏出版社 2008 年版，第 15 页。
② 方勇译注：《墨子》，中华书局 2011 年版，第 250—251 页。

其次，墨家以《诗》表明"尚贤、尚同"的重要性。

《墨子·兼爱》下篇引用《诗经》周诗中的"王道荡荡，无偏无党"，来论证君王需要保持中立与公正，按照臣属的才能公平地分配官职和封赏，这和"尚贤"思想具有内在一致性。在"尚贤"的具体做法上，墨家引用《诗经·大雅》的《桑柔》篇"告女忧恤，诲女予爵。孰能执热，鲜不用濯"（流传下来的《诗经·桑柔》为"告尔忧恤，诲尔予爵，孰能执热，逝不以濯"①）加以说明。墨家说任用贤能时，君王要体恤和亲近忠心辅佐的人，按照功业大小与才能高低来授予爵禄。墨家引用《诗经》中"我马维骆，六辔沃若，载驰载驱，周爰咨度"与"我马维骐，六辔若丝。载驰载驱，周爰咨谋"，来说明"尚同"是有史实支撑的。诸侯国君听见好或不好之事，赶紧骑上马去报告天子，使好人得到奖赏、坏人得到惩罚，进而使赏罚分明、上下同心合意。

最后，墨家用《诗》来解释"非攻、节用"的合理性。

《墨子·非攻》说："《诗》曰：鱼水不务，陆将何及乎！"墨家认为，韩、魏、赵三国通晓了唇亡齿寒的道理，及时联合起来抗击晋国的军事攻击，把军事实力较强的晋国打得大败。墨家用这个事例说明，依恃强力去攻打弱小的国家，也会遭受溃败，以此劝导人们放弃战争，用互相施与关爱及利益的方式来解决国家间的矛盾冲突。《墨子·节用》中篇说"古者尧治天下，南抚交趾，北降幽都，东西至日所出入，莫不宾服"，这句话类似《诗经·小雅》中的"溥天之下，莫非王土；率土之滨，莫非王臣"。墨家认为，尧帝统领天下，生活却非常节俭，以此反对贵族的奢侈生活和繁复礼仪。

三　早期儒道思想对墨家的亲近与开解

相较于夏商文明，早期儒道思想对墨学的形成更具影响作用。诸子百家在争鸣和互动中成就了各家流派，墨家则在对儒家的继承和非难中构建了最初的学说体系。而墨家与道家基于对当时社会现实的分

---

① 方勇译注：《墨子》，中华书局 2011 年版，第 59 页。

析和判断所构思出来的社会改善方案，使两者产生更多的关联，表现出某种程度的接近。

（一）墨学与早期儒学的结构性互补

在思想学说上，墨家与儒家表现出对称性的互补结构。墨家针对儒家思想提出了相应的反对观点，这本身就意味着对儒学的理解和接受。在反对儒家的基础上，墨家凝练出以"兼爱、交利"为核心的思想。"墨子非乐是先秦一桩重要的学术公案，儒墨两家对音乐之于社会治理作用的两种完全不同的认识，既与时代命题的转换有关，又关乎两者救时补弊思路的迥然相异。"① 由"礼乐"的争辩可见儒墨互非的冰山一角，二者的学术源流是中国思想史研究的重要主题，也影响了中国文化的性格特质与发展脉络。当儒墨意欲复兴自家学说时，便会主动到对方那里寻找对立的资源和灵感。

墨家在建构话语体系时，吸纳了儒家的重要概念如"仁爱""孝悌""忠义"和"礼乐"等，不过对其重新进行了定义，并围绕主要观点进行了相应的发挥。墨家将儒家作为构建自身的要素，又对儒学进行了边界的拓展与再次创造，比如把生发于家庭伦理的仁爱扩大到所有人身上。墨家对儒家的等级思想、礼乐制度、尊尊亲亲的人伦规范做了彻底改造，这是在全面理解儒学的基础上完成的。儒家是文化守成主义者，墨家却表达了对以儒学为代表的传统文化的不满，并发起激进的文化改造运动。这为传统文化的创新与发展输送了新鲜的血液，为社会的革新提供了活泼的动力，为夏商文明向着不同方向的分化拓展了空间。

（二）早期道家对墨家的潜在感染

墨家在文本中没有直接引用道家的章句，也没有针对早期道家的具体观点展开评述，因此不能过度解读墨家和道家间的学术渊源关系。但是墨子乃至整个墨家团体都非常博学，墨子声称自己"上无君上之事，下无耕农之难"②，因而以学术作为其毕生追求的志业。对

---

① 田瑞文：《礼器之辨：儒墨乐论思想评议》，《山西师范大学学报》2013年第3期。
② 方勇译注：《墨子》，中华书局2011年版，第419页。

于当时传述的道家思想，墨家应当有所涉猎，因此，只能从对比分析的角度说明墨家对早期道家可能的借鉴。

早期道家"天道"观念与墨家"天志"有相通之处。老子在《道德经》第七十九章中说"天道无亲，常与善人"，又在第八十一章中说"圣人不积，既以为人，己愈有，既以与人，己愈多。天之道，利而不害"。在早期道家看来，天道是非常公正的，对任何人都一视同仁而没有偏爱，会永远帮助有德的善人。墨家的"天志"也不偏不倚，永远经营着赏善惩恶的事业，极为公正地按照每个人的行为施加相应的回报。老子认为"天之道，利而不害"，即上天绝对不会产生不正当行为、负面价值和消极后果，永恒地让世间事物获得自己的益处；圣人出于对天的效法而体现着天道，一如既往地施惠于他人。墨家也呼吁人们去帮助别人、和他人分享利益，这和道家的圣人形象同声相应。

早期道家的"天地不仁"与墨家的"兼爱"异曲同工。在诸子时代，无论人们对天持有崇敬还是怨恨的情感，对于"天是高于人的存在"都是有所共识的，对天的具体解读彰显出各家不同的思想要略。早期道家的解读是"天地不仁，以万物为刍狗；圣人不仁，以百姓为刍狗"，这类似于墨家"天志"的内涵——"兴天下之利，除天下之害"，两者皆宣扬无差别的博爱精神。墨家"天志"和早期道家的"天地"皆意味着平等的爱，两家都主张把它引申到人类生活中，希望人们像天地般广博、宽容，扩展心胸以理解的情怀来接纳世人。墨道两家描绘出爱的理想状态，要求超越自我优先性的限制，所有人都充任爱的发起者、施与者和接受者角色，美好却难以实现。

早期道家的"俭"与墨家的"节用"有相似性。老子自称有"三宝"，"一曰慈，二曰俭，三曰不敢为天下先"，而墨家提倡"节用"，都主张节度无谓的费用，避免过度刺激人民的物质欲望。墨家和早期道家同样面对着生产发展与社会财富分配不公的冲突，战争亦因此而起，这就致使它们产生"俭"和"节用"的观念。"圣王为政，其发令兴事，使民用材也，无不加用而为者，是故用材不费，民德不劳,其兴利多矣。"① 墨家认为,节俭用度会增加财物的利用率,可以减轻百姓的劳苦。早期道家对"俭"也非常重视,"不贵难得之货,使民不为盗。不见可欲,使民心不乱"。墨道两家都认为节制人们的欲望,不鼓励社会奢靡的风气,对于纯化社会风气和维持稳定秩序,有一定的正向维护作用。

第二节　墨家教育思想的时代性

现实世界是激发产生学术思想的直接动因,得以传世的思想基本上都是出于对现实的殷切关怀,并且意欲超越当时的社会现实为未来做恒久的指引。思想家要诊断社会现实,并为其指明未来的发展方向。墨学产生的现实基础是当时的社会实存与人们的身心生存状况,墨家如同其他思想家一样,针对当时的社会病症进行望闻问切,积极寻求可能的解决之道。墨家的所见、所闻、所思、所感是其教育思想生成的最直接来源。

一　战争与墨家之"非攻"

"周室卑微,五霸既殁,令不行于天下,是以诸侯力政,强侵弱,众暴寡,兵革不休,士民罢敝。"② 整个东周时期绵延五百余年的战争,由起初的局部战役演化为全面战争,所造成的破坏与摧残对民众日常生活的影响颇为重大。"历史文献中共记载了 20 次战国时期发生的伤亡人数超过两万人的战争。"③ 战争的汪洋席卷到现实世界的每个角落,死亡的残酷和破败的景象令人触目惊心。伴随着强国力量的此消彼长,弱小国家被迅速吞灭,几个主要诸侯国挟裹着其他附属国

---

① 方勇译注:《墨子》,中华书局 2011 年版,第 180—181 页。
② 司马迁:《史记》,岳麓书社 2001 年版,第 56 页。
③ 赵鼎新:《霸权迭兴的神话:东周时期战争和政治发展》,《学术月刊》2006 年第 2 期。

家，不断上演新的战争，"修昔底德陷阱"① 一直存在着。战争主导着整个东周时期的政治发展，反对战争、谋求和平成为墨家探索的重要内容。

战争景象作为认知对象进入墨家的观念反应系统，墨家如何认识战争的本质呢？墨家把战争比喻成更高类型的入园偷窃，后者只是小的不仁，前者却是更大的不义，是对无辜之人的最大伤害，是重大的过错与罪孽。墨家把战争归结为"不义"，认为战争的破坏性大于建设性，除非正义的国家去诛灭不能行使上天旨意而施行暴虐统治的国家。墨家谴责当时盛行的为抢夺资源而进行的战争：耽误农时、消耗国库、牺牲人口。权衡利弊，土地可以勤加开垦、精耕细作，但损失的人口却无法弥补回来，战争为争夺土地而丧失人口，这是因小失大的不智之举。

墨家分析了战争的种种弊端，在综合考虑了功利、名声、经济得失与命运吉凶等多种要素后，劝告国家切勿用战争的方式去解决纷争。对外扩张的最终结果是得小于失、凶大于吉，不如采用节俭用度与和平发展的治国理念，来使国家强大起来，让人民产生归顺之心。墨家提出和平发展的美好愿望，但是在多战、好战的社会现实中，这个反战团体却要演变为军事组织，广泛地参与到战争中去。墨家不得不采取暴力战争的形式，通过发挥精湛的战争技艺，阻止强大国家侵占弱小的国家，经由身体力量的抗衡来推行和平理念。

墨家解决战争问题的方案是"非攻"。《墨子·鲁问》记载，鲁国即将面临齐国入侵，将要陷入战争的危机。墨子为鲁穆公提供旨在和平的应对策略来化解这场危机，具体主张包括：尊天事鬼、爱利百姓、礼遇邻国，这样就能转危为安，否则根本无法摆脱战争的祸患。在齐国，墨子告诫将领项子牛放弃对鲁国的进攻，用"交相贼"的比喻说明战争会造成两败俱伤。此后，墨子去见齐国国君，用"以刃

---

① "修昔底德陷阱"这个说法源自古希腊历史学家修昔底德，他认为，当一个强大的国家在崛起时，必然面临着与既有的统治霸主国家进行激烈的竞争，而双方所面临的统治危机大概率地要以战争的方式来结束，这几乎被视为国际关系发展的"铁律"。最终要通过持久战争的胜负来形成新的世界格局，重新分配权力关系。

试头"的比喻，阐明主动征伐邻国如同用人头来测试刀刃是否锋利一样，最终会把不祥带给试刀之人，即意味着主动发动战争会为国家招致灾祸。墨家在帮助弱小国家抵挡强大国家的进攻时，并不主张以战止战，而主张集合天、地、神、人的总体力量来摆脱危机，用温和的和平方式摆脱战争的魔咒。墨家动用宗教的神秘力量警告人们终止战争，类似的事例多有记载。为呼吁人们制止战争，墨家甚至不惜以投身暴力的方式来阻止战事。

墨家教导弟子进入不同的国家要因地制宜，针对相关国家的具体情况采取不同的游说内容，战争即是其中的一项。"凡入国，必择务而从事焉。国家昏乱，则语之尚贤、尚同；国家贫，则语之节用、节葬；国家憙音湛湎，则语之非乐、非命；国家淫僻无礼，则语之尊天、事鬼；国家务夺侵凌，即语之兼爱、非攻。"① 如果国家喜好抢掠和欺凌弱小，就把"兼爱、非攻"的理念推广给它，劝解它停止战争。"尽管建立在兼爱基础上的兼爱理想，在墨子时代难以付诸实践，但它以其普世性、超时代的先进性和合理性，在当代世界获得了实施的政治、经济上的现实基础。因而对'兼爱'理念的现代化、超越、现代诠释与转化，将为 21 世纪世界和平提供最高理念。"② 战争一直主导着人类文明的演化历程，深刻反思 20 世纪战争苦难的日本思想家池田大作，也较为推崇墨家精神中所体现出来的世界和平主义。③

二 物质生活与墨家之"兴利"

民众的物质生活是墨家的关注要点。儒家的民众三宝"庶之、富之、教之"，在墨家亦有相应体现。墨家托圣人之口主张"丈夫年二十，毋敢不处家；女子年十五，毋敢不事人"④，这种提法旨在富庶

---

① 方勇译注：《墨子》，中华书局 2011 年版，第 286 页。
② 张斌峰、张晓芒：《墨家学说与人类和平理念的确立》，《晋阳学刊》1998 年第 4 期。
③ 顾丽华：《论墨家对池田大作思想的影响》，《嘉应学院学报》2011 年第 12 期。
④ 方勇译注：《墨子》，中华书局 2011 年版，第 183 页。

人口，增强社会的劳动能力。"寒者得衣、饥者得食、劳者得息"的理想社会，首先应当满足人民的基本物质生活需求，保障民众的衣食之需和休养生息的权利。墨家认为，满足人们的物质需求是社会发展的前提，其规划的民众生活是安居乐业、用心生产、乐于和居上位者保持一致，这种消除了贫困、战争和混乱的良序社会才是其所渴望的美好社会。总而言之，没有贫穷的富裕状态，没有奢侈的节俭状态，没有战争的和平状态，没有亵渎鬼神的敬畏状态，即为墨家视野中的兴天下之利、除天下之害。

物质既可以使人生活在富足与安乐中，又可能激发人们的利己之心和贪婪欲望。墨家承认民众的基本物质需求，同时也看到社会中存在的贫富、强弱与智愚差异，如果任由这种差异无限扩大，整个社会就会陷入黑暗、混乱和罪恶之中。为了保障每个人免除匮乏与恐惧，墨家主张对物质进行无偿的分享，自为、自私、自利的行为皆不是兼爱，互相施以关怀与利益方才体现出兼爱的精神。因此，墨家劝告人们遵守"为贤之道"，即"有力者疾以助人，有财者勉以分人，有道者劝以教人"[①]。无论是物质财富，还是人们拥有的其他美好事物，都要主动地与他人分享。这样，不同的阶层才会趋于中间而走向平等，当物质分配相对均衡之后，再把"兼爱、交利"的良道普遍传播开来，则可以维持世界的祥和与安宁。

人类在本性上趋向利己，而利他则是后天习得的理性行为。利他动机的形成有三种途径：一是在同情机制的作用下，经由趋利避害的本能，主动去感受他人的痛苦与不幸，为减轻他人的痛苦而自愿施加援助行为。墨家教育强调培养兼士和兼君的理想人格，是考虑到只有怀瑾握瑜的品德高尚之人，才会对陷入苦难与无助之境的弱势群体施以援手。二是良好的社会风气。文明程度高的社会整体上是乐善好施的，人们由于互相模仿而产生的团体动力会促使正向的利他行为普遍化。墨家主张在尽可能大的范围内互相施加爱护与利益，借助爱的传递行为，社会向善的能量会日益增大。三是个体的道德修养。当个体

---

① 方勇译注：《墨子》，中华书局 2011 年版，第 79 页。

的道德水平高于社会平均水平时，无论社会总体的价值取向如何，当他人遭遇困厄时，拥有良好品性的人就会奉献出爱心。墨家教育思想因此强调"为义"的重要性，从事正当的行为有助于个体形成坚定的价值信念，语言与行动的双重保障可以使这种信念得以贯彻。

物质需要处于人的需要层次的底层，可是通过物质的无偿分享与均衡分配，则能体现出社会的正义程度，这为墨学赢取了足以获得广泛接受的社会基础。"在战国百家争鸣中，墨家以其平民性而具有广泛的群众基础，墨学很快成为当时的'显学'，影响深远，成为此后中华民族博爱众生、扶危救困、扶弱制暴、道德重建的重要力量。"①墨家如何激发人的行善动机呢？奇特的是，其方法竟然是充分调动人们的利己动机，着眼于自我利益的打算是为他人谋求利益的前提。这充分体现出墨家物质分享的交互性，即互相交换原则。墨家在激发人的利他动机时，晓谕每个人都有可能遭遇危难，而这时最希望得到他人的无偿帮助。换位思考一下，人们理应在处有余时思不足，把自己拥有的物质分享出去，方能期待在需要帮助时有人能够伸出援手。可见，墨家的利己和利他是一体的。

虽然墨家对利己与利他实行了一体化处理，但是在普通人的价值等级中，利己是优先于利他的。为了克服这种价值排序的弊端，墨家利用人的原始恐惧心理，督促人们把利己和利他放于同等重要的位置。神圣不可侵犯的"天志"，鬼神无时不在的赏善罚恶，敦促人们不能怀有恶念，更不要做出恶行。分享型人格会获得上天的奖赏，而掠夺型人格或悭吝型人格则会受到鬼神的惩罚，因此人应当惧天、敬天和法天，自愿分享物质所有，反对把物质财富据为己有。墨家暂时搁置了人的因性成善及其渐进性，从"民之初生，未有政长，一人一义，十人十义"出发，假设人群是生来没有秩序的。在悲观的人性假设中，即使是较低层次的物质分享，也需要强有力的价值管理，需要强大的外力驱使。假如人们不进行物质分享，则会经受巨大的恐惧心理的内在压迫，这种力量会超过人的利己动机，借由人的自我良心谴

① 刘长明：《墨学中的人文思想与科技成就》，《齐鲁学刊》2015 年第 5 期。

责机制，使人放弃利己之心和自利行为。

墨家尊重人的生理需求和物质需要，倡导社会实行"不可坑人害人，应该爱人助人"①的正当原则。人们基于低级层次的物质共享，逐步上升为价值共享与精神共享，最终实现"强不执弱，众不劫寡，富不侮贫，贵不傲贱，诈不欺愚"的互相尊重、和平共处的良好局面。"墨子立足于现实的生活世界来探讨道德、经济、社会以及文化之间的关系与互动，展现出其独特的理论特点：平民道德是其最耀眼之处，其伦理思想都是在平民视野中生发而成，一切理论和行动都是为了保障和实现平民阶层的利益，体现其对于普通民众的福利取得、平民式的自我价值提升以及寻求公平正义的呼声。"② 对于民众如何从物质匮乏状态中解放出来，过上富足且有尊严的生活，墨家开始了最早的探索。人类历史已经向前发展了两千余年，可是，在当今世界范围内依然有大量人口被贫困、生活资料的匮乏、生命安全无法得到保障所威胁。因此，重新思考墨家的社会改造方案具有一定的现实意义。

三 心灵世界与墨家之"教良道"

人之为人是因为人是精神性的存在。"盖其语，人异义"③，语言表达意义，意义是由个体构造出来的，墨家关注到人的语言性存在，每个人都有自己的意义世界。在墨家看来，如果任由这种意义世界自由自发存在，人们的精神世界和价值系统难以达成一致，就无法做到符合上天意志的兼爱、交利，因此，这种自然状态必须得到改观。墨家对人的精神生活进行筹划，力图实现统一的价值系统，而不是散在的、自由的、个体化的意义世界。"是以人是其义，以非人之义，故交相非也。是以内者父子兄弟作怨恶，离散不能相和合。天下之百姓，皆以水火毒药相亏害，至有余力不能以相劳；腐朽余财不以相

---

① 刘清平：《论墨家兼爱观的正当内涵及其现代意义》，《浙江大学学报》2010 年第 3 期。

② 魏艾：《墨子平民道德探析》，《华中科技大学学报》2013 年第 1 期。

③ 方勇译注：《墨子》，中华书局 2011 年版，第 79 页。

分；隐匿良道不以相教，天下之乱，若禽兽然。"① 墨家指出意义的个人化和伦理无政府状态是一种不必要的"恶"，是使人堕落到野蛮状态的主要原因。价值观念的无法统一是离散性的破坏力量，因此需要把价值的分崩离析整合成内容一致的价值共识。

墨家采取两种策略：一是在管理方式上建立刑法和制度，在组织结构上选取政长管理民众；二是统一民众的道德认知，建立强大的价值观念体系，把人们的价值尺度削峰填谷般地纳入同一框架和同等标准中。这样齐头并进地整顿人的意义和价值，可以克服人因价值观念的分散而产生的各种罪恶。只要意义不统一，人们就会过于肯定自己或非难他人，过度重视自我利益而忽视他人利益，导致家庭纷争不绝、陌生人之间彼此侵害。其所产生的后果是，多余力量被白白浪费掉也不用来互帮互助，剩余财富无谓腐烂而不拿来分享，美好道理被隐藏起来却不传播，社会生活就会陷入无比混乱的境况。墨家采取非此即彼的思维方式，并不信任人的自律和自治能力，过分夸大社会交往中的负面效应，过度放大人性恶的一面。墨家认为，一旦缺乏外在力量的约束和规范，人们就会完全陷入罪恶的渊薮而无法自拔，不得不沦落到动物的地步。

时至今日，已难以完全了解墨家如此推论背后的心理动机，墨家形容初民无序、无力、无情的自然状态②，是否只是立论的需要而假设的极端状况。墨家眼中"人"的形象完全无法自主、无力成善和忙于无情的争斗，他们不能依靠自身力量而具备向善的可能。为了彻底驯化这种野蛮状态，墨家设计了等级制的官僚体系、组织严密的统治集团和由民众联合而成的舆论监督网络。民众处于统治阶层和监控

---

① 方勇译注：《墨子》，中华书局 2011 年版，第 84—85 页。

② 自然状态是思想家的一种理论假设，从这个前提出发，他们继续谈论自己的社会规划方案。这个前提好像是思想家思考的阿基米德点，可以撬动他们的整个理论体系和逻辑程序。如政治思想家霍布斯假设了一个自然状态，即在国家成立之前，人类生活在一种自然状态中，人们具有同等的自然权利，不仅平等，而且自由。但是由于人们趋利避害的利己本性，这种自由又平等的状态就充满了"一切人对一切人的战争"。因此，人们通过自然法的规诫作为行动指南，走出战争状态，成立国家。

网络的最底层，他们负责广泛收集信息，及时向上级传递情报，上级再根据人们的言行优劣而施以相应的奖惩。吊诡的是，民众既要充当信息搜集的耳目，又要绝对服从上级的是非标准，对居于上位者的判断标准不能有丝毫怀疑。整个官僚体系也是逐级监督关系，在组织内部执行着推荐、核实、规劝和罢免的功能。这样，所有人都被集中于唯一的价值体系中，每个人都不需要进行自主判断、自我选择和自由行动，整个社会得到了最为有效的管理。"古者圣王为五刑，请以治其民。譬若丝缕之有纪，罔罟之有纲，所以连收天下之百姓，不尚同其上者也。"① 最后，整个社会被收拢于严刑酷法里②，所有人都保持着高度一致，人和上天也达成统一，一种指向最为完美状态的社会秩序被建立起来。

人的精神性存在，除语言、价值等意义载体外，还包括艺术审美生活。墨家对这个主题也有相对完整的论述，主要表现为关于"节用"和"非乐"等的相关理论。墨家提出"非乐"和"节用"有双重含义：一是反对儒家从传统文化积淀中析取出来的"礼乐"文化；二是从平民文化的角度分析维护"礼乐"制度会给人民生活带来极为沉重的负担。"墨子承认音乐能给人以美的享受，但'上考之，不中圣王之事；下度之，不中万民之利。'这是非乐的第一个理由。接着墨子以音乐不能解决民之三患为据，提出非乐。"③ 客观地讲，墨家并不是要拒绝艺术事物的美好属性，在尊重事物客观性的求真意志方面，墨家可以说是诸子中的佼佼者。但是出于体恤民生艰难，不得已而对音乐采取禁止的消极方式，从音乐活动与生产活动互相对抗的社会功能出发，否定音乐的情感陶冶价值。

"是故子墨子之所以非乐者，非以大钟鸣鼓琴瑟竽笙之声以为不

① 方勇译注：《墨子》，中华书局 2011 年版，第 89 页。
② 有一种观点认为，墨家在历史演化进程中实现了墨法合流，在这里可以看到法家"以法为教，以吏为师"的身影。（参见张伯晋《法家学派的渊源与属性考论》，《法制与社会发展》2010 年第 1 期。）
③ 颜铁军：《以"治国"为核心的先秦音乐美学思想———以儒、道、墨家学派为例》，《社会科学战线》2009 年第 12 期。

乐也，非以刻镂华文章之色以为不美也，非以刍豢煎炙之味以为不甘也，非以高台厚榭邃野之居不安也。虽身知其安也，口知其甘也，目知其美也，耳知其乐也，然上考之，不中圣王之事；下度之，不中万民之利，是故子墨子曰：为乐非也。"① 墨家从客观上认识到美好事物使人愉悦的性质，为什么又从主观上反对人的审美体验呢？这是因为墨家在规定人的生活时，认为首先要解决人们的物质生活，然后才有条件考虑人的精神享受。墨家认为民有三患：饥者不得食、寒者不得衣和劳者不得息，这些祸患威胁到人的基本生存，而合理的社会应当消除这些祸患。以音乐为典型代表的艺术生活虽然能给人们带来美好的情感享受，但是也会导致大量人力、物力和财力的浪费，审美创造具有与民争利的特征，因此要反对它们，进而维护百姓物质生活的权利。艺术享受是带有奢侈品意味的非生产性的精神生活，会造成阶层间的差距扩大和不平等，就强本节用和维护平等而言，音乐也是应该加以否定和禁止的。

墨家教育思想的"有道者劝以教人"② 是比较笼统的提法，并没有明确的文字说明"良道"所指代的具体内容，但它和墨家"兼爱、非乐"等十项主张的内在联系是可以确定的。简要概括而言，墨家的"得良道以相教"至少包括劳动教育、分享教育、和平教育、价值教育、信仰教育以及反美育的教育。教育是墨家为社会构筑的一道重要防线，教育内容的设计是针对社会弊病而提出的化解良方，可以彻底治愈人的价值混乱与行为乖张。教育能否把良道充分教导给广大民众，是社会发展是否完善的分界线。

第三节　墨家身份之确立

墨家身份的形成是墨学产生的内在源头。在阶级分析方法主导社会科学研究领域时，墨家代表的阶级立场和阶层利益成为墨学分析的

---

① 方勇译注：《墨子》，中华书局 2011 年版，第 274 页。
② 方勇译注：《墨子》，第 279 页。

重点。"'反贵族'是初期墨学最主要的根源,'非儒'占定了他在学术界的门户与地位,'尚贤'、'兼爱'是墨学的大骨骼,'天志'、'明鬼'做了他著书立说最后的护符。"① 墨家自然有反贵族的阶级立场,其平民色彩向来被研究者所提及,但很难说墨学没有为统治阶层提供技术支撑和理论辩护的内容,不然,"法仪""尚贤""尚同"则难以解释。自身思想分裂的双重性与墨家身份的多元性息息相关,因此从墨家身份入手分析它和墨学的互相塑造,可能比单纯的阶级分析更为合理和全面。

一 墨子的身份认同

墨家是个群体,既有学术研究、知识传播和技术训练的教育团体性质,也有参与战争活动与国家事务的政治组织特性。有研究者指出,墨家是个构造严密的宗教组织,更有人认为墨家是一个带有宗教性质的准军事化集团。上述观点说明,墨家团体具备多种组织特性,在不同的时空中承担着不同的社会职能。"在墨子当时看来,他所需要的只是一个能够以对世人完全无我的爱作为世人兼相爱之原始推动的教团,而墨子的弟子,当然也就是其教团的最初成员了;或者说,他本身就是以教团的要求来培训弟子的。"② 墨子无疑是墨家团体的领袖,他的自我认同应该能代表整个团体成员的身份定位,或者说墨子会有意识地按照自己的身份认同来塑造整个团体的自我意识。

墨子自称"贱人""北方之鄙人",肯定自己的工匠出身。虽然孔子自叙"吾少也贱,故多能鄙事",少年生活却能"为儿嬉戏,常陈俎豆,设礼容"③,可见对于隆盛的礼乐文化怀有向往之情。但在墨子的自我陈述和身世记载中,无法看出他有此情怀,对于权力阶层和上层社会的礼乐生活,反而多持怀疑和批判态度。在教育生活中,当樊迟问稼和请学为圃时,孔子否认自己拥有从事农业生产的知识与

---

① 钱穆:《墨子》,商务印书馆 1948 年版,第 33 页。
② 丁为祥:《墨家宗教因缘析辨》,《中国哲学史》1998 年第 3 期。
③ 司马迁:《史记》,岳麓书社 2001 年版,第 317 页。

技能，当樊迟退出去时，孔子评定这个学生是小人，声称"上好礼，则民莫敢不敬；上好义，则民莫敢不服；上好信，则民莫敢不用情。夫如是，则四方之民襁负其子而至矣，焉用稼?"在孔子看来，伦理性的政治知识显然盘踞于知识金字塔的上位，能较好地从根本上解决社会问题，比农业知识具有更高的地位和更大的价值。

墨子被誉为平民思想家。"特别值得注意的是，墨子从民间手工业小生产者出发所主张的互助、互爱、互利的思想，以及反映劳动人民本性的自食其力的观点，都是墨学的优秀传统。"① 墨家的平民性或人民性，是墨学引起研究者持续关注的主题。当社会产生不同阶级或阶层后，就诞生了不同阶级的代言人和利益呼求者。墨子的身世扑朔迷离，至今仍然没有得出令人信服的结论。尽管如此，墨子反对贵族等级制度，反对上层社会的繁文缛节，反对侵略战争，赞成休养生息的社会政策，却是可以肯定的。墨子明确宣称在判断事物的优劣好坏时，一定要考虑平民百姓的利益，这也没有争议。墨家打量事物的眼光是向下的，更为关注民众的日常生活和利益需求，同时兼顾顶层制度设计、贤能政治的精英统治乃至整个社会的运行方式。不可否认的是，墨家旗帜鲜明地立于平民阶层的立场上，设身处地为民众的实际生活着想。

在教育生活中，墨子经常以农业知识和商业知识做类比来阐释道理和宣扬主张。当朋友质疑他独自为天下之义而劳苦奔走的意义时，他以种田为例为自己的行为辩解。他说，有十个种田的人，其中九个不事耕种，他们互相抢夺、争斗，剩下的一个人仍然坚持种植作物，以此来养活这十个人。墨子以此为例，阐明他自己独自为义是相当有功效而不是徒劳无功的。当他听说底层民众中有人对墨家理论感兴趣时，则不辞辛苦地送教上门，实践不扣亦鸣的教育理念。墨子并没有明确划分知识和社会阶层的等级，相反，他渴望实现较为公正的互相施与关爱的平等社会。当阐释"法仪"的重要性时，以百工制作皆有标准作为证成的依据。在讨论"贵义"学说的价值时，他以商人

---

① 王明：《道家和道教思想研究》，中国社会科学出版社1984年版，第102页。

出售物品时谨慎议定商品的价格为比喻，借此说明对于有价值的思想，人们应该加以珍视。

"早年的经历与社会身份，却不仅成了其一生思考人生、思考社会的根本出发点，而且直接决定着其思想体系本身。晚年时，墨子已经被公认为'北方的贤圣人'，但其主张却又被看作'贱人之所为'这样一种互反的定位，本身即包含了一个吊诡的悖论：墨子是贱人出身的贤圣人，墨子这位贤圣人的主张又是贱人之所为。"① 墨子从来不为自己的卑贱出身而自惭形秽，其出身激励着他献身于追求真理，探索沉疴已久的社会的解救之道。他对自己的学说给予高度肯定，充满自信地说："天下无人，子墨子之言犹在。""吾言足用矣，舍言革思者，是犹舍获而攈粟也。以其言非吾言者，是犹以卵投石也，尽天下之卵，其石犹是也，不可毁也。"② 墨子对自家学说的价值有一种超越时空的永恒寄托，如此则击退当权者对于其学说是"贱人之所为"的讥讽与贬低。

领袖的自信气质感染了整个墨家团体，他们舍弃小我的一己之私，为成全天下人的公共利益而不懈努力。就连对墨子持否定态度的荀子也只好附和地说，人们只要善于管理财物，就可以满足社会的发展之需，坦然承认墨子之言是昭昭然为天下忧不足。而庄子也不得不发出这样的感叹："墨子真天下之好也，将求之不得也，虽枯槁不舍也。才士也夫！"由于墨家关注底层人民的生活需求，鼓励人们行动起来相爱与互助，这深深地震撼着时人的心灵。整个墨家团体勇敢地为底层人民争取生存空间和人身安全权利，启发着当代人从墨学中汲取建设和谐社会的思想资源。"墨子的政治理想就是要建立一个兼爱互利的和谐社会，兼爱既是目的也是手段。天下大治的社会就是兼爱互利社会的实现，而要实现这样的社会就必须君臣之间、上下之间、兄弟之间、人我之间普遍平等地关爱。"③ 这是墨家从自我的身份认

---

① 丁为祥：《墨家宗教因缘析辨》，《中国哲学史》1998 年第 3 期。
② 方勇译注：《墨子》，中华书局 2011 年版，第 424 页。
③ 杨武金：《墨家的政治哲学》，《职大学报》2015 年第 2 期。

同出发，坚持不懈地为包括卑贱之人在内的所有人的利益及幸福奔走呼告而散发出来的精神魅力。

二　墨家身份的多重性

墨家身份中不仅有平民的一面，也有士的元素。士是西周贵族世袭的一个等级，但是到墨子所处的战国时代，士的称谓发生了变化，用来指代具有相当文化水准和专业才能的知识群体。"战国时期，士成为一种特殊势力，他们不受国家、宗族、经济地位和政治地位的限制，只要具有文化知识，有谈说之才能，便可周游列国，不耕而食。"① 这种士的身份促使墨家发出"尚贤""尚同"的呼声，跻身于尊贵行列的生活经验，使墨家试图通过精英阶层的道德风尚来净化社会风气，经由政治精英的合理治理来实现社会的公序良俗。

墨学与中华侠文化的内在关联及纠葛是开展相关研究的主题。"像先秦鲁仲连那种有自己的政治理想并付诸解人危难的行动的，与墨家最相似。不过，墨家不是单打独斗的游侠，而是有组织的团体，故有人称之为'墨侠'。"② 就内涵而言，作为食客与刺客的侠和墨家组织有着本质的不同，前者以人身依附或报答知遇之恩的形象出现，可墨家并不赞成固定的人身依附关系，只强调对于道义的归属。墨家同样需要在战国的劳动力市场上寻求实现政治抱负的机会，不过其团体成员却依赖组织内部的互助共济生活，他们财产共享、命运相连、一荣俱荣、一损俱损。从外延来说，侠和墨家并不完全重合，可是墨家部分成员有时的确担任了侠的角色。甚至后世在解读墨学断绝缘由时，韩非子提出的"儒以文乱法，侠以武犯禁"，也是研究者考量的凭据。墨家并不主张归属于某个固定的国家、阶层或特定的社会组织，这容易引起当权者的猜疑和防备，最终把墨家引向末路。

"墨有两派：一曰任侠，吾所谓仁也……一曰格致，吾所谓学

---

① 方铭：《战国诸子概论》，学苑出版社 2012 年版，第 26 页。
② 罗积勇：《墨家之"义"与"侠义"和"正义"》，《武汉大学学报》2014 年第 1 期。

也……仁而学，学而仁，今之士其勿为高远哉！"① 墨家团体自身存在着分化，关于其学派的内部纷争及它的骤然消亡，其身份问题只能依据有限的材料来做一定的分析。但是足以辨认出墨家身份的多重性：出身底层的工匠、平民利益的代言者、跻身精英阶层的士、社会活动家、缺乏身份归属的侠客、职业武士及主动施教的教育者，等等。此外，由于墨家在探索科学原理和制作技艺方面的贡献，墨子被封有"科圣"的称号；墨家探讨"天志""明鬼"等明显具有宗教色彩的学说，墨子被郭沫若等人称为宗教家。由此可见，墨家的身份是多元的，这从侧面表明墨学的丰富性与多元性，同时意味着墨家思想的不确定性。

三 墨家身份具有平民性和底层文化色彩

墨家身份如同多棱镜，折射出其思想的多层次性，可是从文化分层的视角，研究者一般倾向于把墨家归类为平民文化。"虽然儒墨同属于'士'这一阶层，但二者又有很大不同。儒家是从贵族中分化出来，而墨家多半是由小生产劳动者上升而来，前者代表了统治阶层的伦理，后者则代表了平民大众的伦理。"② 这充分肯定了墨家在代表民众的政治、经济、文化乃至教育权益等方面的贡献，也较为符合现代政治中平等和功利的价值取向。但这无法说明墨学是医治社会疾病的灵验药方，"尚同"对人心灵自由的过度控制，"非乐"连同底层人民美学创作和精神享受的权利一起剥夺，"兼爱"带来身份归属的无所附丽，这些容易造成人的极度疏离和情感贫困，是对人返回精神家园的无情阻抗。

精英文化和大众文化的对立，雅文化与俗文化的割裂，是社会阶层过于分化的外部表现特征。"雅文化所反映的往往是地主阶级根本的、长远的、整体的利益，如重义轻利、崇德贱力的价值观，既包括压抑劳动人民提高物质生活正当愿望的含义，也包括反对统治阶级追

---

① 谭嗣同：《仁学》，《谭嗣同全集》（增订本），中华书局1981年版，第289页。
② 魏艾：《墨子平民道德探析》，《华中科技大学学报》2013年第1期。

求一己之私利、反对法家一味地以严刑峻法统治人民的含义；而俗文化中以富贵达利为最高价值的价值观念，却主要是统治阶级庸俗、腐朽心理的反映。"① 因此，雅俗文化不是独立的，两者是相辅相成的，在适当的条件下可以越过界限彼此转化。理想状态的社会文化生活是雅俗共赏，两者持守各自的边界，同时保留着各自独立发展的自由空间。

墨学对传统文化的影响是多层面的，墨家思想中所展现出来的平民主义思想，凡涉及理论的内容都特别着重于大众化的福利取得与平民式的自我超升。这些内容尤具有现实意义，其在政治、经济、军事、科技、逻辑学、哲学宗教领域的影响，不可低估。② 大众文化和精英文化有机对接，才能尊重不同文化主体的创作欲望和价值诉求，从而打破阶层封闭所造成的森严壁垒。只有把文化权利充分下放，平民才有精神生活的可能，精英文化方不会遭受暴力的破坏。既尊重平民文化的价值，也保障精英群体精神生活的权利，真正体现了民主、科学、自由、平等的时代精神。这要求贯彻以人为本的文化理念，加强不同文化间的交流与对话，让文化释放出现实性与超越性的双重活力。

墨家在确立自身身份时，经历了所在时期传统文化的浸润，回应了社会现实对思想创造所提出的要求，受到创始者墨子乃至整个团体精神气质的影响，形成了独具内核的思想体系。在文化发展史上，墨学断绝造成了思想诠释的断层，正统主流文化——儒学对其加以刻意遮蔽和有意识地边缘化，加上墨家团体自身的分裂，以及缺乏文化续命人而带来的精神凋敝，都为本原地理解墨家思想带来了一定的困难。但是追本溯源，依影寻光，解读墨学的品质，乃至剖析墨家教育思想的内在结构，均有助于更好地理解墨学。

在墨家思想的源头，不同于孔子从周的文化心理，墨子对以禹帝

---

① 张岱年：《中国文化精神》，北京大学出版社 2015 年版，第 104—105 页。

② 薛柏成：《论"精英文化"与"平民文化"有机对接——以儒墨文化互补为例》，《中南民族大学学报》2009 年第 1 期。

为代表的夏代文明更为钟情。原始民主、共享财物、宗教崇拜以及有机团结的生活方式，阶层差异形成前相对平等的政治生态，自然威胁下自发互爱互助的远古生活景象，对墨家来说都是较为理想的社会生存状态。墨家眼中的现实世界，由于遭受文明演变过程中战争、价值分化、贫富差异及奢侈消费的污染，显得混乱和堕落。对历史的选择性记忆，对现状的自主性建构，加之两者间形成的落差和对比，促成墨家寻求合理的社会解决方案，而教育就是方案的组成部分。从身份意识出发，墨家承续了传统文化中可资利用的因素，对精神资源进行加工及改造，禀时势所需，从而形成平民文化的结晶。为平民利益呐喊，为公众幸福奋斗，乃是墨家赋予自身的时代使命。

第二章　墨家教育思想之建构

在与历史、现实世界以及自我认同的交互作用中，墨家不断建构着关于事物的认知，教育即为其中之一。墨家教育思想并非体系性的客观实在，而是墨家围绕教育主题建立起来的感知体验、知识表征与实践活动。墨家教育思想主要关涉人是什么，何为合理的社会及如何建立，正义意味着什么，什么是美，什么是知识等观念体系，关于人性、社会、正义及真、善、美诸问题的探讨构成墨家教育思想的核心议题，以此建构形成其教育思想的基本框架。要透视墨家教育思想，较为便捷的做法是依据墨学十论①分门别类地加以叙述，但是墨学十论是否代表墨翟的思想尚且存在着争议②，为避免陷入刻板化的思维模式，本书兼顾墨学十论，却不完全局限于此。

第一节　兼爱、交利：墨家教育思想的人性论

墨家的人性观形成于中国传统人性论即孟子性善论与荀子性恶论分化之前，"兼相爱"代表其人性伦理中情感的宗教超越性，"交相

---

① 即研究者通常所称的墨学十大主张或者是十大纲领，简称墨学十论，包括尚贤、尚同、兼爱、非攻、节用、节葬、天志、明鬼、非乐、非命。由此还引发出墨学研究中的另外一个争议，就是墨学的核心思想问题，目前起码有四种观点：一是以梁启超为代表的"兼爱"说，这也获得了很多研究者的默认；二是以冯友兰为代表的"功利"说，这为论证墨家是功利主义奠定了理论基础；三是"义"说，其文本依据是《墨子·贵义》篇；四是"天志"说，主要突出墨学的鬼神思想和宗教性维度。

② ［比］戴卡琳：《墨家"十论"是否代表墨翟的思想——早期子书中的"十论"标语》，袁青、李庭绵译，《文史哲》2014 年第 5 期。

利"说明其功利的现实实用性。两者互为补充构成了墨家复杂而精微的人性学说，并由此引发出教育思想中的教育目的、教育方法以及对教育中人的要求，墨家也主张对教育中人的内在动机进行考察。

作为历史上和儒家一同被并称为世之显学的墨家学说，在经历长期的历史沉寂后得到重新发掘、整理和复兴，关于其核心思想究竟是什么，有两种代表性的观点。冯友兰从墨子本原用"三表法"推断出"'功''利'乃墨家哲学之根本思想"①，并认为"国家百姓人民之利"是墨家估定一切价值的标准。而梁启超认为，"墨学所标纲领，虽有十条，其实只从一个根本观念出来，就是兼爱"，指出"兼相爱是理论，交相利是实行这理论的方法"②。钱穆在分析墨学令人敬佩、神思却长期隐而不显的原因时，抓住了墨学"善而不可用"的根本矛盾性，"墨子的学说，反乎人心，使人不堪；他的人格，却又博人欢爱，叫人有求之不得之慨"③。中国近代哲学史上这几种典型观点，都希望概括出墨学的基本思想，但是其观点相左而截然不同，这既说明不同的思想家对其核心思想所持的见解不同，又显示出墨学可能存在着多个中心而产生出自身的矛盾性。

这种矛盾性不仅表现在墨家学说与墨子人格中，在其人性伦理中也同样有所体现。墨家把"兼相爱"与"交相利"相提并论，前者显示了墨家重视情感并带有浓厚宗教意味的超越性情怀，而后者则强调在现实的社会交往中注重功利的实用主义色彩，两者看似矛盾却又相互依存，共同构成墨家学说中精微而复杂的人性伦理。在此基础上，教育目的、教育方法以及在教育中对人的动机进行考察等方能成立。就基本内容而言，其教育目的是培养兼士以及兼君的理想人格，以实现"太上无败，其次败而有以成"④的政治目标，强调"不击亦鸣，强力而为"的进取精神，采取创新务实的教育方法，在道德教育中强调高尚品性的养成。

---

① 冯友兰：《中国哲学史》，华东师范大学出版社 2011 年版，第 77 页。
② 梁启超：《梁启超全集》（卷 11），北京出版社 1999 年版，第 3265 页。
③ 钱穆：《墨子·惠施公孙龙》，九州出版社 2011 年版，第 32 页。
④ 方勇译注：《墨子》，中华书局 2011 年版，第 2 页。

一　具有宗教意味的"兼相爱"与包含实用色彩的"交相利"

墨子初学时师从儒家，可是由于其平民出身以及由手工业者上升为士阶层的身份诉求，他反对儒家遵从的厚葬重丧与以尊礼为乐的贵族生活方式。针对儒家尊尊、亲亲、爱有差等的血亲宗法制度，在创立学说时，形成具有宗教意味的爱无差等与颇具实用色彩的交相施利的人性伦理。"兼相爱"与"交相利"是墨家人性伦理的一体两面，主张兼相爱的原因是不爱则乱，如果人们无法克服与超越自我—他者、邻人—陌生人、本国—他国之间的差异与界限，就不能够实现"富其国家、众其人民、治其刑政、定其社稷"①的政治理想。如果社会无法实行"兼相爱"的道德理想主义，其结果就只能是人与人互相展开掠夺，频繁的战争与无限地侵害他人的利益会成为社会交往的常态。每个人尽己所能地实现自我利益的最大化，私欲的膨胀与暴力的盛行必然导致"国与国相攻，家与家相篡，人与人相贼"②的生存状况，这将给人们共同生活的世界带来混乱与痛苦。

（一）兼相爱：具有宗教意味的无差别之爱

墨子生活的战国时代，在政治上，诸侯国展开激烈的兼并战争；在经济上，铁制工具的使用与土地私有化的兴起，农业、手工业与商业取得长足发展；在文化上，"百家争鸣"带来思想文化的自由与繁荣，使已有的信仰体系与传统文化难以维系。处于中国轴心时代的思想家们，面对现实的政治、社会与价值问题，提出了不同的解决方案，特别是对终极之"道"的寻求成为他们的文化使命。面对庄子所描绘的"世丧道矣，道丧世矣"的社会现实，墨家怀揣着拯救时弊的满腔激情，希望开创出长久稳定与世代繁盛的理想政治局面。为实现这一目的，墨家开出济世良方——兼相爱。在理论上，"兼相爱"突破了儒家以家庭亲缘为本位而建构起来的爱有差等的传统文化，致使儒家差序格局的社会结构受到动摇。要求人们拥有上天一般的宽广

① 方勇译注：《墨子》，中华书局 2011 年版，第 105—106 页。
② 方勇译注：《墨子》，第 124 页。

胸怀与仁慈情感，把所有人无差别地纳入爱的范围，为每个人提供同质的爱。墨家把人刻画成为爱的主体，与"交相利"相结合，爱人就是给他人带来利益，由此确立关爱他人与给对方带来利益的事实关联。在实践中，墨家在团体生活中共享财富、赈弱济困，为民众的财产、人身安全以及弱小国家的生存权利而劳苦不休。墨家的个人生活与政治活动都遵守兼爱的基本原则，身体力行地证实着"兼相爱"的可行性，驳斥时人"善而不可用"的指责。

墨家不仅在行动上证实"兼相爱"的可能与可贵，而且在理论上阐明"兼相爱"的重要与必需。在教育活动中以此为基本要求来训诲与教导门下弟子，希望把"兼相爱"作为普遍的价值共识，顺利地推广给所有的人和国家共同遵守。兼爱也称周爱，即把一切人都当作毫无分别的爱的对象给予接纳与爱护，这才是墨家视域中爱的原本样貌。"爱人，待周爱人然后为爱人。不爱人，不待周不爱人。不周爱，因为不爱人矣。"周爱、兼爱就是完全的爱，是爱得完备、无私，把所有人都容纳到爱的视线中，而不能有任何的选择、拒绝与排斥。对于人来说，爱是本质性的，"对个别人的爱怎么能与一般人的泛爱分隔开呢？生产性（productiveness）地爱一个人就意味着与其人的本质发生关系，与代表着整个人类特性的他发生关系"①。就其本义来说，兼爱是一种近乎神圣的无我、奉献、牺牲与舍己的爱，可是墨家理解的如此完美的爱之主体并不是更高位格的神，而是世俗生活中的每一个人。墨家对人性做出如此神性的要求，在当时引起人们的普遍质疑，孟子直接抨击说是"兼爱无父，类于禽兽"。墨家对此进行了论辩："伤矣哉！言则称于汤文，行则譬于狗豨，伤矣哉！"擅长逻辑辩论的墨家在言语上赢取了胜利，指出儒家言行背离的虚伪性——在言辞上说的总是商汤文武，可是在行为上就拿猪狗做比喻，这真是极为可悲的。墨学无论是在战国时期初显于世而引起深刻的社会反响，还是追逐历史的波涛而内隐于侠士的忠烈童话，墨家都孜孜以求

---

① ［美］弗洛姆：《生产性的爱与生产性的思维》，《人的潜能与价值》，华夏出版社1987年版，第237页。

兼爱能够在社会上付诸实际行动，从而转化为人性改善与社会革新的精神力量。

墨家对兼爱学说的超越性特质有所体认，针对时人"善而不可用"的评定，面对庄子"其行难为，恐其不可以为圣人之道"的断言，做出了积极回应，为兼爱的合理性进行辩护。墨家指出，兼爱学说之所以得不到普遍推广与彻底实行，其原因是"上弗以为政，士不以为行"①。这种阻力一方面来自于国家统治阶层不能够在政策层面推行兼爱的治理方针，另一方面来自于知识分子在兼爱领域的无所作为。这两者才是造成兼爱无法通行，不能得到普遍实施的根本原因。墨家在逻辑上对兼爱的合理性做了进一步论证："爱人者，人亦从而爱之；利人者，人亦从而利之。"② 从功利的角度诱导人们，爱别人能为自己带来同样的回报，给他人施与利益能为自己带来有利的结果。这种等价交换的爱利关系容易给人造成一种印象："凡不是根植于道德上的善意的任何一种善，都无非纯粹的假象与炫惑人的不幸而已。"③ 不过，在墨家看来，人与人之间的兼爱、交利都是多次合作互惠的结果，更是在意识形态的高度把它定义为"圣王之法，天下之至道"。墨家认为，兼爱是至高至善的治国策略，一旦贯彻实行起来，就可以成为国家富强、人民安康的根本途径。

（二）交相利：实用色彩的世俗生活之事

墨家用亲身实践证实了兼爱的可行性，又从学理逻辑上论证兼爱的合理性。墨家在世俗的现实生活中劝导人们要加强生产，把自己拥有的财富分享出去，勤勉地帮助有需要的人。在社会中形成勤俭节约与互爱互助的风尚，实现国家繁荣、稳定的理想蓝图。墨家反复将古代圣王与暴虐君王做对比，力图指出国家治理的要点在于施行义政而产生的情感向心力，德义足以怀天下之民，兼爱是维持国运兴衰的情感基础，人民不相爱则会造成秩序混乱。为避免出现不相爱—交相

---

① 方勇译注：《墨子》，中华书局 2011 年版，第 127 页。
② 方勇译注：《墨子》，第 127 页。
③ ［德］康德：《历史理性批判文集》，何兆武译，商务印书馆 2013 年版，第 16 页。

害—天下乱的恶性循环，墨家劝诫人们放下一己之私利而兴天下之利。墨家认为，"利"是一切人伦关系的基础与底线，在"利"的基础上，伦理规范升华为不同身份导向的人格要求。"故君子莫若欲为惠君、忠臣、慈父、孝子、友兄、悌弟，当若兼之不可不行也。此圣王之道而万民之大利也。"① 只要人们能够做到兼爱与交利，那么君臣、父子、兄弟的名分与品质就足以具备。

作为中国古代较为发达的科学技术与论辩逻辑的集大成者，墨家对人性的看法并非盲目的乐观，而是从客观理性的角度分析"兼相爱、交相利"能为自己的家庭与国家带来益处。在止楚攻宋时，墨子与楚王当面对质，准确地预料到在这场冲突中公输盘将要杀害自己，他对人性中的狡诈、自私与贪婪一面应当是有所了解的，意识到人以自我为中心，立足于自己、自己的家庭和国家的利益乃是人的本性。墨子在与儒家弟子巫马子的辩论中，就"兼爱天下未云利，不爱天下未云贼"进行唇枪舌剑，恰当地指出当人从自己的利益、情感与需求出发时，会成为忠实的利己主义者。但是就利己主义者而言，其普遍心态仍然希望别人的言语、行为能符合自己的利益，由此可以得出"言而非兼，择即取兼，言行相弗"的结论。即人们在理论上虽然不认可兼爱的观念，但是当置身于危难处境时，就会本能地选择可以解除自身困厄的兼爱措施，这就是一般的人性悖论。而要解决人性中的二律背反，就必须返回到"兼相爱、交相利"的根本问题上，只有从人性深处激发出人的利他情感，这一悖论才能得到彻底解决。

（三）兼相爱与交相利统一于天志

墨家已经认识到"兼相爱、交相利"在人性深处的矛盾状态与难以施行的命运，可是为了国家的治理、社会的革新与人性的完善而又非如此不可，由此借助更为上位的实体概念——天志来协调兼相爱与交相利、宗教性与世俗性、理想性与现实性之间的冲突。天志是墨家构建人性伦理的形上依据，是其深入阐释学说严密性的工具，天志的出现增强了说服力，也是其学说能否真正得到推行的最终因素。墨家

---

① 方勇译注：《墨子》，中华书局 2011 年版，第 150 页。

视野中的天志，既具有其他宗教中的人格神特征，可以行事、拥有情感，会向人显现自己，又侧重于天的意志。墨家的人性伦理完整地体现在天志中，集中表现为"必欲人之相爱相利，而不欲人之相恶相贼"①。意志之天成为人们效法与尊崇的对象，也成为墨家倡导的道德规范的化身。天志是完全仁义、公正无私与兼爱天下的，理所应当成为人们行事时所依循的准则与法度，而父母、师长和国君三者都不应该充当道德权威，因为他们同样是人，也可能存在不仁义之处。

天志则是仁义的完美典范。"天之行广而无私，其施厚而不德，其明久而不衰"②，天具有宽广无私、恩泽百世与生生不息的优势，它创生了人类并生长出万物惠及万民。人们的行为要符合兼爱、交利的原则，就必须以天志为标准，顺从上天至高无上的意志。那么，可以使人做到兼爱、交利的方法是什么？就是鬼神拥有施行奖励与惩罚的绝对权力。墨家从当时人民供奉、祭祀与敬事天神的宗教生活经验出发，利用人民对恶事、灾祸与厄运的恐惧及躲避心理，把爱人、利人与善恶、祸福进行了相应的匹配，"爱人利人者，天必福之；恶人贼人者，天必祸之"③。墨家最终要用天的意志来规范人的行为，把人的行为引导到爱人、利人的方向上，这样就可以使人避免成为恶人、贼人，以达到把人教导成为兼爱、交利的理想人格的目的。

二　基于人性论培养兼士人格的教育目的

天志统一了人的超越性价值追求与世俗生活的现实需要，在此背景下，教育就是把上天要求的兼相爱、交相利的道德法则用来训诲民众，继而维持国家的长治久安与繁荣富强。在教育目的的设计上，有别于儒家培养克己复礼、文质彬彬的仁人君子，墨家着眼于培养积极有为、进取创新、践行兼爱交利的兼士，这种贤明君子具备志向坚定、知难而进的理想人格特质。为实现这一目的，墨家主张养成情、行、

---

① 方勇译注：《墨子》，中华书局 2011 年版，第 23 页。
② 方勇译注：《墨子》，第 22 页。
③ 方勇译注：《墨子》，第 23 页。

言三者合一的兼士人格，在教育方法上不扣而鸣，强调在教育中对人的内在动机进行考察。

（一）培养情、行、言合一的兼士人格

贤明君子的品格形成需要自我修养，墨家认为，这既是社会中安身立命的根本，也是人际交往中待人处世的原则。"为其所难者，必得其所欲焉。"① 墨家在此建立起道德品性的转换机制："所欲有所难，为欲得所恶。"人是积极主动的，兼士有所追求、有所坚持与有所守望，即使遭遇暂时的困难，最终也会实现崇高的目的与美好的愿望。相反，俗常之人常常被自己的欲望所控制，得到的结果往往也令人厌恶。持善与为恶在于自由选择，贤明君子会坚定地持守。品格修养的内在动力来自哪里？墨家再次使用功利原则来进行解释，"虽有贤君，不爱无功之臣；虽有慈父，不爱无益之子"②。实用功利既是人根本价值的体现，也是君子修养心性的内在动力。兼士修身立性就要追求根本，从身边之人、周围之事做起，即使失败也要反观自身查找原因，以期最终达到完美的至善境界。

情、行、言合一即为"藏于心者，无以竭爱；动于身者，无以竭恭；出于口者，无以竭驯"③。当自我修养达到至善境界时，个体道德品质的根基就牢固地建立起来，心中流露出无尽的仁爱，行为举止就会显出无比的谦恭，连言辞都会始终合于情理，凭借自身的修养使个性、人品臻于完善。如果不能达到情、行、言合一，不能进行日常生活经验的自我反省，那么就会追名逐利、夸夸其谈，最终丧失个人声誉与社会信用。墨家特别反对只说不做与言行不一的为人方式，"志不强者智不达，言不信者行不果"，这从反面论证了智力的通达与目标的实现都必须依赖坚强的意志与良好的信用。墨家虽主张具有宗教倾向的兼爱追求，可是仍认为完善的道德品质还是需要依靠自我教养才可以实现。墨家所理解的君子品格具体表现为四点：贫则见

---

① 方勇译注：《墨子》，中华书局 2011 年版，第 3 页。
② 方勇译注：《墨子》，第 6 页。
③ 方勇译注：《墨子》，第 10 页。

廉，富则见义，生则见爱，死则见哀。① 兼士能够在不同情境中掌握人格的根本，以保持自身内在精神世界与外部环境中人事变迁的平衡及和谐。

（二）主张不扣而鸣的教育原则

兼士人格要达到尽善尽美，必须在教育方法上做到"强说人"与"不扣而鸣"，教育者需要采取十分主动、坚持不懈与强力而为的态度，把墨家主张的伦理规范教导给所有人。儒家主张有教无类、来者教之，墨家强调往而劝学、不扣而鸣。墨家对教育持有坚定的信念，原因在于其认识到人性的善恶是由环境影响与决定的，"时年岁善，则民仁且良；时年岁凶，则民吝且恶"②。秉承环境决定论的教育思想，往往倾向于突出教育在成人过程中的强化作用，墨家也是如此。墨家对此做了一个比喻，如果一位妇人在背孩子汲水时不小心把孩子掉入井中，她一定会想方设法请求别人帮忙把孩子打捞上来，教育者应当怀有强烈的同情心去帮助弱者与愚者。既然人性善恶的前提预设与民众的道德水平没有直接关联，国家就应当通过大力发展生产与勤俭治国为百姓的仁心善行创造施行的条件。如果凶岁欠收，百姓则会丧失衣食之源，也缺乏表现人性中善良一面的条件，这比孩子掉入井中不知要严重多少倍。为避免出现这种境况，教育者应教导民众养成辛勤劳动、互助互爱与勤俭节约的精神。

教育为国家培养贤良之士，国君也要知人善任、奖优惩劣，把"厚乎德行，辩乎言谈，博乎道术者"③ 的兼士作为国之珍宝，尚贤的人才政策是为政的根本。君子为贤之道在于"有力者疾以助人，有财者勉以分人，有道者劝以教人"④，一旦如此，则会实现"饥者得食，寒者得衣，乱者得治"的幸福社会，人民安居乐业、生生不息。假如"良道隐匿而不相教诲"，则会使民众饥寒交迫而社会混乱，人又会返回到动物的层面，即若禽兽然。良道的存在意义，在于通行天

---

① 方勇译注：《墨子》，中华书局 2011 年版，第 10 页。
② 方勇译注：《墨子》，第 30 页。
③ 方勇译注：《墨子》，第 50 页。
④ 方勇译注：《墨子》，第 79 页。

下让世人知晓并遵行，宣扬良道在于各尽其责贡献体力、金钱和智慧，为创建良性的社会秩序群策群力。教育是社会治理的有效途径，赏罚也是增善减暴的重要手段，发挥作用就必须达到一定的程度，"赏誉足以劝善，刑罚足以阻暴"①。正是因为天下兼相爱则治，交相恶则乱，墨家总结出"不可以不劝爱人"。教育主动教导民众远离丑恶与暴力，劝勉人们相爱、相利。这样，即使在行为上存在着无法做到兼爱的人，在理性上他们也会承认兼爱的益处，这类意志摇摆不定、言行相背之人，并不能抹杀兼爱的价值。不扣亦鸣与强力而为的教育价值取向，使得墨家极为认可兼爱、交利的作用，只要统治阶层极力倡导并积极推行，并在外部对人加以赏罚作为保障手段，兼爱、交利就会成为不可遏制之势。

（三）注重考察人的能力与内在动机

兼士要主动地施教，对于不合道义与不通情理的事情的容忍程度比较低，反复地与不合理现象周旋，直到实现最终的理想目标——务必兴天下之利，不利于天下的事情就不要去做。这对人的能力提出了较高的要求。墨家指明儒家繁饰的礼乐不利于人民大众的利益与教化，提倡"言明易知，行明易从"的简洁教育原则，这对教师的能力提出了较高的要求。"必修其言，法其行，力不足、知弗及而后已"②，教师语言要简洁、准确、优美，行为足以成为学生模仿与效法的榜样及典范，一直努力到自己力量不足、智虑不能到达为止。对学生的要求是，尽己所长、竭尽所能担当重任，"能谈辩者谈辩，能说书者说书，能从事者从事"③。墨子教导弟子"凡入国，必择务而从事"④，即进入一个国家，应根据这个国家的实际情况去解决最为紧要之事，这表明墨家务实、理性的实用精神。孔子对学生的了解是"听其言，观其行"，墨家往前发展一步，"合其志功而观"⑤，即只有全面考查学生言行背

① 方勇译注：《墨子》，中华书局 2011 年版，第 102 页。
② 方勇译注：《墨子》，第 324 页。
③ 方勇译注：《墨子》，第 395—396 页。
④ 方勇译注：《墨子》，第 459 页。
⑤ 方勇译注：《墨子》，第 454 页。

后的主观动机和产生的实际效果，方能更全面地了解学生。

三 义利并行：教天下为义的教育使命

相对于儒家"子罕言利"的清高与含蓄，墨家以爱与利作为贯穿其人性伦理的两条主线，"义，利也"。墨家第一次旗帜鲜明地把道义与利益等同为一，以此作为人与人之间相爱的基础。自愿为兼爱天下而摩顶放踵，自苦至极地为兴天下之利而奔走呼告，并把兼爱学说用激越的热情与坚定的意志推而广之，以此作为道义实现、人性完善与政治治理的根本。墨家希望凭借智慧与能力而使兼爱学说获得普遍认可与广泛推行，把"教天下以义"作为教育的基本使命，并一再用雄辩的口才来为自我辩护，"吾言足用"。墨家在字里行间透露出十分执着、坚定不移与不容置疑的口吻，可是对于人性、政治与生活过于刻板划一的极端要求，也是其学说断续湮没的主要原因。"在中国道德哲学中，家庭、家庭伦理关系，不仅是伦理实体的基础，而且是一切伦理实体和全部伦理的范型和原型。"① 在中国宗法血亲制度的土壤上，墨子兼爱天下、不计私利的情怀显得微弱而苍白。

墨家与儒家的争鸣有情绪激昂与门派诋毁的嫌疑，可是作为中立方的庄子对于墨家学说及其生活方式的评价则较为中肯，这揭示出墨家精神可佩而方法难行的深层原因。庄子评价墨子说："其生也勤，其死也薄，其道大觳。使人忧，使人悲，其行难为也。恐其不可以为圣人之道，反天下之心，天下不堪。"借用人本主义哲学对墨学进行阐释，则墨家的道德要求难以全面覆盖人的需要层次，忽视了人的基本生理、生命安全与社会归属这些低层次的需要，而过于突出人的尊重、自我实现与牺牲奉献的高级需求。具体到教育上，墨家推崇对兼爱学说的无条件恪守，以及对领袖人物钜子的绝对服从，强调人的实用能力与理性规则高度统一的理智主义教育，反对具有浓厚生活情趣的情感与艺术教育。这把人接受教育的目的无限向外推演，加剧为己之学与为人之学的冲突，墨家教育为他人与社会着想，使人的言行

---

① 樊浩、成中英：《伦理研究》（上），东南大学出版社2010年版，第47页。

与动机都带上社会本位价值取向的泛道德化色彩，个体自我的生存价值与生活趣味被有意地规避。"生是中国哲学的核心概念"①，勤苦赴死的生活理念无法得到普通民众的广泛认可，墨家思想失去在社会群体中扎根的心理基础。其宣扬天志至高无上的威慑力量，如果不遵从墨家制定的思想规则及行为准则，就会受到上天严厉的惩罚，这种利用人的恐惧心理来对人进行规训与惩罚的宗教倾向，也是其教育思想令人神往而不可亲近的动因。

墨家教育思想注重进取、创新、务实、理性的精神内涵，可以作为发展当代教育的精神资源。墨家重视法天而不法人，不恪守刻板的传统与固定的教条，通过推崇理性而平抑情感，主张寻求事物的本质根源，在传授知识时擅长运用比喻与逻辑论证，强调在人的发展过程中培养坚定的信念与社会责任感，这对于推动当前的素养教育具有积极意义。墨家对教育怀有坚定不移的信念，"智而不教功适息"，即如果不依靠教育的传递、教化、赋权与扩展功能，再好的文治武功也将有所削弱。墨子以教人耕种与击鼓催战为参照，强调内在地赋予人知识、才能与道义的重要作用，通过教育的扩展性功能来增强个体与社会的工作效率与实际利益。对这一教育功能的坚定信念与积极筹划，使得墨家学说得以广泛传播，一度出现"天下之言不归杨则归墨"的盛大局面。这对当前中国教育履行所承载的民族创新及复兴传统的文化责任，具有一定的借鉴价值。

第二节　以名举实：墨家教育思想的本体论

教育本体论②是教育思想的基本问题，在于探究教育所以能够成

---

① 蒙培元：《生的哲学——中国哲学基本特征》，《北京大学学报》2010 年第 11 期。

② 本体论是探索世界本原、世界本性的学说。张岱年认为，本体是本来恒常的状况。俞宣孟指出："本体论是西方哲学特有的一种形态。从其充分发展的形态看，它是把系词'是'以及分有'是'的种种'所是'（或'是者'）作为范畴，通过逻辑的方法构造出来的先验原理体系。"他概括了本体论的三个特征：在理论实质上属于客观唯心主义，在研究方法上主要采用逻辑的方法，在表现形式上是关于"是"的哲学。（参见俞宣孟《本体论研究》，上海人民出版社 1999 年版）

为教育本原的原因。教育存在的根源是什么？依据在哪里？教育在可能状态为何存在，在实然状态如何存在、在应然状态何以存在？墨家关于教育得以存在的根源和依据的阐说，实现了对教育本身最为本真的探寻。在对教育本体问题进行追寻时所形成的思维图式，在进行本质探索时所形成的解释路径，以及在进行系统归纳时所形成的理论框架，构成了独具个性色彩的墨家教育思想。墨家在回答教育本体问题时，是通过建构"何以为"问题的家族解答范式来实现的，这也是墨家教育思想匠心独具之处。

一 何以为：墨家思虑教育的前提和基础

从思想学说的来源看，墨家师承于儒却又非儒，通过对儒家思想的取舍与突破，继而进行重新组合与再次改造，最终形成了外部结构具有对称性而内容高度自洽的思想体系。"在学术文化上，任何诸子个体都必须在面对他者，尤其是在面对多元的诸子现象本身时，确立自身。"① 这意味着作为诸子个体的墨家学派是在其他诸子思想的基础上确定自身的，儒家尤其是墨家确立自身的重要他者。而儒墨之争中所隐含的认识论差异，以及由此引申出来的墨家认识事物的基础范式，是理解墨家教育思想的重要线索。

（一）墨家与儒家争论的认识论分歧

墨家与儒家一度成为先秦诸子百家争鸣时期的显要学派，双方都通过广授学业的私学教育来扩大自己的社会影响，都在中国教育思想史上留下了浓墨重彩的绚丽篇章。两者相映生辉，互为深入理解对方的参照体系，两者并非如同素常所理解的那样处于彼此分立和绝对冲突的对立状态。胡适在论及这一问题时说："儒墨两家根本上不同之处，在于两家哲学的方法不同，在于两家的'逻辑'不同。这就是儒墨的大区别，孔子所说是一种理想的目的，墨子所要的是一个'所以为之若之何'的进行方法。孔子说的是一个'什么'，墨子说的是

---

① 玄华：《关于"新子学"几个基本问题的再思考》，《江淮论坛》2013年第5期。

一个'怎样',这是一个大分别。"① 这就是说,对于客观事物的普遍性认识,儒家是面向未来的理想主义,墨家是立足当前的现实主义;儒家注重对于事物现象的具体描述,而墨家强调对于客体本质的理性抽象;儒家关注的是事物存在的规范性意义,墨家则突出可以实现该事物的操作性要领。儒墨之争中认识路线的根本差别就在于此。《墨子·耕柱》记载了儒墨之辩的一个片段,其论争主题可以看作这种认识论差异具体表现的运思路径。

> 叶公子高问政于仲尼曰:"善为政者若之何?"仲尼对曰:"善为政者,远者近之,而旧者新之。"子墨子闻之曰:"叶公子高未得其问也,仲尼亦未得其所以对也。叶公子高岂不知善为政者之远者近也,而旧者新是哉?问所以为之若之何也,不以人之所不智告人,以所智告之,故叶公子高未得其问也,仲尼亦未得其所以对也。"②

当楚国贵族叶子高就政事问题请教于孔子时,孔子给出"远者近之,而旧者新之"的答案,这在墨子看来却是答非所问和言不及义的。其原因在于,楚国贵族想要问及的是"善于治理国家者要怎样去做",而孔子回答的却是"善于治理国家的人可以让疏远者亲近,且让落后者得以更新"。墨子认为,叶子高想要知道的是治理国家的优良方法,而孔子回答的却是对使用这种方法所可能产生结果的具象描述,这种描述符合一般性的经验常识,但是缺乏精深的专业水准。用众所周知的常识作为答案去解答如何治理国家这种思虑较深的专业问题,起码没有满足提问者的求知欲望,也没有提供他心目中想要的准确答案。因此,墨家认为对于问题的解答方法,最根本的就是要把提问者所不知道且更为重要的解决策略和实施途径告诉对方,而不是轻描淡写地说出结果。

---

① 胡适:《中国哲学史大纲》,北京大学出版社 2013 年版,第 130 页。
② 方勇译注:《墨子》,中华书局 2011 年版,第 401 页。

（二）"何以为"是认识事物的基础范式

沿着这样的思维路线，墨子和儒门弟子针对其他事物的本质展开了探讨。《墨子·公孟》记载，墨子问儒家弟子"何故为乐"，儒家弟子的回答是"乐以为乐"，墨家同样认为这个答案几乎没有触及问题的核心。同理可证，如果提问者抛出"何故为室"的问题，回答者仅仅提供"室以为室"的答案，这种用事物自身来证实自身的同义反复会进入思维误区，此类循环论证的方式完全不符合科学思维的基本逻辑。在儒家这种认识论谬误的基础上，墨家尝试着找到可以解释一切事物的根本方法。"儒家只会说个'什么'，墨家凡事总要问个'为什么'。"① 墨家执着地追寻着"为什么"的本体论问题和"怎么样"的方法论问题的答案，这推动着墨家从事物表象和事实经验出发，试图探索出一种确定性的可以解释一切事物和解决一切问题的本质主义认识路径。而这样一种终极性的认识论目的，是通过对"何以为"问题家族的探索来达到的。在墨家原典中，"何以为"问题家族涉及政、屋、乐等不同的名称对象，经过对具体事物内在本质的探求，墨家的意图在于找到事物背后所掩藏的亘久不变的本质属性与客观规律。

"何以为"的发问方式是墨家理解外部世界诸多繁杂事物之间同一性的基本理路，墨家认为，只要解决了这个问题类型，就解决了心灵主体和外部世界的冲突性矛盾，实现了思想承载者和分析对象之间的通达，也就实现了自我和世界的高度统一。《墨子·小取》把这种认识论路线概括成为"以名举实"②，也就是说，主观世界中语言符号的能指和客观世界中外界事物的所指之间是基本对应和完全重合的。在《墨子·经说（上）》中，后期墨家对"以名举实"的论点进行了更为深入的论证，"举，拟实也。……言，出举也。"③《墨子·经说（上）》对这条认识论原理进行了解释："所以谓，名也；所谓，

---

① 梁启超：《先秦政治思想史》，岳麓书社 2010 年版，第 147 页。
② 方勇译注：《墨子》，中华书局 2011 年版，第 386 页。
③ 方勇译注：《墨子》，第 328 页。

实也。"①"这就是说,'实'是客观对象,是第一性的;名词,概念是表达客观对象,是第二性的。"② 在墨家看来,言说一件事物的名称,就是为了用词语摹拟出这个事物的本质属性,这类似于画虎是为了表现真实世界中的虎是同样的道理。后期墨家用"以名举实"这个逻辑术语来说明概念可以用来完全反映客观事物的本质属性。

(三)"何以为"问题家族的解释框架

"何以为"问题范型是贯穿墨家认识论的主要明线,墨家念兹在兹的这一问题如何从根本上得以解决呢?后期墨家在《墨子·小取》中又发展出另外一条认识论原则,叫作"以类取,以类予"③,这是说同类事物都遵循着同样的名称规范,具有共同的内在本质,在推理论证的时候必须遵守区分同、异的推论形式,不然就是犯了"狂举"的逻辑错误,即把不同种类的事物混淆在一起相提并论。墨家以此说明,认识一个具体事物,也就是认识了它的同类事物。以此类推,只要解决了"何以为"问题家族的一个成员,也就彻底解决了整个问题群落。以"何以为室"这个问题为例。墨家认为,正当性论证是"冬避寒冷,夏避暑热,区隔男女",这才是问题的正确答案,也是房屋得以存在的根本理由。墨家认为,要认识事物的本质属性,就必须从分析它的结构和功能入手,从不同种类的事物中区分出同类事物在实用价值上的共性特征,然后才能判断这个事物的本性好坏。"墨家论善恶,向来皆以有用无用为标准。以为善的标准和有用的标准,定相吻合。"④ 房屋存在的本体价值是因为它能实现躲避冷热和区隔男女的实用功能,而音乐并不具备任何与物品相类似的有用价值,因此墨家反对音乐的存在。

从墨家对"何以为"问题家族的分析理路可以看出,针对名称范畴及其所组成的命题判断,其根本在于解决事物存在的目的论和方法

---

① 方勇译注:《墨子》,中华书局 2011 年版,第 346 页。
② 北京大学哲学系中国哲学教研室:《中国哲学史》,北京大学出版社 2003 年版,第 83 页。
③ 方勇译注:《墨子》,第 386 页。
④ 梁启超:《先秦政治思想史》,岳麓书社 2010 年版,第 138 页。

论问题，事物为什么存在是由它能够用来做什么决定的。如果脱离
"为什么"和"怎么样"这两个范畴去分析事物，就会陷入关于事物
的假象沉思中，这样的思维陷阱恰巧是理性的诡计。从这个角度讲，
墨家在认识事物时先从它的结构推断出它的功能，又从它的实用价值
出发判断事物存在的本来意义。它对于教育、社会、神灵和国家所做
出的价值判断，都是依据这样的思维方式和解答方法。对应于"何以
为"问题家族的正当答案就是言明事物的功能，事物存在的合理性是
由其实用价值来决定的，其工具合理性决定了价值合理性。这也说明
墨家认识论具有强烈的实用理性色彩，它对于事物的实用价值乃至功
利本性的反复言说，与儒家认为事物存在本身就证明了它的合理性不
同，这也是墨家被当作功利主义思想派别的根本原因。墨家把同样的
思维方式运用到对人的存在意义的分析上，无以复加地强调了人的功
利性存在。扩展开来，墨家认为世界存在的意义就是能够满足天下所
有人的利益，因而应将"兴天下之利"作为判断事物价值的根本
标准。

墨家认为，关于事物本质的认识，应本着实用理性的原则，引导
人们如何去做，如何去实现功利性的目的。对于事物本质的认识，在
于明确指出"为什么"和"如何去做"，而不仅仅是停留在词与物的
表面。"何以为"问题范型的通用解答模式是所为即所是、所用即所
是，即事物的实用价值决定了它的本体属性，"是什么"由"能够用
来做什么"进行规定。"在墨子的对话中，有这样的假定：某事除非
它的效用显著，否则将不具备充足的理由。"① 墨家对政、屋、乐等
事物名称进行解析的目的，在于指出事物的命名是偶然和无意义的，
名称只是指事符号，它无法决定本质，然而事物的基本功能却可以决
定它的本质，事物的所能为决定了它的所能指和所能是。对墨家教育
思想而言，对学和教的本体性追问也是由它们的实用价值来规定的。
墨家对"何以为学"和"何以为教"的解答，充分表明了儒墨关于
"是什么"和"如何做"的迥异结论。

---

① ［英］葛瑞汉：《论道者》，张海晏译，中国社会科学出版社 2003 年版，第 52 页。

二 何以为学：穷知无尽

墨家对事物功能的认识，是认识万事万物和客观世界的基础，也是探寻学习本质的前提。墨家教育思想濡染了墨学对于事物追根究底的精神，对"何以为"问题家族的探索成果，有益于解决"何以为学"的学习本质问题。依靠对理性的深度自信，墨家认为，学习的本质在于从感性认识能力上升为理性认识能力，从而实现学习效益的最大化。

（一）学习的目的：功利价值

对事物功利性价值的彰显是墨家理解事物的一般原则，而对学习目的的理解也不例外，这为学习活动赋予了无限外求的浓厚的功利化色彩。墨家教育思想的着眼点是底层劳动人民、依赖手艺谋生的手工业者和由平民阶层上升而成的士，他们是缺乏基本的社会保障以及生活资源且时常处于匮乏之中的弱势群体，如果要求他们学而为己、德性完满和文质彬彬，这既不可能也不是他们所要实现的主要阶段性目标。"墨家讲的利，最根本的是'利天下'，志士贤人都应致力于'兴天下之利，除天下之害'，这与功利主义所主张的'最大多数人的最大幸福'有异曲同工之妙。"[1] 墨家所关注的利益不仅是优势阶层的现实利益，而且是包括整个弱势阶层在内的普天下人民的利益，这注定其教育思想要讲究实用、关心能力、注重利益、强调平等合作和互帮互助。秉持学习可以改变命运的朴素的社会理想，墨家在教育活动中也每每以官职、俸禄、名誉和地位作为引导学习的外部诱因，激励学生不断投身于学习活动的挑战之中。

墨家在人的学习目的中设计了包括知识、才能和美德在内的完整的卓越人才培养模式，从国家治理需要和维护社会和谐的角度探讨了尊崇贤能的重要意义。"故古者圣王之为政，列德而尚贤。虽在农与工肆之人，有能则举之，高予之爵，重予之禄，任之以事，断予之

---

[1] 原成成：《功利主义与墨家之"利"概念比较研究》，《求索》2013 年第 10 期。

令。"① 墨家假借古代圣王的名义，以托古言志的方式论述了要给底层人民通过学习来提升社会地位、提高生活水平和改善阶层命运的机会。虽然在中国历史文化中并不缺乏尊重才能、不以出身论英雄的传统，但是像墨家这样系统地论证公平选拔人才、大胆任用贤能之士和鼓励能上能下的人才流动机制的，尚属首次。墨家反观自身，深刻省思了提出这种主张的原因，它主要是从将学习的个人价值和社会价值融合、统一的角度论证贤能主义的。之所以授予贤能之士高爵位、厚俸禄和真权力，是因为首先可以促使民众产生对国家的信任感，并进一步增强这种感受；其次可以激励平民的勤奋向学之心；最后可以克服任人唯亲、唯美和唯贵的政治偏见。在功利性学习目的的引领下，墨家主张把人的学习动机和最终效果结合起来加以考虑，不拘一格地培养人才、使用人才。

（二）学习的方法：以名举实

墨家教育思想重质轻文。《墨子·修身》宣称："言无务为多而务为智，无务为文而务为察。"② 这是说言语不在于繁复、杂多而在于精巧、智慧，行文不在于修饰华丽而在于表达精准。维特根斯坦说："每个词都有一个含义；含义与语词一一对应；含义即语词所代表的对象。"③ 墨家也认为语言的本质功能在于辨别事物间的同异、是非、然与不然，墨家在教导弟子学习时认为，语言能够付诸行动就可以常谈，如果不能付诸行动还夸夸其谈就是"荡口"——信口胡说，这是墨家所极力批评和反对的。"在使用语言的实践中，一方喊出语词，另一方依照这些语词来行动。"④ 在教育实践中，墨家不仅要求学生在使用语言表达事物实质时讲究精准性，同时也给词语赋予了"以言行事"的意义，让学生用实际行动努力实现自己所持守的价值观念。墨家在对学习过程中语言的使用进行分析时，指出了词语名称和事物含义的对应、内隐思想和外显行动的一致，在中华文明的

---

① 徐翠兰、王涛注：《墨子》，山西古籍出版社 2003 年版，第 33 页。
② 方勇译注：《墨子》，中华书局 2011 年版，第 11 页。
③ ［英］维特根斯坦：《哲学研究》，陈嘉映译，上海人民出版社 2005 年版，第 1 页。
④ ［英］维特根斯坦：《哲学研究》，陈嘉映译，第 6 页。

轴心时期就对以词指物和以言成事进行了深入探索。学习的基本途径就是通过"以名举实"的实践活动，实现主观世界和客观世界的统一，语言和行为的一致，理想和现实的合一。

墨家对于这个问题的探索不只停留在词语所表达的理论层面，而是在教育生活和学习实践中也有深刻体验。当人们指责墨家"兼爱"思想是善而不可用时，墨家反驳说，如果"兼爱"善而不可用的话，那么连墨家自身也是无法接受和要加以反对的。墨家学派胼手胝足地奔走各国，言辞雄辩地劝止战争，用亲身体验来证明"兼爱"伦理不仅在观念上是可欲的，在实际行动中也是切实可行的。后期墨家通过丰富的逻辑推理论证，使用包括例证法、喻证法、制定概念和因果推论等多种方法，来证明"兼爱"在理论上的合理性。可见，墨家对于学习的追求，着力主张在思想上和行动上都要做到极致，直到获得最终的真理为止。墨家区分了人在求知时知、恕、虑、求的四类心理状态，"知"是直观感性认识能力，"恕"是抽象理性认识能力，"虑"是现有既定的认识能力，"求"是未来可能实现的认识能力。学习就是通过"以名举实"的根本途径，实现人从感性认识能力到理性认识能力的超越，从已有认知水平向可能发展水平的过渡，以达到"穷知而县于欲"①的最高境界，即脱离感情与欲望的控制而完全接受理性的支配。

（三）学习的本质：名实相合

墨家把知识划分为三个来源和四个方面："知，闻、说、亲；名、实、合、为。传受之，闻也。方不廃，说也。身观焉，亲也。所以谓，名也。所谓，实也。名实耦，合也。志行，为也。"②墨家认为，知识可以来自于"闻"的间接认识、"说"的推理论证，以及"亲"的切己体察；知识可以划分为事物之"名"、事物之"实"、两者的耦合以及实际运用。墨家综合知识的来源因素，以此说明学习可以突破时间和空间的限制，达到名称概念和客观事物之间的耦合，最终转

---

① 方勇译注：《墨子》，中华书局 2011 年版，第 328 页。

② 姜宝昌：《墨经训释》，齐鲁书社 2009 年版，第 98 页。

化成为主体的行动意志。学习者可以把学习活动中获得的知识和能力，在亲身实践中付之以坚决的实行。可见，墨家对于名实相合与知行合一是格外推崇的。墨家对于人类学习本质的看法，显然保持着理性主义的可知论立场，并且墨家的理性认知融合进了感性经验的成分。求知或者说学习，在墨家看来就是人类消弭已知与未知界限的途径，是从已知世界进入未知世界的必经之路。更为重要的是，在学习中要有真实的行动，要有切身的体验。"生，刑与知处也。楹之生。"① 人的生命存在就是形体和知觉的共在共处，生命丰盛的意义就在于不断地追求知识和真理。

对于未知事物是否能够被人类完全认识，向来有可知论和怀疑论两种观点。《墨子·鲁问》记载，墨子在与学生彭轻生子的对话中，得出了"焉在不知来"②的观点，证实未来也是可知的。墨子用假设、例证和推理的方法，反驳了彭轻生子"往者可知，来者不可知"③ 的观点，认为未来和过去一样，都是可以被人的认识能力充分把握的。墨子假设彭轻生子的双亲在百里之外遭遇困厄，只有一日时限用来拯救生命，现有两种交通方案：坚车好马与破车劣马，试问彭轻生子会选择哪种。墨子以此说明对于将来的未知事件，如果情境明晰，需要进行推理的条件都已经满足，人们是可以进行推论和认识的。为了把这个观点上升为理论，后期墨家用"且"来指称事物正在发生的状态，用"已"来指称事物已经完成的状态，即"已，成、亡。……且，言然也"④。具体到学习上，它的目的就是从"且"的求知状态走向"已"的掌握状态，从无知走向有知，把未知转化成已知。后期墨家对学习过程中"且"和"已"两种心理状态的剖析，点明了学习的过程就是从量的积累逐步发展到质的突破，进一步论证了前期墨家关于事物是可知的乃至学习就是要穷尽一切可知之物的观点。后期墨家在学习理论上的贡献，就是再次重申了学习的求真价值，肯定

---

① 姜宝昌：《墨经训释》，齐鲁书社 2009 年版，第 27 页。
② 方勇译注：《墨子》，中华书局 2011 年版，第 462 页。
③ 方勇译注：《墨子》，第 462 页。
④ 方勇译注：《墨子》，第 328 页。

了学习对于认识未知事物的重要意义。

三　何以为教：不扣亦鸣

墨家教育思想注重实用理性，认为教育的根本目的在于借由"往而劝学，强以说教"的教育实践精神，在全体社会成员中实现普遍性的伦理共识。再经由"尚贤""尚同"的社会治理方式来建立不同群体间的最大利益公约数，以达到实现福祉社会的庄严理想。相对于"不扣不鸣"的消极教育主张，墨家认为积极的教育应该"不扣亦鸣"，教育不应当被动地等待时机，而应该主动地创造时机来施加教育影响。

（一）教育的价值：增进功利

功利价值是墨家理解学习和教育的共同界限。不过，与学习目的是把潜在的利益加以实现不同，墨家认为，教育能够明显地增进社会的总体福利。墨家之所以在全国范围内辛勤奔走，推行其教育理念，是因为教育被看作"兼相爱，交相利"价值规范的推进器，只有通过教育才能在全社会范围内形成这种伦理共识，在普遍的互爱互利中，社会井然有序，人们幸福地生活着。"兼相爱，交相利"是"兴天下之利，除天下之害"的具体要求，墨家把这两者结合起来教育的要素统称为"教人以义"，试图通过教育的扩展作用把这种价值主张推行开来。不过，墨子的老朋友怀疑墨子"教人以义"是徒劳无功的，他劝解墨子："今天下人莫为义，子独自苦而为义，子不若已。"[1] 在诸侯国混战、民不聊生的时代，墨子的孜孜求义和日夜行义看起来就像精神自虐，出于情谊，其朋友劝告墨子应该审时度势、知难而退。墨子安慰朋友说，现在的情形就如同天下有十个人，但是九个人都不耕种，那么剩下的一人就当奋力耕种，不然这十个人只能坠入贫穷和争夺中而彼此灭亡。在危难时刻，墨子坚定自己的教育信仰，在教育中用"兼相爱，交相利"的道理教导天下，期待"饥者得食，寒者得衣，劳者得息"的社会理想能够早日实现。"故墨子立

---

[1]　徐翠兰、王涛注：《墨子》，山西古籍出版社2003年版，第199页。

兼破别，非以相爱乃人类之本心，而欲以交利之说矫人类自私互害之僻行也。"① 可见，墨子并非像其朋友所设想的那样理性不够清明，也并非对于人类的自私本性毫无了解，而是因为他对于教育有着坚定的信念，确信通过教育可以矫正社会的弊病。墨子的救世情怀由此可见一斑。

（二）教育的范围：人人受教

既然教育有如此重要的社会价值，墨家遂将一切人都纳入接受教育的范围之中，这种有教无类加上往而劝学的教育平等思想在今天看来仍然是较为先进的。墨家把谁有权利优先接受教育和谁有条件能够接受教育这样的选择机制暂时搁置起来，认为一切人都应当受到教育，因为他们都是社会的有机组成分子。这种较为先进的普及教育思想在当时必定会受到一定程度的质疑和挑战，人们认为，如果有好的道理和知识，自然就会吸引人来学习，"今子遍从人而说之，何其劳也"②。面对如此质问，墨子是这样为自己主动施教的精神进行辩护的："今求善者寡，不强说人，人莫之知也。……仁义钧，行说人者，其功善亦多，何故不行说人也！"③ 身处战争、贫困、掠夺和道德沦丧的困境里，墨家把人人得以接受良好教育作为突围的可行方式，以四处游说人们实行仁义作为改善社会的方法。有学者言："教育本身是作为一种工具而获得意义的。"④ 在墨家看来更是如此，教育存在的价值就在于它具有能够突破苦难的围困，能够带来道德的更新，能够发挥改善社会生活境况等功效。不仅如此，对个体而言，它还具有促使个体才能增长的作用。而所有这一切正是教育得以存在的意义。因此，墨家的教育对象是极为宽泛的，上到国君王侯，中到贵族名流，下到黎民百姓，都是墨家上说下教的对象。墨家要引导整个社会形成勤奋向学、向善、向上的风俗，从而建立起良序社会，使人人都

① ［新］赖蕴慧：《中国哲学导论》，刘梁剑译，世界图书出版公司2013年版，第57页。
② 方勇译注：《墨子》，中华书局2011年版，第462页。
③ 方勇译注：《墨子》，第462页。
④ 周浩波：《教育思想》，人民教育出版社2000年版，第51页。

能过上幸福的美好生活。

（三）教育的本质：良道通行

墨家在解答教育本体问题时，存在一个前提假设，即"天下无人知义"，做出这种判断的依据是当时的社会现实——"今天下人不相爱，强以执弱，众以劫寡，富以辱贫，贵以傲贱，诈以欺愚"①。教育既要劝阻社会中人与人之间互相侵害和争夺所导致的丑恶与不幸，更要促进社会的整体福利建设。当时整个社会环境中所弥漫的普遍的不公平、非正义和强权力破坏了人与人之间的和平、互爱以及共利，而墨家认为解决这些社会问题的钥匙就是"教人以义"。墨家用音乐中的唱和关系类比教与学的相互依存性，指出如果没有施教和受教的互相影响、共同合作，那么教育传播知识和造福社会的目的就必定会落空。"唱而不和，是不学也。智少而不学，必寡。和而不唱，是不教也。智而不教，功适息。"② 知识浅薄、智慧缺乏的人如果不通过学习来掌握知识、增强智能，于己于人都不会带来多少实际利益。对于知识丰富、智慧深远的人来说，如果不努力教人上进，那么精深的道义就无法传播出去，就阻隔了为他人和社会创造福利的机会。教育的本体功能对于实现墨家"有力者疾以助人，有财者勉以分人，有道者劝以教人"的理想社会是极为重要的，可以说，教育是实现社会公平、正义和幸福的必要手段，是人们共享社会发展成果的一种方式，是实现社会福祉的重要途径。

与其他诸家学派一样，墨家对于教育寄予殷切厚望，以期建立和平、公正和伤害消失的温良社会。颇具墨家特质的是，它希冀通过教育把人人互爱互助、互利互信的伦理价值广泛传扬开来，以消除社会生活中所存在的深重苦难，消解人们内心普遍存在的利己意愿，从而重建人心秩序，让人们践行仁爱、友善及分享的生活方式。对于人的认识能力，墨家教育思想则始终坚守乐观的立场，认为只要人类的心智对未来和不可知事物保持开放的姿态，以语言的指事和行动功能作

---

① 徐翠兰、王涛注：《墨子》，山西古籍出版社 2003 年版，第 76 页。
② 姜宝昌：《墨经训释》，齐鲁书社 2009 年版，第 278 页。

为媒介，就能够把握住事物的内在本质，就可以克服重重阻力去实现美好的社会愿景。而这正是墨家勤苦舍己和强以说教的精神源泉，也是后世理解墨家淑世情怀与思想成就的关键所在。

第三节　贵义：墨家教育思想的价值观

墨家反抗天命，否定礼乐，代之以兼爱、交利、天志、明鬼和节葬、节用等一套新的价值观念，在曲折的发展进程中，这些逐渐形成体系性的理论结构，而这需要一个最为核心的要素把它们有机地统整起来。"在墨家的三系后学中，显然都贯注着一种绝对的工具与标准的精神：语言的逻辑化、器物的规矩化与人伦行为的法仪化正是这种绝对的工具精神的具体表现。"① 如果墨家不同派别和不同知识领域各自分治，墨学从内部就会支离破碎，这对墨学发展显然是不利的。为避免这种危机，墨家在不同领域均需要获得统一的标准，而在关于个体伦理和社会发展的价值系统中，"义"便是统整各个部分的关键要素。

一　墨家价值论具有中国哲学体用不二的特质

自近代以降，中国由于遭受战争侵略、经济掠夺和文化入侵而破坏民族自主性的精神屈辱，致使思想界不得不"开眼看世界"，进而产生"体用之争""问题和主义之争"等诸多争论。直至现代，中国文化主动向世界开放，并宣称和而不同、美美与共，积极与西方文化交流、对话、阐释与沟通，不断比较、反思和论证中国文化自身的本质规定性，并形成一种理论成果，即相对西方苏格拉底以来延续至今的主客二分思维以及抽象思辨的形而上学传统，中国哲学自先秦诸子学说形成之际就具备价值观和方法论的高度通融：天人合一，体用不二。"这种理性具有极端重视现实实用的特点。即它不在理论上探求

---

① 丁为祥、文光：《墨家科学理性的形成及其中绝》，《自然辩证法研究》2005 年第 11 期。

讨论、争辩难以解决的哲学课题，并认为不必要进行这种纯思辨的抽象。"① 这种具有深刻的现实关怀的实用理性或实践理性被看作中国式智慧，具有极大的包容性，使中国文化得以产生一以贯之的持久生命力。"体用不二，本末一如，应是中国哲学一个显著的思维方式和方法论，当然也可以称之为中国哲学的本体论思想。"②

墨家作为中国哲学整体之部分，也是如此。它的正义理论无须像西方古典政治哲学那样，面临柏拉图"洞穴比喻"所带来的两难处境。"哲学家的终极幸福存在于从政治中分离出来的沉思生活，但设若哲学家不愿意统治，正义的城邦又不可能，这种城邦政治的局限性与哲学家不愿意统治的天性之间的张力构成了哲学的命运，那就是哲学家必须'下降到洞穴'，必须被迫去统治。"③ 墨家并不需要面对这种"不得不"的驱使力量，被动地从沉思生活中走出而走向政治统治。其本来就自愿住在洞穴中，本能地带领弟子和民众与当时的社会政治互动。中国思想家所描绘的美好社会蓝图和理想生活状态，就是通过生活方式的建构表现出来的。比如"郁郁乎文哉，吾从周"的孔子，书写六艺的学术活动，重礼重仪的师生交往，"危邦不入、乱邦不居，天下有道则见、无道则隐"的政治活动，就是他追随周文的生活化体现。

师出儒家的墨家也是如此，其政治哲学和制度设计并非纯粹的形上思辨，而是政治实践活动和公共生活方式。墨家关于知识来源的类型划分也充分证实了这一点，墨家认为知识有三种来源、四种类型：听"闻"、推"说"和"亲"历，事物之"名"、事物之"实"、名实相"合"和运用之"为"。知识既有通过自己听闻、感受、观察和推理获得的，也有通过主体自觉行动得到的"为知"。"为知"是什么意思？"志行，为也。"④ "为"是注满意志力的自觉

① 李泽厚：《中国古代思想史论》，生活·读书·新知三联书店 2009 年版，第 26 页。
② 徐小跃：《价值观和方法论的统一——中国哲学一以贯之的重要特征》，《河南社会科学》2013 年第 5 期。
③ 高伟：《论开放社会的公民教育》，《陕西师范大学学报》2013 年第 3 期。
④ 方勇译注：《墨子》，中华书局 2011 年版，第 346 页。

行动，而非现代汉语中不带任何意志色彩的"行为"。在墨家看来，知行并不天然分离，二者也不存在先后关系或彼此对立，"为知"与人的认知和行动相结合，一边实践和总结，一边著述与传播。继而，墨家又把"为"的意志行动分为六种状态：存、亡、易、荡、治、化，与现代汉语的存在、灭亡、改变、动荡、治理和教化相对应。① 墨家把事物看作变化的，存在状态可以相互转化，人的主体行为应当参与到事物的变化过程中，强调主体积极的改造及创作活动。

墨子在对"述而作""述而不作"进行取舍时，对是否继承古之善有一段自我辩解。他分析说古之善者不述存在两种情况：一种是今之善亦不作，明明知道什么是善，可是无所作为，这些人对现实之善没有任何反应，犬儒般不负责任而进行逃避。另外一种是"已有善则作之，欲善者自己出"②，即不仅要记载历史上流传下来的善，还要创造现实世界中的善。墨子总结道："古之善者不述，今之善者不作，乃人之其不君子也。"真正的君子就是述而作的人。"古之善者述之，今之善者作之，欲善之益多也。"这样，善才能积累得更多。墨家为底层民众的利益发声，为天下的忧乐奔走，选择在历史的转折关头积极创造而非因循守旧，以兴天下之利为己任，把现实中存在的不合理事物推倒重来，重新建立新的价值体系。只有这样，才能实现善的加法原则，让善增加，让社会进步更大。只要人人认同"兼爱""交利"，便可以统一天下之"义"。

这是墨家价值理论的动力机制，在墨家钜子制度的组织法则中，以及墨家弟子的日常言行中，都体现出以义为良宝的最高价值追求。时机出现，他们可以大义灭亲、舍生取义，可以执行杀身就义的行为规范，腹黄享杀子和孟胜群死的政治叙事即为最恰当的注脚，而这正体现出中国哲学体用不二、体在用中的特殊品质。

---

① 姜宝昌：《墨经训释》，齐鲁书社 2009 年版，第 102 页。
② 方勇译注：《墨子》，中华书局 2011 年版，第 406 页。

二 义是墨家信奉的绝对价值

墨家的"义"是绝对主义的伦理价值取向，强调价值判定的绝对是非标准。由于"天志"的先行规定，由此派生出来的"义"先验地被肯定为正当价值，符合天志要求的"兼爱、交利"，就是"义"的，否则就是不义。两者间界限分明，符合就是好的，不符合就是坏的。它无暇顾及道德场域中人的具体感受、欲望、情感和心理需求，更遑论时势、环境和文化的变迁对伦理道德提出的新的要求。"义"是墨家衡量价值的绝对尺度，即使生命的宝贵价值也无法与之相比。在人类文明发展史上，哲学家死于城邦的审判，先知死于愚众的石头，科学家死于宗教的火刑柱，女人死于意味着荣耀的贞节牌坊或象征着不守贞洁的额上红字，这种价值胜过生命的事例俯拾皆是。这并非违反了法律，也不是对他人利益的冒犯，更不是对他人作恶所付出的代价及得到的后果，只是因为触碰到道德绝对主义的红线，需要以生命作为偿付。墨家的"义"还有塑造身份认同和加强团体凝聚力的作用，不行墨家之义，则不是墨家之人。

墨家通过"述而作"建立起来的伦理体系，其核心就是"义"。墨家通过层层推导，论证"爱利义一体，以义为本"的价值规范，爱人就是做有利于他的事情。"仁，爱也。义，利也。爱利，此也。所爱所利，彼也。爱利不相为内外，所爱所利亦不相为内外。"① 墨家区分了爱利的施加主体和接受对象的主客体关系，推翻了儒家以仁为本、以利为末的观点，从逻辑上证实爱、利、义其实是一体的。墨家使义不只停留在逻辑层面，还带领弟子在现实生活中践行"义"的道德准则。墨家的论敌孟子肯定了墨家兼爱的特质："摩顶放踵利天下，为之。"《淮南子·泰族训》形容说："墨子服役者百八十人，皆可使赴汤蹈火，死不还踵，化之所致。"对"兼爱、交利"的反复论证、用力宣扬和积极践行，加上墨家钜子言必称义、行必遵义的率先示范，使义成为墨家团体和个人的最高行为准则。"群体中的个人

---

① 方勇译注：《墨子》，中华书局 2011 年版，第 369 页。

不再是他自己。"① 团体生活的去个性化作用，使得整个墨家团体凝聚成坚不可摧的意志实体，"义"强调行为主体的责任，在行动中直接达成目的。对于人性中本来存在的情绪及情感，墨家主张要控制、超越情感偏好。

墨家要求行义的人是去辟的，辟乃"邪僻"②，既指乖谬不正当的行为，又指品行不端的人。对于人的主观好恶与人伦情感，墨家强调要抑制与抹杀，能够规避喜乐与悲伤的人境界才高远。去辟的目的在于"用仁义。手足口鼻耳，从事于义，必为圣人"，圣人的特征是"默则思，言则诲，动则事"③。圣人缺乏个人感情，全部身心都被仁义征用。这些消解了情感的个体，能够成为宣扬和践行"义"的器物和道具。"群体不善推理，却急于采取行动。"④ 对于人的工具理性和群体中的去社会化作用，墨家有清晰的洞察与准确的把握，只有从人的内里掏空情感，才能腾挪出更大的空间为义使用。

墨家如此解释"义"："义者，政也。"⑤ 古代的同音字往往通用，清代朴学大师王念孙认为，"政"通假"正"字，"义是用来匡正人的"⑥。其引申含义是"所谓义，就是正道"⑦。把两者综合起来可以看出，义是用来匡正人的正道的。何为"义政"？"顺天意者，义政也。"⑧ 义政不仅是用来匡扶正义的人间正道，同时也是主宰之天的强大意志，价值观和世界观有效地结合起来，更加巩固了义的合法地位，"义"被置于价值金字塔的顶端。"万事莫贵于义。……争一言以相杀，是贵义于其身也。"⑨ 生命虽极为宝贵，但"义"是比生命

---

① ［法］古斯塔夫·勒庞：《乌合之众》，冯克利译，广西师范大学出版社 2011 年版，第 56 页。

② 谭家健、孙中原：《墨子今译今注》，商务印书馆 2009 年版，第 383 页。

③ 方勇译注：《墨子》，中华书局 2011 年版，第 415 页。

④ ［法］古斯塔夫·勒庞：《乌合之众》，冯克利译，第 42 页。

⑤ 方勇译注：《墨子》，第 216 页。

⑥ 谭家健、孙中原：《墨子今译今注》，第 146 页。

⑦ 方勇译注：《墨子》，第 216 页。

⑧ 方勇译注：《墨子》，第 220 页。

⑨ 方勇译注：《墨子》，第 411 页。

更为重要的价值，义是最高的价值，义存人在，义失人亡。借用公输班"吾义固不杀人"①之语，义作为客观实存，它并不会杀人夺命。但是墨家对于义的价值体系的巧妙构造和精心编织，使得墨家弟子为义舍生、因义而死，这暗合了老子所说的"民不畏死"。

墨家成为献身于"义"的组织，借助"非礼""非乐"，抽空了人的自然情感，义异化成为高于生命和生活的"绝对命令"，成为行为的唯一准则，自我和他人都沦为行义的工具。当"义"无法实行时，自我的生命存在也会变得毫无意义和价值可言，这可以解释墨家钜子、腹黄享因义杀子和孟胜率众为义群死的事例。墨家爱、利、义同一的神话把生命器物化、工具化与功利化，人只有为义的责任和义务，却没有为生的权利与乐趣。"义"构成了墨家宗教信念般的道德规条，个人和群体都要自觉地摈弃感情而崇尚道义，在人的外部又实行严厉的行为主义般的奖惩措施，在双重夹击下，人毫无转圜的余地。道义的绝对化使人抽象化符号化，"墨者以义贵于生命的死亡价值论形成了一种视死如归的无畏精神"②，但是墨家却声称自己是"治于神者"。

三 墨家"贵义"的发生与历史影响

任何思想的产生都有其深刻的现实根源，产生之后又必然会经历演化和命运沉浮。春秋战国是中国历史的转型时期，诸侯国强大的军事震慑和违反礼仪的行径，动摇了氏族贵族分封建制的统治基础。"礼乐征伐自诸侯出"，诸侯不再行朝觐之礼，"八佾舞于庭"的礼制无序，使得墨家对于过往的政制产生了根本怀疑。社会矛盾的激烈迸发，加剧了政治变革的时势之需，墨家作为新生的平民阶层与手工业阶层的代表，表达了这个阶层的利益诉求，亟须创立一种全新的社会制度来保障自己的生存权利、发展权利和政治权利，这就是历史学家

---

① 方勇译注：《墨子》，中华书局 2011 年版，第 469 页。
② 郑晓江：《中国死亡文化》，百花洲文艺出版社 1995 年版，第 52 页。

所说的"孔子给春秋时代以光彩的结束，墨翟给战国时代以光彩的开端"①。儒家作为贵族阶层既得利益的代表，倾向于向历史经验索要保守的问题解决方案；而墨家在过去的岁月中作为遭受压迫、奴役和压制的对象，只好通过创立新的价值伦理和政治制度来保障自身的权利。儒家是治世用权之学，而墨家却是乱世求权之学。这能够解释为什么在中国历代农民起义的口号纲领中都能够见到墨家的影子②，在中国历史经受剧烈变革的转折时期，墨家思想总能及时出现，为未来的发展指引方向。

墨家排斥命定论，以实用理性和经验主义的态度来对待历史，认为相信一切都是上天命定的宿命论者是"今用执有命者之言，是覆天下之义"③。唯心主义的命定论和贵义的价值体系格格不入，前者会导致"上不听治，下不从事"④。历史并不是被无法掌控的命运事先安排好的，而是人们积极创造以及为国家和百姓谋求福利的结果，要以天下人的利益为根本出发点来衡量事物是进步的还是落后的。对于历史，墨子反对因循守旧和述而不作，当今的古就是过去的新，不能总是仰赖过去，还要积极创造未来。为了给言行奠定坚实的基础，墨家从生活经验出发，说明兼爱、交利都是上天的意志，鬼神会根据它来执行赏罚。在中国哲学一以贯之的实用理性指导下，墨家的天被简约成实现意图的天志；地的功能就是产出，这是墨家作为小生产者的经济理性的表现。墨家的兼爱和交利更多地体现为底层民众人道互助的生活方式，很难成为普遍的道德规范。

墨家的价值观念带来理解上的困难和观念上的模糊。有人认为，墨家是科学、民主、平等、博爱思想的先驱，而冯友兰则从墨家的团体组织特性和功利主义思想出发，得出了墨家和霍布斯的君主专制遥相呼应的结论，认为墨家兼具宗教和政治的双重制裁。"依墨子天子上同于天之说，则上帝及主权者之意志，相合为一，无复冲突；盖其

---

① 张荫麟：《中国史纲》，中华书局 2012 年版，第 118 页。
② 李泽厚：《中国古代思想史论》，生活·读书·新知三联书店 2009 年版，第 65 页。
③ 方勇译注：《墨子》，中华书局 2011 年版，第 288 页。
④ 方勇译注：《墨子》，第 293 页。

所说之天子，已君主而兼教皇矣。"① 在冯氏这里，集世俗政治权力和非世俗宗教权力于一身的墨家，是无法看到民主与博爱痕迹的。胡适称墨家为"实行的宗教家"，突出了墨家以行践言的实践精神，为保障关于"义"的言行的有效性，不惜牺牲个体和群体的生命来为之赴死。进而言之，墨家觉得即使义的价值观念在现实生活中遭受挫折，义的正道无法通行，也无损于义的本来价值。"为义而不能，必无排其道。譬若匠人之斫而不能，无排其绳。"② 义是为了普天下人的利益，行义就是把天志的事情当作本分，无论能否及时实现，都要努力做好。

墨家钜子制度的团体生活是其集体为义的制度保障，财产必须共有，钜子作为团体首领拥有至高无上的权力。钜子推荐弟子前往各国做官出仕，如果弟子在政治活动中不能践行墨家之义，则须自动离职。钜子也可以使弟子的效忠对象免除下属的职务。庄子形容墨家弟子"以钜子为圣人。皆愿为之尸，冀得为其后世，至今不决。墨翟、禽滑厘之意则是，其行则非也。将使后世之墨者，必以自苦腓无胈、胫无毛相进而已矣。"墨家的时代，思想激荡，权力更迭，政局不稳，战争频仍，民不聊生，墨家认为导致这些祸患的原因就是"天下之人异义"。为了实现太平治世，就需要"一同天下之义"。墨子的一生效法精神偶像夏禹来为民奔走，他的人生就是为义宣教，其救困济难的忧民情怀影响了"后世之墨者，多以裘褐为衣，以跂蹻为服，日夜不休，以自苦为极，曰：'不能如此，非禹之道也，不足谓墨。'"这是墨家的精神来源，虽然时常遭受别人的质疑和否定，可是墨家依然坚持认为自己的学说是可行的，是切实有效的。

戴震说："人死于法，犹有怜之者；死于理，其谁怜之？"腹䵍享为法杀子也好，孟胜为义群死也罢，都不是死于法而是死于理，这在中国以生为主要特征的哲学传统中，墨家是个特例。"并非中国人不懂得生命的价值，只因为这不合乎权力的逻辑。对于专制权力来说，

---

① 冯友兰：《中国哲学史》，华东师范大学出版社 2000 年版，第 90 页。
② 方勇译注：《墨子》，中华书局 2011 年版，第 416 页。

不能为它所用的生命是没有意义的。"① 在墨家眼中，人和自我、他人乃至世界得以维系的唯一连接点在于"义"，这是极为坚实的，也是极为虚弱的。"谋一己之心安而置宝贵生命于不顾"②，墨家之苦难是一种极度的精神自苦，道义的绝对符号化，人性被完全抽空然后灌满了道义，墨家如同固守城池一样墨守成规，行义的狂热看似理性十足，其实已经失去思考和分辨的能力。整个墨家在生活中追求社会责任、绝对道义、强力意志和下定求死的决心，而欠缺情感欲念和求生的奢望。人成为义的代表符号，成为行义的工具，除此以外，别无所是。"强力意志乃是那种东西，它根据它的'内在原则'——作为存在着之存在中的欲求——来作价值判断。"③ 墨家之义固然不杀人，可是人皆因其义而死，这是绝对主义伦理价值的根本特征。绝对主义伦理价值多体现于宗教当中，一种宗教如果没有人为之献身，则不能证明它的可信和珍贵。墨家同样也充满着宣教和殉教的宗教精神，但其程度却远远超出常人的承受范围。

第四节　非命、节用：墨家教育思想的社会观

墨家思想体系中包含着一些难以自洽的元素，自身的内在矛盾和前后难以顾及之处，被研究者看作墨学断绝的因素之一。"墨子的十大主张，流于空想，而且自相矛盾，是比较肤浅的。没有像儒家那样一以贯之的理论体系。墨者往往陷入难以适从的境地。因此，常常背叛墨家逃入儒家、道家或者杨朱学派。"④ 墨家宣扬"天志"，把上天看作意志性的存在，其命令和规条不可违抗。按照这个逻辑发展，墨家应该是被动消极依赖天志而生活的宿命论者，但恰恰相反，墨家是

---

① 杜君立：《历史的细节》，上海三联书店2013年版，前言。
② 李伟：《经验与超验——以孔子、康德和张世英、王元化为例》，《河北学刊》2005年第4期。
③ ［德］马丁·海德格尔：《林中路》，孙周兴译，上海译文出版社2004年版，第244页。
④ 杨建平：《试论墨学中绝的原因》，《甘肃社会科学》2002年第5期。

实实在在地反对命定论的思想流派。

一 非命：开启命运抗争的序曲

墨家的非命思想是以反对儒学为基调的，但是其不仅是作为反对儒家的手段而出现的，它的确是整顿社会秩序的方法。墨家团体不满足于自身作为百工的手工业者的命运，因此走上"学儒者之业，受孔子之术"这样一条通过知识改变命运的成长道路。当墨家掌握了知识权力后，积极地谋求政治权力，通过谈辩、技术制作、军事力量和宣扬墨家理念主动地参与政治，沿用"上说下教"的方式扩散墨学在底层民众和高级阶层中的影响。这也是不甘心安于命运无情之手摆弄的证明。当获取知识权力和政治权力后，开创论说体的文体风格，扭转了语录体盛行的时代文风。同时系统阐释墨家的研究成果，重新发掘宗教信仰体系，建构包括科学理性、人文价值和宗教情怀在内的真理体系。墨家学派产生、形成和发展的历史，其实就是与命运不断进行抗争的学派成长史。

不仅如此，墨家学派把非命思想运用于整个社会中，使每个人成为能够扼住命运咽喉的英雄，而不要成为生活的玩偶和命运的奴隶。这种强烈的主体意识，对于墨家担当拯救社会之弊的角色具有决定性作用。"非命是否定'命'之实在的意思。这个命有两个方面的概念。第一个是道德方面的概念，这就是个人的运命、寿命、命数的意思。人们以为自己的富贫、寿夭都是由命先天地决定而且不可改变的，所以人们不肯努力从事。否定像这样命之实在的非命思想是一个主张人们应该努力从事的力行主义的理论。第二个是国家的富贫、众寡、治乱为命所决定的。这就是政治方面的命。这个命的概念之最重大的就是天命。"① 从整个思想背景看，战国时期无法依靠历史的惯性来解决社会转型的根本问题，而墨家的非命思想无疑提供了开拓、创新的动力。墨家把人、组织、社会和国家从甚嚣尘上的命定论思想

---

① ［日］吉永慎二郎：《墨家非命思想对于战国思想史以及中国思想史的作用》，《职大学报》2006 年第 3 期。

中解放出来，给战国时期的政治、经济和文化开拓出生动活泼的时代格局。

建立一种思想认识，意味着要破坏其对立面的观念意识，是谓思想领域的创造性破坏。墨家从三个方面反对以儒家为代表的命定论，为寻求批判的依据，提出判断事物是非的标准，即"三表法"。首先，推究本原。依照历史经验，夏商周三代的社会和百姓都未曾发生根本性质的改变，但发生了朝代更迭，产生治乱之别，可见命运是不存在的，而有贤之士积极参与历史变革的主动意识却是存在的。其次，考察百姓的耳闻目见，把多数人的经验常识作为判定标准。迄今为止没有人听到或看到命运的存在，不能为群众的经验证实的理论是缺乏说服力的，这向来是墨家理论的逻辑生长点。最后，从相反角度看，那些主张"有命"的国君会把招致杀身亡国灾祸的原因看成命运的必然，但是这往往成为治理不力的借口，对于治理国家其实是非常不利的。因此，命定论者是不仁义的，对上阻碍了王公大臣的刑政之治，对下削弱了黎民百姓从事生产的心力，给社会造成了极大的危害。

坚持"天命"说是残暴者的道术，是愚民政策，"上不利于天，中不利于鬼，下不利于人。"① 有命论败坏了整个社会积极向上、强力而为的进取风气，把本来值得追求的"国家之富，人民之众，刑政之治"让位给它们的反面。上到王公大臣，中到知识阶层，下到黎民百姓，都要一同起来反对命定论，摆脱命运的控制。就社会治理而言，天命论会束缚各个阶层的主观能动性，让大家偏安于消极认命的现状，对于改善社会无法提供任何助益。对于政治思想而言，夏商周三代政治在"天命有常"和"天命靡常"间摇摆不定，非命论彻底解决了两者的争端。墨家的非命思想主张强本节用，积极发挥人在认识事物和改造社会时必须具有的勇气和力量。

墨家把人从命运意识的枷锁中解放出来，给人的主体性和能动性赋予一定的地位。但是人毕竟要受到自身有限性的约束，当人处于自

---

① 方勇译注：《墨子》，中华书局 2011 年版，第 293 页。

我无法超越的生存困境时，又需要利用人的终极关怀，去实现人超越性存在的需要。当墨家打倒命运对人的无情控制后，对于人的认识无法触及、能力不能实现和精神难以自我圆满之处，更需要给予合理的解释和适当安放。因此，墨家依托古代人民较为朴素、原始的信仰生活，再次把人带到鬼神面前，呈现给人一个至高无上、不可违抗的"天志"。天志是墨家非命的必然归宿，"天志、明鬼和非命作为墨子本体论的主要内容，不仅架构了墨子自然观——天人合一的恢弘模式，而且成为其伦理观和政治观中兼爱、非攻的哲学依托。其实，墨子天志、明鬼、非命三位一体的本体哲学所追求的是一种积极进取的人生哲学。"① 天志和明鬼的出现，及时弥补了墨家由于反对天命而造成的理论缺口，在看似矛盾的非命和天志、明鬼间，墨家恰恰使它们融合成为一个有机整体。

二 节用：兼爱、互利的必要手段

非命把人潜在的生产力和创造力解放出来，墨家理论的着力点是基于对社会贫乏状态的体察，判定出物质的匮乏和人情的冷漠是社会最大的病症。要治愈这种病症，解决方案是用兼爱、交利来代替每个人的自爱和利己。对他人施予关爱和利益是有前提的，即物质资源的丰富，以及拥有财富的人情愿把它们分享出去，而不是据为己有或挥霍浪费。墨家尊重人的财产权利，在此基础上教导人们共同享有社会财富。这样，社会不同群体、不同阶层才能够共同生存。否则，战争、侵略、抢夺和盗窃等恶性事件会层出不穷，每个人的实际利益都会在败坏的社会中受到损失，为维护社会的和谐与稳定，墨家进而倡导节用。

这种来自生活经验的朴素道理很难阻止人类的为我之心，历史证明，文明的进步并不能从根本上消除战争、侵略、抢夺和盗窃这样的人性赘瘤，只能使之相对减少。罪恶是人类生活的一部分，而不是身

---

① 魏义霞、姚胜：《天志·明鬼·非命：墨子哲学研究》，《哈尔滨师专学报》2000年第2期。

外之物，罪恶所造成的苦难会在一段时间内提醒人们避免重蹈覆辙，可是文化的冲突、利益的挤压很快又会使人们身陷其中。墨家不满意于人性天生的不完善性，希冀通过节约消费与共享财富的生活方式消除矛盾。出于维护社会稳定的目的，在个人生活方面要求人们维持最低限度的生活水平，人们应该把所拥有的分享给有所缺乏的人，这样可以得到鬼神和上天的赞赏。人们的生活水平业已降低到没有过度享受的程度，因此事物的美学价值和奢侈功能就会被消解。对这种削峰填谷式的物质生活方式，墨家团体不仅不遗余力地加以道德说教，而且在团体生活中进行实际操练。弟子禽滑厘跟随墨子三年，"手足胼胝，面目黧黑，役身给使，不敢问欲"①，乃是这种自苦、节欲生活的写照。即使墨子的生活也被形容为"席不暇暖，墨突不黔"，也是勤苦、节约的。

　　人只有控制欲望，心灵才有足够的空间顾及他人的冷暖安危。"墨子为了减轻小生产者和劳动者的经济负担，为了改善他们起码的物质生活条件，一方面要求增加生产，提高生产能力，另一方面要求贵族限制一下奢侈的生活。这就是墨子非乐、非命、节用、节葬的实际意义。"②墨家不仅要求平民百姓和上层贵族节制用度，对于死去的人，也反对丧葬仪式的过度浪费，为故去的亲人长期守丧被看作浪费生产和工作的时间。节用是墨家规范社会运行的重要价值观念，节葬和非乐都是节用思想在不同领域的具体体现。墨家总是以利益来衡量一切事物，即使生者对死去亲人举行悼念活动和纪念仪式，也要求人们不应停止劳动，应节约开支和为生者的利益打算，而不是理解人们在失去亲人时的痛楚及慎终追远的哀思。

　　墨家在规划社会时，是物质第一、劳动本位的，担心人民遭受贫困、饥荒和缺乏的威胁。一方面鼓励人们积极投身于生产劳动，另一方面要求人们保持节俭，认为劳动对于人来说是本己的力量，是人和动物的本质差异。动物依靠本能和自然环境就可以生存，人却必须依

---

① 孙诒让：《墨子间诂》，《诸子集成》（第四册），上海书店 1986 年版，第 322 页。
② 任继愈：《墨子与墨家》，商务印书馆 1998 年版，第 44 页。

靠劳动才能生活。"所谓劳动这一人类特有的与自然的物质代谢,最基本也是本质的意义上,正是将人类生命与动物生命相区别的人类的特征。"① 墨家向人类指出了另外一种命运,就是不停地劳作。墨家赞美劳动,更赞美把劳动中创造的社会财富均等地分配出去。这样才会消除人群间的差异,填充部分群体匮乏的缺口,这样的财富创造才充满着意义。

三 对非命和节用的反思

墨家反抗命运的钳制,希望把人身上所潜藏的能力释放出来,从而革新社会中的物质贫乏、分配不公和战争苦难等丑恶现象。非命是与天命抗争的宣言,以及对人的主体性与能动性的唤醒和尊重,体现出墨家济世救民的人文情怀。非命论揭示出墨家宰制天下的强力意志,从表面上看其屈服于天志的绝对权威,事实上是把上天的内涵缩减为意志性存在。墨家的天志并没有神秘性,不需要人们按照特定的敬拜仪式来供奉丰富的祭物。天志是刚硬的,和墨家拥有类似的内在品质,具有不可动摇的意志,拥护亘古不变的"兼爱、交利"原则。这是墨学不被人们看成宗教信仰的原因,虽然这样的结论具有一定的争议性。

在"兼爱、交利"这一总体原则上,人和天是高度契合的。在社会生活中,人是历史运动的主宰。墨家不断开拓,在劳动中体现人之为人的价值,在对社会的革新活动中彰显人创新的力量,发挥互相施与爱护和利益的作用。天志并不具备救赎功能,人要依靠自己来获得幸福,只有超越家庭、族群、阶层和国家的界限,才能建立一个没有倾轧、剥削和苦难的理想国度。墨家否定命运,却又肯定天志的存在,这真令人难以理解。"墨子讲天鬼是为了替人的行为制定一外在的标准,反对'命'则是为了高扬人的主观能动性,两个正好收相辅相成之功。另外,墨子反对'命'同时也是为了替天鬼的权威廓

① [美] 汉娜·阿伦特:《马克思与西方政治思想传统》,江苏人民出版社 2008 年版,第 26 页。

清道路。"① 墨学有些地方看似前后矛盾，但站在墨家角度进行视域融合，则比较容易理解。

非命思想与墨家的圣王情怀存在着一定的关联。既然上天无法掌握人类的命运、吉凶与祸福，那么人卓越的作为就彰显出来。圣王的出现，能够体现天志"兼相爱、交相利"的要求，这是人类安居乐业、安享人生的前提。"根据《墨子》书中所描绘的'天志'，不难看出，这恰恰是墨子和他所代表的小生产者和劳动者对于和平幸福生活的向往。墨子相信鬼神，并相信鬼神可以给人赏罚祸福。"② 在衡量历史的主宰力量时，墨家推翻了天命的无比神秘性和无上权威性，但是需要依靠外在强大的神圣力量才能获取安全归属和斗争动力，墨家把它论证成天志和明鬼。墨家本来已经打破天命的枷锁，把人民带向自由的境界，不幸的是又为人民戴上鬼神信仰和天志控制的镣铐。

客观地讲，战国时期的科学技术水平和生产能力皆有长足发展，这在《墨经》有关制作技术、建筑原理和防御工事的丰富记载中初见端倪。"春秋战国时期的农业发展更处世界前列，新兴的地主阶级强调重农，奖励农桑。所以，以农业生产为主，桑麻、畜牧为次的农业结构和精耕细作的优良传统此时已基本形成，一直延续了2000多年，成为我国农学体系的重要特点。"③ 即使遭受战争破坏及不平等分配方式所造成的贫富差距，墨家描述的"饥者不得食，寒者不得衣，劳者不得息"依然无法概括社会生活的全貌。荀子评价墨子说："夫天地之生万物也，固有余，足以食人矣；麻葛茧丝、鸟兽之羽毛齿革也，固有余，足以衣人矣。夫有余不足，非天下之公患也，特墨子之私忧过计也。"④ 荀子认为，自然赐予和土地出产足够丰富，墨子却过于强调物质贫乏是天下共患，这是过度忧愤所造成的。

墨家轻视物质财富的积累和代际传承，把不能及时消耗掉的剩余

① 张永义：《墨子与中国文化》，贵州人民出版社2001年版，第119页。

② 杨义：《墨子还原》，中华书局2011年版，第141页。

③ 张一莉、戴幼玲：《略论我国先秦科技发展及其人文特点》，《江西农业大学学报》2002年第4期。

④ 详见《荀子·富国》，这可以作为理解墨家"节用"理论的另一种参照。

财物称为"腐朽余财",如不及时使"腐朽余财得以分人"就违逆了君子之道,需要加以谴责。墨子的主张对于开展社会互助有一定的益处,但面临的问题是,财富拥有者不愿意主动分享怎么办?墨家只能使用鬼神和天志的威慑来使民众产生畏惧心理。把财富据为己有是上天谴责和鬼神不满的行径,即使主观上不愿分享,也要两害相权取其轻,在遭受天鬼惩罚和维护财产间做出抉择。相对而言,墨家难以考量人在进行道德抉择时的内心冲突,只要得到善行的结果就一劳永逸。这样容易造成人的行为和动机脱节的伪善现象,可是,在墨家看来,这并不存在相应的困难:一是因为它看轻世俗生活的物质享受;二是因为它具有坚不可摧的意志。

在当前的社会建设中,墨家的节用思想启发我们思考以下问题:一是在物质财富更为丰富的现代社会,如何合理消费,以及如何较为公正地分配?二是人们创造和使用物质财富的本质究竟是什么?前者涉及消费生活的生态伦理及分配正义,而后者涉及奢侈消费如何关乎人的本质。墨家着眼于社会物质的缺乏,认为满足了"饥者得食、寒者得衣、劳者得息"的基本需要,社会问题即可迎刃而解。但是还要继续考虑,当基本需要得到满足后,这些曾经物质匮乏的人们还需要什么?这个问题在当今也具有现实意义。毕竟生存和物质需要是人最低层次的需求。此外,人还需要满足安全归属、情感寄托、自我实现和涉及终极关怀的更高精神需求,而这些需求又如何安放?如何利用社会资源的生产和分配使人得到最大程度的满足?就底层民众而言,其自我实现、人格尊严、审美及参与政治的权利如何得以保障?这些不是墨家"非乐""节用"所能实现的,恰恰相反,它们剥夺了人们享受物质和精神生活的权利,这尤为值得深思。

第三章　儒墨教育思想之争

　　儒墨之争是文化话语权利之争，也是政治道路选择之争，争论焦点在于是否延续亲亲之杀、尊尊之等的礼乐等级制度。孔子从周，墨子法夏，墨家希望返回到更为久远的文化源头汲取文明发展的力量。儒墨教育思想的范式之争确立了民族性格、文化意识、社会结构和历史品质的一般走向，同时揭示出社会意识和民族心理对历史发展的反哺作用。通过与儒家教育思想的比较，澄清墨家教育思想在时光沉浮中的多舛命运，解析究竟是因遭受思想打压而导致衰颓，还是由于自身内在本质而走向沉寂。分辨中绝现象背后的内外因素，有助于认清墨家教育思想的本质属性，有助于总结出对中国教育改革的历史借鉴意义。

　　儒墨之争的文化背景是周文疲敝，就社会现实而言，礼乐文化作为上层建筑，思想系统、意识形态和价值规范的解释力度明显不足，也无法继续安定人心。儒墨面对共同的文化传统，吸收和取舍不同，对历史遗产进行不同方向的创生与转化，两者相融与相争都具有内在的必然命运。《淮南子·要略》记载："墨子学儒者之业，受孔子之术，以为其礼烦扰而不说，厚葬靡财而贫民，久服伤生而害事，故背周道而用夏政。"① 墨学师承于儒却又非儒，是儒家当时较为强劲的思想对手。儒墨的互相争论和逆反，从墨子、孟子、韩愈、朱熹、李贽、乾嘉学派延伸至新文化运动，乃至当前新儒家与新墨家的对峙，时而缓和、时而激烈，当今儒墨仍然是不断斗争又互相依存的具有内

---

① 陈广忠译：《淮南子》，中华书局 2012 年版，第 1267 页。

在张力的思想学派。

第一节　儒墨教育思想争论的结构性张力

儒墨教育思想争论的起因在于双方对传统文化所采取的视角不同。儒家对文化传统多持肯定心态，在此基础上继承，在天不丧斯文的文化使命感召下，在从周的文化心理认同上，进一步发展出仁学思想。"儒家以'仁'为最高道德原则，'天人合德'为伦理道德理论的依据，虽然也将群体利益置于个人利益之上，但却是基于用道德原则的'仁'去认定人们不平等关系的。而墨子则以'义'为最高的准则，赋予'义'以独立的内容，把它从'兼爱'中独立出来，作为人交往和实践'兼爱'的基本原则，强调'重公利'与'贵义'的统一，更强调平等性，个人融于整体，整体的利益至上。"① 可见，墨家逆反文化命脉的主流方向，试图重建新的文化体系来引领未来发展的方向，无论是基本论点还是具体问题，儒墨学说都有分歧。《韩非子·显学》称："世之显学，儒、墨也。……孔子、墨子俱道尧、舜，而取舍不同。"作为当时互相抗衡的儒墨显学，不仅有学派间的交锋与斗争，亦有学派内的攻讦与分裂。而这样的争论方式一直延续至今，使得儒墨两家既互相对立，又彼此补充。这种思想格局激发两家不断自我更新，焕发出新的生机与活力。

一　儒墨互非

儒墨互非的起点始于墨子和孟子。墨子在对儒家学说的反思和对抗中，建立起自家学说的合理性与合法性。《墨子》成书时有"非儒"一篇，专门针对儒家亲亲、尊尊、礼乐、有命、崇古等各项主张一一展开诘问与非难。此外，更是自立天志、明鬼、节用、节葬、非乐、非命等诸种思想针锋相对地彻底批驳儒家思想，通过对儒家的全

---

① 张俊钦：《"仁爱"与"兼爱"的分立——儒墨异同疏解》，《岱宗学刊》2010年第2期。

面反思与根本改造来确立自身的正当地位。墨家要确立自我身份的独立意识，就不得不站到儒家的对立面。"墨子对儒家的背离，实际上是一种革命，一种思想上和行动上的革命。这种革命性的背离对传统的保守的儒家而言，简直是异端邪说。因此，墨子之后的许多大儒都以批墨为能事，孟子就曾骄傲地说："能言距杨墨者，圣人之徒也'。"① 墨子对儒学的批判埋下了儒墨长期互非的引线，双方在争论中澄清着各自的立场，丰富了学派思想，扩大了学派影响。

墨子好学、博识、擅长辩论，他对儒家展开了全面诘问与系统反驳。墨家之所以反对儒家，是因为在观念意识上并不认同儒家的思想体系，其思想起点始于对儒家学说的反思与诘问。针对孔子"立爱自亲始"② 对自然人伦、血缘之情的尊重，墨子试图走得更远，要求把爱扩散至所有陌生人身上。孔子认为，义内利外，义重利轻是判断个体品性是否高洁的标准。而墨子把义、利融合成为一个整体，认为最大的义就是兴天下人之利。孔子是谨慎的、近人情的、兼顾社会的，而墨子是激越的、远人情的、以社会为首位的，后者希望打破人情的自然束缚，变革人的价值观念系统，创造出一个全新的博爱世界。在这个美丽的新世界里，人们普遍地相爱，共同分享劳动成果，个人、家庭、族群、国家之间的矛盾渐趋化解。

儒家理想社会形成的路径是，利用等级秩序使人各安其位，通过实施仁政和文教，使人互相包容，保持社会的有限流动。而墨家希望实现的美好社会，是通过主体间无差别地施与关爱和利益，来解除阶

---

① ［美］李绍崑：《墨子非儒与孟子批墨》，《吉首大学学报》1986 年第 3 期。

② 参见《礼记·祭义》，儒家学说立论的原点是对血亲亲缘关系的尊重，然后在此基础上向外逐层展开和推演，形成序列的人伦秩序，来维护人心和政治的良序运转。而墨家试图反抗儒家极度深植于血缘亲情的仁爱精神，它要在爱的广度上无限扩展开来，把所有的人都同质同量地作为爱的对象，一视同仁地爱他们。后期墨家对于兼爱的逻辑论证尤其突出这一点，他们认为，如果没有周全地毫无差别地爱一切人，那么这样的爱还不能被称为真正的爱。兼爱的提出是墨家令人赞叹和敬仰之处，也是遭人质疑和诟病之所在。对于伦理水平呈现正态分布的人类群体来说，能够有兼爱情怀与气魄的终究是极少数，能够像墨家那样舍弃自我为天下人奔走的也是少数。一般而言，我们都是爱身边的人、具体的人和有亲密关系的人，在近爱有余力之时，方才可能爱那些需要帮助的远方之人。

层间的过度差距和激烈冲突。这种渴望平等、和平与美好生活的博爱理想更能打动民众的心灵，"墨子深谙儒家之利弊，'非儒'才能多处击中要害，以'非儒'为逻辑前提的墨家也因其关注一般民众利益而获得普遍的社会支持"①。但是要对所有人施与关爱和利益，这超出了一般民众的道德水平，墨家只能寄托于"天志"的力量，依靠宗教情怀和价值信仰的超越性，方能脱离日常生活的羁绊，彻底倾空自我的欲望来关爱一切人。彻底平等的社会状态并不是每个人都认可的理想状态，特别是对于强调等级和阶层差异的儒家来说，兼爱和交利的价值取向恰好是人伦丧失的象征。

从墨子手中夺过攻击旗帜的是孟子，他把墨子与杨朱并举，作为自己的思想对手。孟子在《滕文公（下）》中说："圣王不作，诸侯放恣，处士横议，杨朱、墨翟之言盈天下，天下之言，不归于杨，即归墨。……杨氏为我，是无君也；墨氏兼爱，是无父也。无君无父是禽兽也。"孟子非常清醒地认识到儒家的生存境遇，左边是宣扬贵己和重生的杨朱，右边是传播舍己和利他的墨翟，儒家学说面临着左右夹击的局面，如何把儒家学说发扬光大实在是迫在眉睫的现实问题。孟子从父子、君臣的伦理本位来化解儒家的生存性危机，杨朱为我，是为无君，是个彻底的无政府主义者；而墨翟兼爱，则是无父，是个完全的人伦失丧者。孟子通过对两家学说的彻底否定来维护儒家的中庸之道，保全儒家兼顾家庭和国家的君子形象。孟子既认定杨朱的为我之学是否定一切统治权力，又声明墨家的兼爱思想是彻底断绝一切血缘人情，从人的存在现实性上给予杨朱、墨翟言论以致命反击。孟子接着指出："杨墨之道不息，孔子之道不著，是邪说诬民，充塞仁义也。……距杨墨，放淫辞，邪说者不得作。……能言距杨墨者，圣人之徒也。"

孟子自愿担当起复兴圣人之道的崇高文化使命，儒家学说的确在孟子处获得进一步巩固，焕发了生命活力。"孟子在捍卫儒家核心价

---

① 孔德立：《关于墨子"非儒"与孟子"辟墨"》，《北京师范大学学报》2009 年第 6 期。

值观的前提下，悄然吸收了大量的墨家思想，并且成功嫁接到儒家思想中。排拒墨子，是由孟子的儒家立场决定的；接受墨子，是为了发展儒家思想，反过来更好地排拒墨子。"① 从学派争论的角度出发，孟子指出杨墨学说与仁义思想的本质差异，解析杨朱和墨翟对于功利的两种极端反映："杨子取为我，拔一毛而利天下不为也。墨子兼爱，摩顶放踵利天下，为之。"② 孟子较为客观地评价了对手的思想，认为杨朱的过错在于不愿意奉献点滴自我以成全天下，而墨翟却甘心舍弃全我来胸怀天下。孟子又推测杨墨哪派与儒家更为接近："逃墨必归于杨，逃杨必归于儒。归，斯受之而已矣。今之与杨、墨辩者，如追放豚，既入其苙，又从而招之。"孟子怀着极大的信心期待民众从对杨墨的偏差认知中逃离出来，安然回归到儒家的怀抱。这被后来的研究者归纳为"杨近墨远"，在思想坐标上划定儒家为中心，但是杨朱承认自我的持存价值，而墨家否定自我存在的可能性，因此杨朱较为接近儒家，而墨家距离更远。

继续从根基上动摇墨家学说的人物是朱熹。朱熹深知，如果只给世人一个"兼爱无父"的结论，那么随着人们理性的自觉开启，说服力将会变得日益稀薄。为整肃儒墨争辩的思路，朱熹对兼爱理论的形成原因、实质乃至人格影响因素进行了深入探讨。就兼爱学说形成的社会原因，朱熹认为："墨氏见世间人自私自利，不能及人，故欲兼天下之人人而尽爱之。"③ 肯定了墨子兼爱学说的良好动机，但认为兼爱有失偏颇，为了天下而舍弃自我具有片面性。在朱熹看来，墨子为强调对陌生人的兼爱伦理，把所有人容纳到无差等的爱利范围中，这冲淡了对至亲之人的人伦常情，因此才被判定为"无父"。朱熹延续孟子的批判思路，维护了儒学的正统性与权威地位，从学理逻

---

① 孔德立：《关于墨子"非儒"与孟子"辟墨"》，《北京师范大学学报》2009 年第 6 期。

② 参见《孟子·尽心下》，如果说判定杨墨为禽兽之论显得孟子激愤有余、克制不足，此处对于杨墨关于功利的判断倒是颇为客观，这段学术公案也为后续儒家关于墨家的判定定下了基调。

③ 朱熹：《朱子语类》，中华书局 1986 年版，第 1320 页。

辑上推断兼爱无父的明证性。

王阳明继续发扬儒家关于杨近墨远的观点，在与时人及门生的书信问答中，解释了墨家兼爱和儒家仁爱的本质差异。他的学生陆澄问道："既然程颢说'仁者以天地万物为一体'，为什么墨氏兼爱反而不能被称为是仁德呢？"① 阳明先生的回答是："仁是造化生生不息之理，虽弥漫周遍，无处不是，然其流行发生，亦只是个渐，所以生生不息。……墨氏兼爱无差等，将自家父子兄弟与途人一般看，便自没了发端处。不抽芽，便知得他无根，便不是生生不息，安得谓之仁？孝弟为仁之本，却是仁理从里面发生出来。"② 王阳明认为，仁是生生不息的良知、良能之本体，其根源在于基于人情、人性上生发出来的仁民、爱物情怀。但墨家抽取了人性中最为根本的父子、兄弟之爱，因此兼爱就失去根本，丧失了生命活力，更是无法生生不息。

王阳明从根本上区分两者的差别，认为仁爱的原点是人的血缘亲情，兼爱却把这个原点连根拔除。他澄清了两者是否立足于人情的自然本性，同意孟子对杨、墨"无君无父"的判定，肯定韩愈和朱熹对相关理论的深化。"孟子辟杨、墨至于'无父无君'。两子亦当时之贤者，使与孟子并世而生，未必不以之为贤。墨子'兼爱'，行仁而过耳；杨子'为我'，行义而过耳。"③ 王阳明廓清孟子辟杨、墨的学派立场，指出杨朱、墨翟和儒家在仁义上的融通之处，以及三者依然存在程度的差别，只是杨墨走得更远、更为激进而已。孟子出于学派争论的需要，果断否定杨、墨的学说，王阳明认为，这阻断了学术上前后相继、自由争论的良好风气。他还分析韩愈为何肯定儒墨相用，原因是当时儒家文化遭受外来宣扬出世的佛教影响，又遭遇道家的侵蚀，"佛、老之害甚于杨、墨。"④ 王阳明理解韩愈在儒墨相用问题上的苦心孤诣，由此联想到自己和朱熹的学术争论，又何尝不是处于同等境遇？王阳明进而倾诉自己这么做的意图，是出于调和程朱理

---

① 王阳明：《传习录》，张靖杰译注，江苏凤凰文艺出版社 2015 年版，第 71 页。
② 王阳明：《传习录》，张靖杰译注，第 71 页。
③ 王阳明：《传习录》，张靖杰译注，第 186 页。
④ 王阳明：《传习录》，张靖杰译注，第 186 页。

学和陆王心学的不和，是基于维护圣人之道的良苦用心。

二　儒墨互用

儒墨互用，即肯定儒家和墨家并非完全对立的学派论敌，承认两者在思想上的共同之处。"和孔子一样，墨子是在力图作一番'哲学的突破'。二者的共同性很多，最根本的一条是二人的实践精神。"① 这样的论点具有一定的历史渊源，并不完全是现代人的创造。早期杂家人物尸佼在纵论诸子时，提出"墨子贵兼，孔子贵公"而"实一"之说，充分肯定儒家和墨家在社会公德上的一致之处。着眼于两家思想的共同性，墨家沿用儒家较多的基本概念：仁、义、天、命、圣人和君子等，确实能看到墨家和儒家较为一致的地方，可以得出和尸子近似的结论。"由于现代学者过度强调'兼爱'，导致学者们常常将墨家主张的'爱'当作'兼爱'。鉴于'爱'时常出现在各类词语中，加上'兼爱'占据次要地位，我推测大力推行'爱'才是墨翟最初的思想，而'兼爱'则是后来的主张，并且很有可能是由其追随者加以发展的。"② 在词语的选择和使用上尚且拥有同样的文字渊源，设计改进社会的方案时，两者都强调君子的贤能道德，都谋求社会的安定和谐，都注重从古代的文化传统中汲取思想素养，这也能说明两者互用的观点。

韩愈更是提出"孔墨必相为用"③ 之说，首次旗帜鲜明地提出儒墨互用的观点，指出儒墨都尊崇圣王之道，皆以尧舜为正面圣王形象，都谴责暴君桀纣的暴虐无道，也都从个体层面强调正心、修身以安定邦国。"孔子必用墨子，墨子必用孔子，不相用，不足为孔墨。"

---

① 刘绪义：《墨子是先秦"新儒家"论——从墨子"非儒"看儒墨关系》，《云梦学刊》2010 年第 2 期。

② ［比］戴卡琳：《墨家"十论"是否代表墨翟的思想？——早期子书中的"十论"标语》，袁青、李庭绵译，《文史哲》2014 年第 5 期。

③ 参见《韩昌黎全集》卷18《与孟简尚书书》，但是这个观点受到了来自儒家内部的反对，例如朱熹就追问道："昌黎之言有甚凭据？"（详见《朱子语类》卷61）；程颢也说韩愈"不知谨严，故失之"（详见《河南程氏遗书》卷18）。儒学正统思想家对于韩愈不守儒学的界限，试图打通和墨学的鸿沟，颇有微词。

韩愈身处的唐代，中华文化的根脉受到来势凶猛的佛教文化的冲击，道家学说也乘势宣扬出世思想，这让主张世俗生活和实用理性的儒家受到很大的冲击。虽然儒墨有所分别，对传统文化的呈现有所侧重，但都是从其根基上萌发的不同枝节。相对来说，佛教纯粹是入侵的外来文化，并且佛教的出世思想，与儒墨尊崇圣王之道、积极入世、关怀现世生活和谋求与政统相融通的价值取向存在着根本的冲突。因此抛出儒墨互相为用的观点，有助于维护儒家的正统地位。这才是韩愈的本真意图。

仁爱与兼爱的关系问题是困扰儒墨学术传承的重要症结。两者都主张把爱的对象从自我扩展开去，仁爱是把爱的情感从血亲自然形成的熟人圈子推演到陌生人，兼爱是对一切可以关爱的对象施加爱的行为。"仁者，爱人"和"己欲立而立人，己欲达而达人"的仁爱，表面上和墨家的兼爱伦理具有高度的相似性。墨家伦理学的基本规范是，对待他人如同对待自己，对待他人的家庭好像对待自己的家庭，对待他人的国家如同对待自己的国家。就根本而言，这一规范起源于儒家的"仁"，即人性的规则。"仁在儒家哲学中扮演重要角色，儒家对人性及美好生活的描绘离不开仁。仁在墨家思想中不再那么重要，当然，墨家关于集体之善的理论仍然保留了仁。"① 这也可以看作温和的儒墨互相为用的观点，至于仁爱和兼爱的本质和程度差异，以及两者在伦理领域的适用性，将依然是个值得争论的问题。

三　尊儒抑墨

肯定儒墨共通的观点相对较少，尊儒抑墨才是评论两家思想的主流。在漫长的文化专制时代，儒家思想一直居于正统地位，是维护政治权力、士人身份和民心安定的主导价值体系。墨学在汉代以后很少见诸经传，在无法依赖墨门弟子传承的隐退时期，是其学术对手儒家内部在维护自身学术的内在演化逻辑时，一直对之保持关注和讨论。

---

① ［新］赖蕴慧：《剑桥中国哲学导论》，刘梁剑译，世界图书出版公司 2013 年版，第 64 页。

"自汉以后，治教一，学者咸宗孔孟，而墨氏大绌，然讲学家剽窃孟荀之论，以自矜饰标识，缀文之士，习闻儒言，而莫之究察，其于墨也，多望而非之，以迄于今，学者童治举业，至于皓首。习斥杨墨为异端，而未有读其书，深究其本者，是暖昧之说也，安足与论道术流别哉！"[1] 这表明，当墨学无法依靠自身生命力在文化体系中扎根生长时，是儒家的持续关注而使之保持着学术生命的些许活力。这正是墨学的独特之处，一直存在于思想对手的视野之中，虽未曾正面出场，却一直不断地被言说，可以看出独尊儒术后墨学不彰、尊儒抑墨的传统。

由此可推导出儒学发展的两条脉络。一条是不断诠释儒学所涉及的核心概念，如仁、天、理、性、气等，加强论证的严密性，使儒学的根系往下深扎、枝叶更为葱郁茂盛，使其适应不同历史时期的发展挑战及更为符合百姓的伦常日用。另一条线索是保持和墨、道、佛三家的思想张力，通过与其深入互动、融合来壮大力量。这两条脉络为儒学确立了明晰的边界，肃清了认识中的误区，在传承中更加巩固自身的地位。儒学在发展过程中，不断应时之需、应事之需、应势之需，总体上确保道统、政统与学统的相对稳定和统一，维系儒学的薪火相传，持续影响着东南亚儒家文化圈，并在当前的区域文明冲突及世界范围的文化对话中保持身份与尊严。

直到清代考据学派重新整理传世文化经典，一直以来，作为思想背景和潜在对手，墨家是为突出儒家的主体位置而存在的。金观涛夫妇在考察中国现代思想起源时指出，儒家学说是统一官僚机构得以建立的文化基础，儒生则构成了将分散的小农社会结合成大一统国家的组织力量。[2] 儒学实现意识形态与政治组织的一体化，规定着世俗权力和天道之间的制约性关系，当社会发生危机时，这种一体化的稳固结构就容易动摇从而产生价值逆反。这里所说的价值逆反是指外来文化冲击所造成的社会动荡和文化根基的松动。在中华传统文化内部，

---

①　孙诒让：《定本墨子间诂》，世界书局1986年版，第48页。

②　金观涛、刘青峰：《中国现代思想的起源》，法律出版社2011年版，第9页。

就此而言，可以把墨学看作儒学的互补性结构。由此推论，当一体化结构维持着超级稳定状态时，墨家文化就无法获得重新发掘、广泛传播和再度诠释的生存空间。当一体化结构产生动摇、社会发生转型时，知识分子和普通民众对儒家文化的信仰产生怀疑，墨学就有复兴之势，从而获得被重新认识的机会。

四　排儒扬墨

在明清之际，儒墨互补结构的此消彼长最为明显，当时对墨学的评价趋向正面。这样的学术风潮对当前学术发展也有影响，新墨学的出现就是明证。当西方文化所携带的器物文明打开中国封闭的大门、民族存亡危机成为国人心头的沉重焦虑时，许多知识分子重新审视诸子学系统以应对挑战，墨学的价值被重新发掘出来。"同一个文化系统中，也有不相容或者可离的许多要素，前者隐伏着导致系统崩溃的契机，后者则可以成为代之而起的新系统的要素。"① 这个时期由于对儒学开展反思和批判的风气日益浓郁，作为其对立面的墨学，被研究者认为包含着科学技术知识、逻辑体系和民主契约思想，因而受到人们普遍的重视和肯定。

儒学被定为一尊后，评析墨学似乎只能在儒学框架中完成，而儒家的异端分子李贽对墨学怀有深厚的兴趣。李贽意欲摆脱正统与非正统区分的学术偏见，以平等视角审视诸子在学术上的相应贡献，对墨学的学术价值及实用能力多持肯定态度。"今墨子之书其在，有能取其书读之，而得其所以非乐之意，则经纶之术备焉，断断乎可以平天下而均四海也。"② 李贽从兼爱中汲取精华，发展出接近当今理念中人人平等乃至男女平等的大胆认识；从尚同中受到启发，引申出崇尚个性、追求自由的思想。李贽从墨学得到反抗正统思想的内在力量，并将儒墨之争的议题引向深入，这对明朝学术界的思想解放颇有助益。至清代，墨学研究的考据之风盛行，暂时搁置了儒墨争议，客观

---

① 张岱年、程宜山：《中国文化精神》，北京大学出版社 2015 年版，第 5 页。
② 李贽：《李氏文集》，中华书局 1974 年版，第 82 页。

上确立了儒墨的平等地位。毕沅、汪中、俞樾和孙诒让等墨学研究者逆流击水，挣脱学术研究的束缚，对墨学多有肯定。

梁启超、胡适和冯友兰等人开启了使用西学研究方法诠释墨学的先河，这使墨学的研究成果更加丰富，但对墨学的肯定并未成为学术界的主流声音。特别是新儒家的兴起和影响日隆，墨学的学术价值和应用前景还有待学术界的大力发掘。令人欣喜的是，随着时间的推移，在中国以及东南亚儒家文化圈中的日本和韩国，甚至西方汉学界，人们对墨家思想加以探索、发掘和创造性转化，努力探索其中能为今日所用的精神资源，使得墨学研究获得新的进展。可以预见，儒墨之争还会延续下去，将给中华传统文化的返本开新创造许多生机。

第二节　儒墨教育思想的主要分歧

儒家与墨家在教育思想的诸多领域存有争论，双方聚焦的核心问题有：何为天？教育从根本上培养什么样的人？建设什么样的国家及社会？引导人们追求何种美好生活？如何平衡心灵和物质？儒墨不仅要一争高低，"墨子及其门徒刻意效法大禹治水的精神，工作'日夜不休，以自苦为极'，墨家还'尚力'、'非命'，比儒家更强调积极有为。"[①] 笔者认为，合理的态度是打破学术派别的门户之见，结合当前文化发展中的根本问题，奉献出思想智慧与行动参考，汇入世界优秀思想的智慧河流中，使先贤们的思想得以继承和发扬。

一　天人之际：天命还是天志

儒家的天是隐喻，担当着与人合一的角色。作为至高至善至上的存在者，天不言不语，通过流动的气韵与人遥相感应。天是去神学色彩的，具备人文气息，介于自然天和命运天之间。人虽然无法接触天的实存，但只要遵循天道、天理，积极配合与顺应天命的感召，就会有高尚的行为与卓越的道德。儒家的天是人的行为规范的来源和依

---

① 张岱年、程宜山：《中国文化精神》，北京大学出版社 2015 年版，第 23 页。

据，是人实现内在超越——成圣的动力和源泉，是人向外超越的方向和榜样。"如同欧洲哲学以人和神的关系为轴心而展开一样，在中国，是以天与人的关系为基轴而发展中国哲学的。"[1] 和墨家在天人关系上的相似之处是，儒家之天亦会用自然灾害、祥瑞征兆表明对人间事务的裁决和干涉，但两者并非如同西方基督教的上帝那样严格按照人的行为进行死亡后的最终审判。儒墨之天均作用于人的现世生活，与死后的世界几无关联。

"中国古代宗教的上帝由'天'体崇拜发展而来，不享受祭献，表明没有完全人格化，对于中国宗教思想的特质和发展可能有着非常重要的意义，因为，正是这样一个'天'体崇拜发展起来的至上神实体才能顺理成章在周代发展为'天命论'，形成后来中国文化与中国哲学的基本特色的根源。"[2] 儒家祛除周代天体崇拜的部分，顺承天命观念，人的内在德性修养足以通达上天的本然完善，天人合一的境界是人生与宇宙的内在和谐。基督教道成肉身的耶稣自愿降为卑微与世人同在同行，但儒家经由人的德性而不是灵性来与天沟通。内在的精神富足和德性完满足以彰显天的形象、践行天的使命，人保留自强不息、厚德载物的主动性与能动性。人并非完全接受上天的控制与支配，却要时刻修身养性，以此接近天、理解天和彰显天。

"中国古代思想中有较近似于西方宗教者如墨子。天志要人爱，人不该不爱。天志要人兼爱，要人爱无差等，人便该兼爱，便该无分别无差等地爱。"[3] 墨家并非从人情人性而是从理性规则来认识天，意志化的天没有语言，兼而食之和兼而有之的作为表明人应当按照天的示范确立行为准则。天人关系是人际关系的原型和标尺，兼而利之、兼而爱之为其应有含义。天的形象被简化为惩恶扬善与兼爱交利，这是每个人都能理解和接受的，墨家的用意也在于此。天成为最重要的规训力量，严格按照兼爱、交利的价值标准衡量、区分和奖惩

---

① ［日］沟口雄三：《中国的思维世界》，孙歌译，江苏人民出版社 2006 年版，第 3 页。

② 陈来：《古代宗教与伦理》，生活·读书·新知三联书店 1996 年版，第 7 页。

③ 钱穆：《中国思想史》（新校本），九州出版社 2012 年版，第 5 页。

每种行为，根据言行的善恶施加最为严厉的奖惩，最终结果是每个人都威慑于天志而按上天的意志去言语和行事。墨家是先秦诸子中宗教制裁精神最为严厉的学派，其牺牲自我成全社会的绝对利他主义，只有依靠天志的力量才能充分实现。

儒家之天是生成性的，养育万物、生生不息，天人皆以"仁"为本，天道及人道合而为一。其天人之间自然融融、相即不离，天无须去证明，也不需要以特定的仪式祭献，仁人在被无限放大后即为天，遵循天道乃是为天做见证。墨家之天是预设性的，需要加以取悦，天人皆以"义"为本，人外在于天。天普遍喂养和涵摄人类，人便需要单向地向天敬献责任与义务，天人关系和人际交往一样是交换性的。天志是需要无条件取悦的外在客体，一旦人或国家违反它对于兼爱、交利的规定，就会受到来自于天的严厉惩罚。"爱人利人，顺天之意，得天之赏。……憎人贼人，反天之意，得天之罚。"① 墨家之天相对更为缺乏温情，好似面孔冷硬的诫命之神，与旧约圣经的耶和华形象颇为接近，使用诫命、监督和严厉惩罚让人的行为不敢越雷池一步。墨家从"天志"中提取"法仪"和"义"的凭据，出于对人间丑恶、混乱、自私和残暴与生俱来的厌恶和恐惧，其希望借助天志的力量彻底净化和完善人的道德。

儒家之天是人言行的温和提醒。它兼有世俗与神圣的双重特性，不强迫人完全服从自己的意志，"以德配天"的古老命题给人留下自主、独立的空间，天人感应使人和天拥有更多的交流与互动。"因为'天'不仅是自然意义上的'天'，而且是神圣意义上的'天'，'人'就其内在要求上说，需要不断修炼自己，以求达到'同于天'的超越境界。就这个意义上说，'人'和'天'不仅不是对立的，而且'人'应该与'天'和谐共存，以实现其自身的超越。"② 天命根植于人的内在天性，顺应天性的引领即为遵道，而教育就是教导人修

---

① 王阳明：《传习录》，张靖杰译注，江苏凤凰文艺出版社 2015 年版，第 231—233页。

② 汤一介、汪德迈：《天》，北京大学出版社 2011 年版，第 48—49 页。

养心性以符合道的纹理。教育在于追求德性丰润与人格完满，经由内在的本心本性、良知良能去感受天、领悟天和回应天，用完善的精神境界彰显天的能力及作为。在血缘家族中，如此累积性的嘉言懿行会绵延至子孙身上并获得上天的祝福，教育因而得以传承。

墨家天志是威严的命令，是道德的唯一来源。人无须观照自我的伦理主体性，按照天志所要求的去做即可。"我爱人、无私利人既然是为了报答天、顺应天意，那么显然我便应同等地爱一切人，因为天是同等地爱一切人、同等地养育一切人的。"① 墨家如此这般认识天志并在教育中教导弟子顺从它，其首领钜子便是天志的化身，弟子对钜子的意志和墨家真理没有丝毫妥协的余地。罪恶与灾祸、良善与福祉严格对应，鬼神在民众中散布着无处不在的耳目，人的一举一动都处于天志的严格控制和严密监视下，人的善恶回报会立即出现。如此教导，教育完全失去自由，没有自由的教育就远离了教育的本质。墨家天人之间是控制与被控制的关系，职能分工界限清晰，不存在情感互动和时空的绵延性。人被恐惧所笼罩，只好依靠无尽劳苦、尽情利他和过度节俭取悦天，缺乏生之愉悦和天人密切互动的神圣安全感，时刻担心由于言行不慎而招致天的降罚。

二 个体之善：仁爱还是兼爱

仁爱是儒家教育思想追求的基本目的，兼爱是墨家设定的根本内容，两者的差异首先表现为爱的范围不同。儒家所追求的仁爱，要求从身边亲近的人爱起，逐渐扩展到距离更远的人，这是小共同体主义，是围绕家族血缘中心逐层扩大的爱之施与方案。墨家追求的兼爱，要求把所有人纳入同等的爱，呈现出普遍主义的取向，这是当前兼爱伦理被看作人类普遍价值的根本原因。仁爱规则强调义务与责任的对等，父父是子子的前提，君君是臣臣的条件，责任和义务、身份与举止是对应的。"墨子'兼爱说'深刻揭示了儒家'爱有差等'说的局限，指出后者不但无法和平处理人类冲突，而且有可能成为人们

---

① 张岂之：《中国思想学说史》，广西师范大学出版社 2008 年版，第 457 页。

彼此仇恨和战乱的思想根源。"① 兼爱规则由于毫无差别地爱所有人而稀释了人的血缘亲情，墨家教育因而注重强力进取与拥有能力，主张为社会提供更多服务的人才更有价值，这样会为更多的人创造生活福祉。

在仁爱思想指导下的教育更为关注源于自然的德性分层，更加认同性善论的人性假设，因为就一般人性本能而言，人们难以把身边的人设想为邪恶及不善之人。在性善论的假设下，儒家突出教化的能力，在同质群体的影响下人们密切互动，生活方式、舆论导向、价值取向与长者权威皆使人们的言行举止保持着与社群的总体要求相一致。儒家教育思想主要包括"树立崇高的圣王人格、植根深层的心性血脉、构筑严密的德教体系、突出自觉的个体修养、注重巧妙的启发诱导、提倡辩证的知行关系"②。即使存在言行脱节的人，在被排斥、被边缘化的压力下，这种孤独情感促使他们正视社群的需要而重新归回。

儒家以熟人圈子为主要生活场景，群体成员更多地分享社群所提供的情感支撑、更好的社会服务、更多的公共产品及安全稳定的归属感受，可利用群体的凝聚力量克服个体的不足。这种一加一大于二的联合生活方式具有稳固的聚集功能，在社会流动较为缓慢时，它优越于原子式个体的现代社会。在仁爱引导下的生活、思维及教育方式让人们一成不变地按照约定俗成的惯习生存，较为缺乏流动性、竞争性、挑战性和创造性。例如，科举制度是儒家的教育性保障制度，进可以出仕为官，退可以耕读为师。科举制度中的失败者内心的恐惧和仕途遇挫的失落，在进退有度的私人生活中得到一定程度的缓和。社群力量不仅分担了失败的挫折与落榜的不幸，还为这些失败者提供了完成未竟事业的机会，让他们担任塾师、教导蒙童及教授儒家典籍，为更多的人顺利胜出科举而工作和生活着。

---

① 邵显侠：《论墨家的非攻论与兼爱说——一种全球伦理的视角》，《伦理学研究》2015 年第 1 期。

② 黄书光：《儒家德育范式的理论建构》，《河北师范大学学报》2009 年第 5 期。

兼爱是陌生人的伦理，驱动着个体在较大范围内实现人生价值。在兼爱影响下的墨家教育并不强调人的自然情感，所声称的父慈子孝、仁君忠臣全是以利益来衡量和取舍的。"他为了证明知识的客观价值，不惜把人类性往工具化方面规定，错误地否定了人类的情感作用。"① 这里的"他"指墨家，利益是通过劳动和工作创造出来的，并不像情感是由人的出生事件自然产生的。墨家教育强调人的能力而忽视人的情感，因为能力高度关联着利益，内在善性的养成、德性的教化、情感的和顺无法用利益的外显物质指标进行衡量。墨家主张能力本位的教育，"厚乎德行、辩乎言谈、博乎道术"② 都是外显的能力指标，"凡入国，必择务而从事"③ 则是更为灵活的能力使用指南。墨家教育引导弟子针对国家需要对国君采取相应的说教内容，这是典型的实用价值取向的效果主义。

墨家教育关注能力培养，采取行为主义驾轻就熟的赏罚措施，把赏罚提升成上天的美德。天志、国君、王公贵族、教师及父亲等具备男性权威身份的人全部被纳入严密的赏罚体系中，让人对天志威慑下的兼爱互利产生操作性条件反射。上位者精准的利益引导和无孔不入的奖惩操作，能确保墨家理想的人才类型在紧张、严肃的氛围中被快速培养出来。墨家在科学原理、技术创造、逻辑论证等领域做出的伟大贡献，不得不归功于其严格要求和赏罚分明的教育手段。墨家成为当时私学教育的领军人物，培养出一批优秀的学生，产生了广泛的社会影响。

儒家教育生活的氛围是温情的、商谈式的，仰赖于对仁义的认可而组织起来；墨家教育的生活场景是冷峻的、命令式的，依托于对利益的追求而合理运转。后者培养出来的人能力强、重视竞争、能够很好地执行任务，体现出一种斯巴达式的教育精神。史书形容"墨子服

---

① 张岂之：《中国思想学说史》，广西师范大学出版社 2008 年版，第 451 页。
② 方勇译注：《墨子》，中华书局 2011 年版，第 50 页。
③ 方勇译注：《墨子》，第 459 页。

役者百八十人，皆可以赴汤蹈火，死不旋踵"①，这种忘我牺牲的准宗教精神在革命时代是急需的，但会演化成依附性人格。这种对待生命的极端方式假如被专制主义或集权主义所利用，缺乏内在良知调节的机械赴死精神所产生的后果将是十分可怕的。墨家弟子渴望为权力者所重用，他们的眼睛张望着权力且心中装着弱者，忘我地为所有人的幸福而偿付着生命与自由。仁爱需要推演才能成立，兼爱需要跨越方可实现，但因其跨度太大反而会引起时人及后人的质疑。人类总是按照民族、人种、语言和信仰等各种因素有机联合起来的，墨家依靠人类自身的力量去实现兼爱，墨学未来发展所面对的基本挑战是，不把兼爱与宗教救赎的博爱精神相混淆，这也是东西方文化开展墨耶对话的前提条件。

三　国家之善：仁政还是义政

儒家教育培养文质彬彬的君子，治理国家时施行仁政，政治秩序依靠内在道德修养和外在礼仪规范来维持。"为政以德，譬如北辰居其所而众星拱之。"② 仁政国家有自发的吸引力，因道德吸引而产生公共秩序，社会治理成本较小但效果较好。以仁德施政者不主张严刑峻法，这继承了周代"明德慎罚"的政治经验。文明而有修养的礼乐之邦是儒家的理想国度——人口富庶、物质丰足、教育发达，人们安心于自己的身份和职业，有条不紊地遵循礼制的要求。墨家教育培育积极进取的兼士，掌握文治武功的能力，为天下人的利益严格按照清晰的规则和明确的目标而生活。兼士反对物质的过度消费，只要有人还处于贫困线上没有吃饱穿暖，享受奢侈就应当产生愧疚与罪恶感。他们劝导民众遵守"义"的行为标准和价值观念生活，不要因过度的欲望而贪婪地占有财物，而应将其拿出去分享给有需要的人。为杜绝私心恶念，墨家把国家组织成庞大的舆论体系，每个人都是信

---

① 《淮南子·泰族训》刻画了墨家的牺牲精神，与墨家分支中的墨侠派别有关，他们具有为道义或使命而献身的殉道情怀。

② 杨伯峻、吴树平：《论语今译》，齐鲁书社 2009 年版，第 8 页。

息收集者，把周围人的想法与做法及时反映给上级行政机构。国家按照每个人的行为表现及时施以奖惩，保证社会遵循统一的行为方式和价值观念运行。

仁政和义政的过程不同，设想的结果却一致——实现社会稳定、人民安康。"墨子并不认为依靠道德就可以解决全部的社会危机和建立起良性的社会循环机制……墨子发现，一切社会危机根源在于人们不相爱，在于人们自爱而不知爱他。"[1] 仁政依赖人的内在心性养成，教育把人天生的善性种子悉心培育出来，用外在礼乐教化指引人们向善和行善。义政时刻衡量着人们爱的表现，教育要用"义"的价值规范和"爱"的意识形态框定言行，并教导民众甘心服从强权管理。仁政和义政皆重视道德在社会管理中的作用。"道之以政，齐之以刑，民免而无耻。道之以德，齐之以礼，有耻且格。"[2] 儒家的理想国家用礼制涵养人的道德敏感性，给予道德自律和心性修养以一定的自由，但不会超出情理的界限。墨家义政依靠层层监督、时时告诫和事事奖惩的法律和规则，每一层级都要接受下一层级的监视与举报，又受到上一层级的核定和评估。虽然组织结构上存在着层级差别，执行的伦理内容却是相同的，尚同国家由此达到上同而下不比。仁政的权力结构是宝塔形的；义政的国家组织却是玉琮形的，其中心是天志，周围人的思想与行为是匀质且划一的。

墨家的国家和个人既高度对立又成为一体，任何意欲保持自由意志的个体对国家的总体性存在皆构成威胁，国家的公共意志要求每个人为之臣服。义政希望个体把自己交由国家使用和管理，不然会触动"兴天下之利，除天下之害"的报警器而引起国家的警觉。指向最终完善状态的制度设计没有空间容纳个体的欲望、需求、感受和自由诉求，"兴天下之利，除天下之害"的抽象原则囊括了个体的自主责任，国家需要个体贡献能力却无法容忍个性化思考和独立判断。仁政是柔性政治，义政是刚性政治。仁政国家中的国民生活闲适且规矩，

---

① 颜炳罡、彭战果：《孔墨哲学之比较研究》，人民出版社 2012 年版，第 121 页。
② 杨伯峻、吴树平：《论语今译》，齐鲁书社 2009 年版，第 8 页。

出生、婚嫁、死亡恪守一丝不苟的严格仪式，观看仪式即明了其身份及位置。义政国家中人们生活得勤苦、节俭，在寡淡的人情中责无旁贷地爱每个人。由法仪构成的规则社会中人们循规蹈矩，符合规则能得到赞誉，否则会遭受惩戒。在旁观者看来这些规则僵硬而刻板，而生长于其中的人遵照起来却极为自如。这个社会可能是高度稳定的，但是其精神生活却乏味且缺少创造活力。

　　"在先秦儒家看来，救治天下失序的关键在于唤醒人们对于精神价值秩序的关怀，而不是以外在的强制力作为保障的'有序'化模式的建立。"[①] 仁政借助差序格局把不同阶层联系起来，在相同阶层中人们遵守共同的行为规范，奉行类似的价值观念，有良好的群体认同而形成一体感，在遭遇困难时可在归属的群体中寻求支援与帮助。不同阶层的界限无疑是明晰的，其利益诉求大相径庭，边界的难以跨越致使调和起来会遭遇阻力。长期稳定的表面安全局面以社会矛盾的深层积压为代价，冲突积压至一定程度只能以极端的起义或革命方式加以解决。在朝代更迭后，差序格局作为强大的惯习照常运转。

　　义政也会造成稳定的社会形态，其代价是把阶层间的冲突放大到无限——"人人相贼"。为避免人人交恶，只能以"一同天下之义"的名义消解个体的利益、兴趣与权利，取消私人生活空间。"由君王来统一天下的义，人们的思想才能统一，社会不致发生混乱，国家就得到治理。"[②] 个体间的多元价值被当作不必要的恶，义政如何统一个体间自然存在的差异？一是使用物质利益的刺激，二是利用意识形态的强力压制。利益刺激使人不断竞争、逐利，个体能力被重视，勤奋、刻苦可换取社会承认和利益奖赏。意识形态编织的舆论高压使人无暇思考，这有利于人们接受行为准则和道德教条。

四　精神生活：礼乐抑或非礼乐

　　仁政是礼乐政治，以礼作为行为规范的仪轨，以乐作为内在感化

---

① 赵明：《先秦儒家政治哲学引论》，北京大学出版社 2004 年版，第 59 页。
② 苏勇：《中国管理通鉴·人物卷》，浙江人民出版社 1996 年版，第 28 页。

的动力，继而上升至"仁道"的高度。"人而不仁，如礼何？人而不仁，如乐何？"① 礼乐制度服务于"仁"，仁又分化为不同的表现：爱人、无忧、克己、立人、达人、恭、宽、信、敏、惠、居处恭、执事敬、与人忠、博施于民而能济众、工欲善其事必先利其器、出门如见大宾、使民如承大祭、其言也讱等。对"仁"的各种阐释使得其既是价值观也是方法论，诉诸礼乐则可形成敬畏感、节制感和博施于人的慈爱感。仁的表象虽不同，对人、事、物的恭敬、敏感和尊重却彰显其间。仁内在而不可见，可见的是礼乐，礼乐是仁的外在客观化。"人们在举行礼仪的过程中，不仅仅是按规定的程式去机械地演示礼，而且要对礼仪形式本身进行欣赏，产生愉悦的内心感受。"② 行为的谦恭、在交往时的彬彬有礼、对职务忠诚及对语言的慎重与严谨皆符合礼乐范畴扩大后的审美节律，礼乐不仅是供人观看的仪式，更是联结个人品性修养和家国尊严的桥梁，优美的行为举止、张弛有度的言辞和待人接物的卑亢有节，是仁人君子的儒雅仪态的表现。墨家仅从外在形式和物质利益角度看待礼乐，以礼乐为生的儒门弟子在其眼中是迂腐的社会寄生体，损害天下大利。

儒家礼乐是"道"，墨家却将之化约为"器"，并且降格为劳民伤财、与民争利的不祥之物。墨家立场鲜明地反对礼乐，从贵族生活角度指责它浪费从事管理的时间，又从平民生活角度谴责其使百姓不努力生产。礼乐是与物质生产对立的精神活动，既挥霍所创造的物质财富，又占用精英管理的空间和百姓耕作的时间，与墨家兴天下之利的要求相违背。墨家提出"礼乐，非也"的主张，将当时呈现出衰败迹象的礼乐文化连根拔起，基于平民利益的立场无疑为其赢取了民众的支持。对于精神生活，墨家是否提供了可行方案使人释放情感、愉悦身体与寄托心灵呢？显然没有。墨家在反对礼乐基础上提倡极为俭约的生活方式，身体力行地向世人展示出，虽然美味、美乐足以愉悦身心，为了追求更高尚的为天下之利奔走的生活，只能克服美衣华

---

① 杨伯峻、吴树平：《论语今译》，齐鲁书社 2009 年版，第 18 页。
② 赵明：《先秦儒家政治哲学引论》，北京大学出版社 2004 年版，第 123 页。

屋的吸引而以苦为乐。

墨家以非礼乐为起点剥夺人的物质享受与精神生活，把欲望及需求降低到满足衣食住行的最低限度，节省的大量物质财富能够在全社会共享。其中隐含的问题是如何对物质财富进行二次分配，墨家没有从建设性的制度设计角度提出合理解决方案，仅从个体层面规定从为我的私有状态转化到待人如己的无私状态。个体的力量不足以建设高度福利性的社会，呼吁个体无私地分享财物以消弭差距及实现平等是无济于事的。"墨子固自有其最高之精神生活存在，彼固以彼之自由意志力，遏其物质生活几至于零度以求完成其精神生活者也。"① 这种分享甚至有些强迫的意味，不得不动用上天的威严、统治阶层的惩治权力及民间的舆论监督，驱使人奔走在行善的道路上。表现出兼爱的善行及教导人们行善，或许是墨家精神生活的全部内容。

墨家把自身信奉的道德严肃主义和理想主义扩展为所有人认同与践行的普遍主义，可从两点入手：从外部消除激发人贪婪欲望的诱因，从内心祛除贪婪本性与私心杂念，"墨子摒弃情感而追求仁义的态度不免使人生陷入枯竭"②。墨家总是希望净化道德，这几乎是一项不可能完成的任务。问题的关键是，顾及最不利群体利益的分配正义，可依赖的实践理路不仅涉及个体的互助行为，而且应着眼于惠及不利群体利益的制度设计。当然，使分配公正的理想走向现实是人类文明的内在演化路径，苛责古人只是由知识带来的骄傲而已。然而，人类历史表明，消除人的私心欲念不仅难以成功，而且要付出极大的社会成本。"反理性态度对绝大多数人意味着对统治社会的个人的或来源不明的力量的消极屈从。"③ 研究者习惯从外部因素探寻墨学中绝的原因，可是，这种使人不堪重负的理想设计也会打倒自身，相关的理论必然会被人们拒绝。

儒家礼乐和墨家非礼乐都提出基于正义的分配设想。前者希望保

---

① 梁启超：《先秦政治思想史》，岳麓书社 2010 年版，第 147 页。

② 颜炳罡、彭战果：《孔墨哲学之比较研究》，人民出版社 2012 年版，第 131 页。

③ ［英］卡尔·波普尔：《开放社会及其敌人》，陆衡译，中国社会科学出版社 1999 年版，第 19 页。

留社会生产和文化发展的已有成就，保存政治精英和文化创造者的权利和空间，这是儒家被看作保守主义的主要原因。那些处境不利者的生存境况会在仁政施行中，顺其自然地维持原状或顺带解决。孟子提出"老吾老以及人之老，幼吾幼以及人之幼"，惠及他人的思想在孔子处初现萌蘖，到孟子时方才获得明确论证。墨家非礼乐思想的重点在于支持不利者群体，其正义理论几乎很少顾及文艺创作者的自由、权利，对于政治精英的权利诉求也是经由极为激进的平等轮流置换方式完成的。通过向弱者、贫穷者和不利者倾斜利益，墨家非礼乐社会更为倾向均贫富，但却可能带来社会发展的单一和凝滞。

后期墨家在学理逻辑上的论证，虽然在理论上增强了兼爱的合理性，但理性的胜利并未化解实践中的困境。"唯一的解决之道是，把伦理理想转变为逻辑理想，把实质问题转化为形式价值问题，此为'非理性的正义观念的理性化'。"① 这种严肃的道德理想主义，在秦朝的权力及文化专制背景下很难有生存和发展的机会，但是每当中国社会面临革命或转型时期，墨家"官无常贵，民无终贱"的权利平等主义、"兴天下之利，除天下之害"的革命理想主义、以"非礼乐"为基底积淀而成的文化虚无主义就会适时再现，为社会的调整和适应奠定基础。当墨家在朝代更替、社会转折时完成历史使命，新的王朝建立后，儒家便会再次显示出整合与治世功能，为社会重新进入秩序化运转发挥关键作用。

五 物质生活：义利之辨

义利之辨并非只关涉物质生活，如何安顿物质生活可为社会树立道德风向。儒家对义利做了二元对立的区分，墨家直接进行同一化论证。墨家认为，不以利指代义的全部内涵，就无法完整表达"义"的本来意义。"墨家之'利'的要点有四个：即'公利'、'互利'、

---

① 刘小枫：《刺猬的温顺》，上海文艺出版社2002年版，第9页。

'爱利'、'全利'。"① 墨家坚守利本位思想，用利解释社会进步、人伦和谐与物质功用，用利界定人与自我、他人及自然的基本关系。墨家之利超越个人之利、物质之利和部分之利，经过义利一体化论证后得出结论，即为公共利益奋斗是最大的道义。儒家认为，利只是物体的功用，不值得真心向往，最好采取保留和克制的态度。物利需要得到满足后，儒家将之上升至"礼"的高度加以升华及超越，这才称得上是倾心文行忠信的君子风范。

儒家义利二分是动机论的，担心强调利益会损害成仁的高尚美德。出于对人性完善和德性完美的追求，应该轻视一时一事的困厄遭遇、利害得失，利益并非最终的道德诉求。在君子之道中，作为反面价值出现的利无法作为人生直接追求的目标，走向更为纯熟的为"道"而生存的美好状态才是终极目的。墨家义利同一是效果论的，不用利益来衡量公义，其内涵是有缺陷的；用可见的物质利益评定抽象的公义，操作起来容易落到实处。墨家的利益可以用来解释兼爱天下的善、奉敬双亲的孝与国家间的和平相处，只要利大于害即为正当适宜。

儒家的利是妨碍性的，是小人儒的追逐对象，阻碍人们形成君子人格，使人难以摆脱逐利而居的生活状态。君子儒为道而生，"朝闻道，夕死可矣"，生命和道同样珍贵，利却等而下之。"因人之家翠以为，恃人之野以为尊，富人有丧，乃大说喜，曰：'此衣食之端也！'"② 墨家非儒的凭据是小人儒行径，这些无德之人在掌握社会礼仪后以主持丧葬仪式谋取衣食来源，这也遭到了孔子的批评，儒墨反对自利的立场其实是一致的。墨家认为，利益是实质的善，其前提是普天下人的利益而非个人利益。儒家义利二分在于抛弃物质利益去追求精神价值，墨家义利合一是以他人利益为最终指向，两家皆有更高的价值理想。

---

① 杨建兵：《先秦平民阶层的道德理想——墨家伦理研究》，中国社会科学出版社2012年版，第177页。

② 方勇译注：《墨子》，中华书局2011年版，第315页。

在价值排序中，儒家把"仁"放于"利"上，墨家把公利置于私利之上。"子罕言利与命与仁"[①]，相对可见的物质之利和不可见的神秘之命，表现人我关系的"仁"更符合儒家的伦理要求。墨家的"义利"统一体以不损人利己、不加害于人、志在帮助他人和为他人创造福利为目的，人人如此则矛盾和冲突便会消解。儒家更为深刻，"何必曰利，亦有仁义而已"，仁义中已经包含为他人谋取福祉，即使不讲"利"，但已暗含其中。儒墨在义利内外问题上相持不下，但在反对人们追随自我欲望而沉溺物质享受这点上，两家具有共识。

六　人生动力：命之有无

"盖人类文化占最大部分的，诚不外那些为人生而有的工具手段、方法技术、组织制度等。但这些虽极占分量，却只居从属地位。居中心而为之主的，是其一种人生态度，是其所有之价值判断。"[②] 儒墨对命运有无的判断，是两家人生态度的分水岭。命运是居于神力与人力之间的中间力量，是人类对不能掌控事物的描摹，它暗潮涌动地控制个体的吉凶祸福，影响历史的兴衰成败，掌管着国家的昌盛耗竭。命运牵动着诸子时代那些善思的心灵，在为事物寻找产生、发展和衰亡的原因时，这个表征不确定性的确定性指称，成为先秦哲学家的关注主题。命运源始于繁芜纷呈的事物现象背后解释终极因素"一"的需要，是对变动不居的运动后所掩藏的第一驱动力的归因。

"命"，《说文解字》解释为"使也，从口从令"[③]。命乃命定与时运，口与令的双重组合使它既受语言的驱使，也听从行动的调遣。它要求人们在因缘际会中对时势有所领悟与把握，对更高的力量有所敬畏与服从。命从天而来，是人与天地合德的体现，是天人交相感应的交点。"孔子并没有对天命的权威加以限制的意图，也没有将天命和人力划分成不同势力范围的思想，而是认为他的主观努力正是天给

---

① 杨伯峻、吴树平：《论语今译》，齐鲁书社2009年版，第84页。
② 梁漱溟：《中国文化要义》，上海人民出版社2011年版，第93页。
③ 臧克和、王平：《说文解字新订》，中华书局2002年版，第77页。

予他的使命，从这一点上说，他也对人力的作用予以一定的地位。"①
对命做出理解时，儒家保留命的语义空间和生存论向度的位置感，对
困厄、痛苦、死亡和不幸用天命加以解释，把人从纯然客观的存在转
化为容留神秘性的超脱性存在。命是有为与无为、人力和天力、幸福
与痛苦、生命与死亡间的保护性屏障，是对非合理性与非合目的性事
物的坦然接受。这种接受并非消极被动，乐天知命在伤痛和困厄中仍
能体验到温和的进取、向阳的生机。

　　然而，儒家对待命运坦然接受和乐然共处的态度，激起墨家的不
满。墨家遭遇的社会现状使其无法等待命运的安排，那么多被压制的
冲动性力量必须得到释放，打碎旧世界才能建立新世界。墨家重新整
顿社会秩序的迫切之情，使其对时运转动的不可预测产生不安，奋
起、强力而为、不断行动才是合理的人生指向。命运成为束缚人们精
神不得解放、行动无法自由、人力不能发挥的根由，即使没有合适的
时势，墨家也要创造出时势来。墨家高举"非命"的旗帜，号召民
众起来打破命运的偶像，从而建立人人相爱、人人互利的美好社会。
墨家抨击有命论首先是不仁义的，其次是不符合判定事物的"三表
法"。从现实角度看，同一个国家，贤君治理则国泰民安，暴君治理
就乱贼蜂起，可见人力比天力更能决定治乱程度。讲求命运招致宿命
论的影响，百姓屈从命运的禁锢而缺乏内在驱动力量，不努力从事生
产对社会财富的创造极为不利。期望集合所有力量皆为天下安危着
想，因而不得不批判有命论的主张。

　　墨家批评儒家有命论，突出其无所作为、消极等待、怠惰松散的
特征，忽视其内在刚健的自强不息精神。墨家主张天志而反对天命，
"非命意在抛弃一切外在的不可知因素，从而凸显人为努力的绝对性；
但人的行为和相应结果之间的必然性又需要设定一个外在的天来保
证，人的努力的绝对性又取决于天，这里似乎产生了某种矛盾。"②

---

① 北京大学哲学系中国哲学教研室：《中国哲学史》，北京大学出版社 2003 年版，第
26 页。
② 颜炳罡、彭战果：《孔墨哲学之比较研究》，人民出版社 2012 年版，第 181 页。

墨家的天志缺少命运要素,天志、法仪、"三表法"和尚同机制编织成密实的网络,规定着人们的行动和思想,人为、强力、行动足以解决社会发展的矛盾。儒家关注的天命蕴含着人文关怀,打通人与自然、世俗与神圣的绝对界限,要求绝对服从的天志却将这条通路隔绝。向上探索天命生出内在于人的仁,向下统治的天志产生出行为指向的义。墨家对世俗美好生活的执着求索,终究需要依托更为上位的力量——兼士与兼君,这是否酿造着新的崇拜神话?

七 对待差异:和而不同还是尚同

如何面对多样性和差异性?如何在社会稳定与政治治理间保持张力?墨家和儒家给出了不同的答案。孔子说:"君子和而不同,小人同而不和。"① 这种人生智慧劝导人们既要保持内在和谐,又应当尊重差异,在多样性中谋取相对秩序。墨家以尚同对待差异,认为多样性是混乱的起源,使行为、思想保持一致是必要的。如何对待差异?墨家主张强有力的威权领导可使人们放弃意见与偏好,使思想汇聚到同一个轨道上。墨家重视"法仪","无法仪而其事能成者,无有。"② 墨家举百工制作为例,无论技艺高超抑或表现平平,在操作工具时都要依照标准。人们不顾标准各行其是,社会就会陷入混乱,此为墨家尚同的事实依据。

面对差异,墨家从公共管理的需要入手,使用法律、规则和舆论等各种手段维护一致性。儒家立足个体心性修养,主张把个体教化成道德的人,人好,社会就好,人人克己复礼则天下归仁,这样亦无混乱可言。儒家认为,人们只要节制欲望及进退符合礼的要求,自然就可以形成社会秩序,这样维护社会稳定不需要付出很大成本,也不会产生阶层的重大冲突和矛盾,此为和而不同。"墨子要求'上之所是必是之,上之所非必非之',这样的理论无疑最容易被专制主义者所

---

① 杨伯峻、吴树平:《论语今译》,齐鲁书社 2009 年版,第 147 页。

② 方勇译注:《墨子》,中华书局 2011 年版,第 20 页。

利用。"① 墨家要建设道德的社会,借此规训每个人成为道德的人,普遍性的道德规范对每个人都适用。只要把规则设计得严格、有效,个体就不需要有妥协与斗争的余地,社会必然成为伦理的社会。儒墨对当时的政治混乱、人心不稳深有感触,儒家试图经由调节人心以整饬社会,墨家尝试通过改变社会来整顿人心,目标共同,实现目标的手段却大为不同,得到的结果也大相径庭。

第三节　儒墨教育思想争论的历史影响

儒墨争论,各具所长,和先秦其他诸子思想共同构成传统文化的完整图像,影响着中华民族精神文明的底色、民众的生活样态与中国文化的道路选择及行走方向。儒墨两家皆有宽容精神,墨家说"不能而不害,说在容"②,儒家说"万物并育而不相害,道并行而不相悖"。这意味着各家学说都有空白和局限。墨子在和儒生程繁辩论时就直接引述孔子之言,程繁对墨子的以子之矛攻子之盾非常不解:"既然您反对儒家,为什么又称引孔子的话呢?"墨子回答道:"对于儒家学说中合理的成分,其合理性是理所当然的,我为什么不可以引述孔子的话呢?"③墨家秉持理性原则,以客观的中立立场对待论敌,这提醒后世学者,在评论儒墨之争时不仅要看到两者间的否定和对立,而且要看到其关联与互补。

一　社会政治的整顿

社会现实是思想生长的土壤。儒墨均生活在封建专制向皇权专制转折时期,都从自己的视域出发为王权政治做辩护。华夏民族的政治文化中存在着渊源深远的保民、安民、爱民等民本思想,它以民生为

---

① 秦彦士:《墨子考论》,巴蜀书社 2002 年版,第 15 页。
② 姜宝昌:《墨经训释》,齐鲁书社 2009 年版,第 144 页。
③ 详见《墨子·公孟》,墨子对待孔子的这种态度被称为"非儒"但不"反孔"。公正地说,墨子在《非儒》中有直接针对孔子人格的负面评定,不过这是通过晏婴之口说出来的。

基本主题，尊重和爱护百姓的生存权利，以免动摇政权稳定性的根基。这深刻地影响着儒墨两家。汤因比说："为了便于了解局部，我们一定要把注意焦点先对准整体，因为只有这个整体才是一种可以自行说明问题的研究范围。"在现代性的启迪下，新儒家和新墨家皆希望从原始儒墨思想中开创出民主政治因素，但是其中并不包含与现代民主政治直接一致的内容，这是探讨儒墨对社会政治影响的基本底线。

就儒家而言，不同的权力等级、生活方式和价值内容所构成的差序格局，以礼分之，以乐和之。以礼硬性地要求社会分层使人安守本分，按照社会规范的要求来言行及思想。截然分离的等级界限必然造成阶层对立，影响社会安宁。儒家设立乐这种柔性的社会调节机制来维护群体间的情感融通，人们在乐感文化中感受着人情的沟通、心灵的共振和阶层的和谐。礼使人的行为有所分寸、职责有所谨守、身份有所附丽，起到了分立的规范性作用，乐却能使人体验到身心间、自我与他人间以及人与天地间的共鸣与融洽。"师以贤得名，儒以道得名。贤，是指他本身应具备贤德。道，是指儒应负责教导人民，教之以道艺，使之由礼乐射御书数六艺的学习中获得对道的体认。"[①] 这种政教合一的举措，贵在陶冶人的心性，旨在让人从生命体认总体提升的角度来接受礼乐教养。

儒家虽然主张在社会最外层以法律和刑罚为基本约束，却淡化暴力手段，遵守规则和法令仅是退而求其次的选择。内在本性与善良之心一旦泯灭，外在的秉公守法和循规蹈矩皆是舍本逐末。"当道德主体背离道德原则时，主体因为'知耻'，就会进行自我谴责，而这种自我谴责就是一种勇气的表现。"[②] 内在自我的良心法庭优越于外在的强力约束，严苛的惩戒手段即使可使百姓行为不产生过错，也无法感化其内心，不能使其对圣王之道产生认同及归顺。以仁道、德政引导百

---

① 龚鹏程：《中国传统文化十五讲》，北京大学出版社 2006 年版，第 214 页。
② 张丛林、汪水芳：《关于儒家荣辱观的心理机制探讨》，《江淮论坛》2005 年第 4 期。

姓，用礼使行为不超过道德的要求，民众不仅行为举止得当，还能产生敬畏感和羞耻心，儒家认为这种内在的约束力量更为长远有效。

儒家的政治合法性融合权力和道德的双重逻辑，远处是森严可畏的法律和刑政，近处是温文儒雅的道德和礼制，不机械化地强迫人们执行法律规章，而是希望人们对权力所代表的道德意蕴有所理解和认同。这种刚柔并济的社会治理方式，既具有权力的威严，也体现出德性的美感。儒家在"祖述尧舜，宪章文武"中，继承周代文质并称的归顺教化政策，试图以较低的社会成本维持社会的良性运转。儒家还要在人的心灵中深刻植入仁、义、礼、智、信等具体道德条目，使民众在生活中自觉遵守规则及规范，让内在心灵条理和外部社会秩序同频共振，奏出和谐的乐章。

墨家沿袭儒家明君、忠臣、慈父、孝子的思想，并加以独具特色的改造，为这些人伦规范涂抹上功利色彩。在"尚同"和"尚贤"双重规制下，权力的层序界限更为明显，每一个阶层都严格按照上一阶层的指令和要求行动，权力垄断因此更加集中。吊诡的是，墨家使用平等分配的权力轮流手段，使暂时掌握权力之人随时面临着丧失它的恐惧，反而导致权力的使用和垄断更加集中。"墨子的新社会，可谓之平等而不自由的社会。揣想起来，和现在俄国的劳农政府，很有点相同。劳农政治治下的人民，平等算平等极了，不自由也不自由极了。"① 为规避社会出现动荡的风险，墨家采取隔离式管理方式，"上同而下不比"，只要在上者收拢法仪的纲纪，普通民众便没有任何行动自由。权力监督和舆论告发制度把每个人都固定在权力的控制下，小心翼翼地谨言慎行。权力侵蚀着个体的私人生活，把所有的生活空间都改造成为透明的。

墨家设想的社会愿景是人人互爱互利，这如何做到？首先，打破家庭、族群、阶层和国家界限。只有从地理区域和心理感受上彻底取消组成社会的各种独立边界，互为边界的社群结构所组成的立体化有机社会才能被彻底分解为没有任何独立界限的扁平化机械社会。在墨

---

① 梁启超：《墨子学案》，上海书店 1992 年版，第 66 页。

家构造的社会里，个体脱离身份联结和情感联系，成为孤立的原子式个体，被同质的价值观念和意识形态统治会变得更容易。其次，用最为虚幻的道德美景让人产生归属感和情感依恋。墨家的道德高地是"你爱别人，别人也会爱你；你利于别人，别人也会利于你"。唐君毅认为其原因有二：第一，墨子的目的是求"爱"与"仁"的客观化；第二，有爱人利人之事时，此事中必有爱人与利人的表现；此事既见于外，则为人所共知而成为客观存在之事。① 就逻辑与人际互惠而言似乎没有异议，但是，最为强调实用经验的墨家恰好忽略了社会交往中的偶然性和情境性，反而把人推向利益驱动的中心。

墨家出于对国家混乱与道德堕落的极度担忧，试图用人为方式而非自然方法彻底祛除假恶丑现象；出于对完美心灵和纯净社会的热烈渴望，在灵魂的角落，利用权力的触角严防死守地控制人们的伦理信念。"所有有效的宣传必须限定为很少几个观点，并且以口号的形式反复向其灌输，直到公众中最后一个人都能理解你通过口号想让他们理解的内容为止。"② 宗教、奖惩、监视、舆论、告密都是可以调用的控制手段以严密操纵他人行为，使人遵守人人相爱互利的价值尺度。这样的社会愿景无疑具有吸引力，对于身处战乱、饥饿、疏离中的下层民众而言，若能实现这样的社会愿景相当于在苦难的现实世界中觅得可栖居的乐土。

战争既是苦难的来源，也是物质财富损耗的罪魁。墨家力图终止战争，使用高超的战争技术来达到目的。"现实主义者认为，国家之间的战争没有对错之分，它完全不属于道德范畴；当涉及战争时，不仅道德观念和原则不适用，道德分析也毫不相关。"③ 但墨家并非现实主义者而是理想主义者，总是站在弱小国家正义的立场上，游说强大国家放弃对弱小国家的战争欺凌。当这个方法不能奏效时，便利用

① 唐君毅：《中国哲学原论》（卷一），中国社会科学出版社 2005 年版。
② ［美］兰德尔·彼特沃克：《弯曲的脊梁》，张洪译，上海三联书店 2012 年版，第45—46 页。
③ ［美］威廉姆·肖：《正义战争论》，庄忠正译，《国外理论动态》2013 年第 6期。

高超的制作工艺、非凡的战斗勇气和有效的技术手段来阻止战争。
"历史发展要求从分散割据的局面走向统一的中央集权的局面。也只
有迅速地结束了分散割据的局面以后，才会真正减少战争，而结束分
散割据的唯一方法就是通过兼并战争。"① 战争中国家实力总呈现出
动态变化，墨家总是帮助弱小国家，而它会被战争不断制造出来。这
种止战方法很难从根本上杜绝战争。

二　价值秩序的建立

　　统治合法性有两个来源：一是政治制度和意识形态的影响；二是
民众内心的认同。人们的生活体验、风俗习惯、思维方式和行为方
式，都反映出对政治的信仰与认同。人心秩序刻画出精神风貌，儒墨
对中华民族的文化心理影响深远。儒学作为意识形态的正统思想，它
所塑造的礼乐之人是其理想人格的载体。尤其是士大夫阶层，一方面
谋求与政治的联合，担当着建设社会、稳定政权和辅佐明君的重任；
另一方面献身礼乐施教，把儒家所倡导的价值观念深深地渗透在百姓
的日常生活中。儒家教育经历对政治领域、文化领域和教育领域的系
统性建制，成就了中华文化的主导气质。其完整的天人合一思想既承
担着完整地解释统治合法性的任务，也构成知识分子和官僚阶层安身
立命的价值依据。普通民众的生活被编织进严密的人际交往规范和行
为准则里，使人们镶嵌于家庭、家族、社群和国家所组成的网络中，
让人们生活得心安理得、从容不迫。

　　墨学看似断裂了千年之久，但其精神血脉和遗传基因深刻地潜藏
于民间小传统中，比如侠义文化，成为绿林江湖乃至底层民间常见的
劫富济贫和锄奸除恶的心理支撑。在社会底层的生活中，当社群生态
和生存机会遭受破坏时，弱者与弱者会立即联合起来，共同抗击敌对
势力。这是兼爱和交利的复演和循环，对充满苦难经历的中华民族底
层人民而言，不失为引导其坚忍不拔地生存下去的一剂良方。墨家对
时弊忧之过激，借助划一的思想控制和整齐的个体行为克服战争、压

---

① 任继愈：《墨子与墨家》，商务印书馆 1998 年版，第 36 页。

迫以及人与人之间不平等所造成的痛苦。这种解决社会问题的总体性方案，影响了以人民群众为统治基础的中国共产党的价值观念和执政信念。"毛泽东天然继承了墨家具有严密组织性纪律性的优良传统，他针对孙中山组建资产阶级政党，尤其是军队充满涣散性特点，特别注重了革命政党及军队铁的纪律性，并认为这是革命胜利和政治成功的保证。"① 共产主义能结合中国革命的需要，成为与本土传统文化成功嫁接的外来思想，不可否认与墨家尚同、无我和兼爱思想所奠立的价值基础有着相当的关系。

三　文化结构的架设

"中国传统文化自古就有雅俗之分。雅文化亦可称为士大夫文化或精英文化，俗文化亦可称为通俗文化或大众文化。"② 前者指以政治家、哲学家、文学家、科学家和艺术家为主体流传于世的高雅阶层文化，而后者指没有经受系统文化教育的农民与市井阶层的文化。儒家文化依托政治权力、科举制度和官僚统治，以及建基于其上的形成差序格局的社会生活，其影响无处不在。而墨家文化作为大众文化，倡导强力、生产、节俭、和平、互助、互利等适合平民社会生活需要的价值观念，对于维系底层民众生活的行为规范起到了良好的作用。"文化内核中的继承性要求在当今时代，精英文化与平民文化共生共存，相互渗透，相互交融和合而成。在当代中国既要破除'精英文化'的垄断，也要肃清民间文化中的糟粕，应去除'平民文化'的空想性、非现实性，把它与'精英文化'的普适性内容有机整合，应是我们当前以及今后思想文化建设的主要任务。"③

墨家教育践行言行一致和知行合一，陶行知在澄清这一思想的影响时说："我们拿'行是知之始'来说明知识之来源，并不是否认闻

---

① 王帆：《墨家学派与毛泽东思想》，《理论学刊》2010 年第 11 期。
② 张岱年、程宜山：《中国文化精神》，北京大学出版社 2015 年版，第 104 页。
③ 薛柏成：《论"精英文化"与"平民文化"有机对接——以儒墨文化互补为例》，《中南民族大学学报》2009 年第 1 期。

知和说知，乃是承认亲知为一切知识之根本。"① 墨家把儒家建立的以文、行、忠、信为核心的教育内容扭转到以实用能力为主的方向，儒家教育倾向于人内省德性的养育，主张依靠自我修养的力量去实现作为德性完满之谦谦君子的要求。"孔子弟子七十，养徒三千人，皆入孝出悌，言为文章，行为仪表，教之所成也；墨子服役者百八十人，皆可使赴火蹈刃，死不还踵，化之所致也。"② 墨家教育在人的外部建立起至高至善、无所不知、无所不能的天志，以天的意志作为人的意志，以天的永恒性与完善性作为人类行使兼爱交利的驱动力量。儒墨教育内容的差别，折射出二者对中国教育文化的不同影响。

　　科学主义无疑是西方文化最为强势的话语体系。"孔子的思想，既要仁智兼尽，又主张人生的一元主义。因此，既不成为宗教，又不成为科学。"③ 儒家认识世界的起点是洒扫进退应对，虽不乏对事物的认识、控制和利用，但缺乏对原理和技术的探索热情。孔子之教化政策，以培养个人品格为目的，而不注重知识与技能。④ 儒家文化和科学技术并非不兼容，只是不强调科学技术。至于墨家文化能否符合现代西方科学文化的范畴，也是个有争议的问题。明清之际乃至民国时期，研究者对科学和墨学均无透彻的了解，把墨学等同于科学尚可原谅。当科学成为中国当前发展中的显性话语，加上对西方文化、墨家文化精髓的深入了解，再将二者等同视之，这不仅不可思议，而且不可理喻。

第四节　儒墨教育思想之争的现代启示

　　上述内容为儒墨教育思想争论的分歧所在，相应主题可观照现代人的生存境况。传统文化何以在现代人的生存境遇中暗潮涌动？现代人又如何在民族精神的深厚根基中安放身心？这些是反思儒墨教育思

---

① 陶行知：《陶行知全集》，湖南教育出版社 1985 年版，第 153 页。
② 陈广忠：《淮南子》，中华书局 2012 年版，第 1204 页。
③ 钱穆：《讲堂遗录》，九州出版社 2010 年版，第 20 页。
④ 萧公权：《中国政治思想史》，商务印书馆 2011 年版，第 71 页。

想争论的现实指向。人是一个文化有机体，位于时间纵轴的传统文化和位于生活横轴的时代风潮定位了他的人生坐标，文化传统、家庭风俗、教育品质、社会道德及具身经验构成他的文化。"人不仅是遗传的产物，更主要是传统的作品，他以他自己的存在活动使这个文化完善，而这个文化对于他，可以说，是他的第二天性。"① 人的生存与他的文化互相造就，文化即其生存方式，是文化使生活拥有了现实的宽广度与历史的纵深感。参照儒墨之辩，由礼乐之争可映照文化发展中传统与现代的张力，由义利之争可对应伦理体系中物利与道义的冲突，由对天命、天志的认信而观照人生信仰的现代性危机，由对待差异的方式而引申出自由主义思潮对价值认同的思考，因而传统并未远去，而是无言地参与到现代日常生活的运行中，以致我们日用而不知。

一 现代人的生存境遇

（一）文化发展中传统与现代的张力

先秦时期儒墨面对的礼乐文化存废之争，实际上反映了对商周文明传统要不要继承以及如何继承的问题。儒家主张创造性继承，在增删和创生的基础上激发出生机与活力；而墨家则强调推倒重来，重新构造出一套新的文化话语实践以适应新时势的发展。自近代以来，尤其是五四运动对文化之"新"的大力鼓吹，中华民族的文化发展一直面临着如何取舍本土传统文化及西方现代文化的困境。文化发展道路面对着激烈的古今中西之争，教育发展也面对着如何建立学生的文化认同与民族认同的挑战，这使现代中国人的生活遍布着传统与现代的张力。

"站在其他文明的价值立场上，也许有人会误以为，只要让中国逐渐地丧失它的主体性，那就会给整个世界带来福音。可实际上，如果还能从思想上回到那个雅斯贝尔斯意义上的轴心时代，我们仍能平

---

① ［德］雅斯贝尔斯：《时代的精神状况》，王德峰译，上海译文出版社1997年版，第94页。

心地发现，由孔子和其他先秦思想家所提出的人生解决方案，特别是它所蕴涵的那种曾让伏尔泰兴奋不已的'无宗教而有道德'的文化模式，一直是人类文明中不可或缺的和最可宝贵的思想财富。"① 正视传统，才有足以认清现实的参照体系；尊重传统，方可在有根基的文化上开陈布新。在过于追求进步、自由和解放的西方文化被加以深刻反思之后，现代生活回落到传统"无宗教而有道德"的文化遗产上，是让漂浮无依的现代心灵重新找到停靠之锚，是让失落重心的现代教育重新获得着力点。

（二）伦理体系中物利与道义的冲突

"若有某一事物发生连续运动，并且有一个终结的话，那么这个终结就是目的。须知并不是所有终结都是目的，只有最善的终结才是目的。"② 人的有死性以诞生性为先在条件，诞生意味着人生的开端，生活则是一场以最善的目的为终结的连续运动。检视人生目的，由物质欲望和世俗功利构成的有用价值扑面而来，这可通过努力和机遇获得，也是衡量个体是否成功的可视性指标。它是趋乐避苦最为直接的筹码，更是现代教育念兹在兹并苦心孤诣地加以教导的现实目标。使用正当的手段追求物利本也无可厚非，它是促进经济发展和个人自我实现的原动力，也是个体人格自由和社会精神文明的物质前提。

可世俗意义上的成功并不等同于生存意义上的幸福，物质世界的丰裕也并不必然象征着精神世界的充实。"他也是作为精神存在与他的此在现实性相关联，但在他向上飞升时，他达到了这样一种境界：在一瞬间他脱离了单纯的现实性，然后作为存在而返回到现实性之中，在精神的理解和创造中他已成为存在本身。"③ 儒墨的义利之辩启示着我们思索，在维护个体存在的感性欲望的物利原则之外，如何在理性的要求下兼顾群体存在的道义原则？特别是在当前市场经济和

① 刘东：《自由与传统》，北京大学出版社 2015 年版，第 445 页。
② ［古希腊］亚里士多德：《形而上学》，苗力田译，中国人民大学出版社 1993 年版，第 82 页。
③ ［德］雅斯贝尔斯：《什么是教育》，邹进译，生活·读书·新知三联书店 1991 年版，第 102 页。

道德转型背景下，教育引导人形成为他人福祉担负责任的能力，以及培养个体进行道德判断的自由意志，是道德教育尤为迫切的时代任务。物利是现实性的，道义是超越性的。只有实现道义对物利的超越，即向上飞升时那最有勇气的一跃，这样的人生才可以说是以最善的终结为目的。

（三）人生信仰的现代性危机

现代性是理性科学对灵性宗教的胜利。可是当自然科学成为新宗教而充当人的信仰对象时，它并没有像当初承诺的那样给人带来睿智、幸福、自由及和平，这加重了世界祛魅之后的信仰危机。"如果科学是对的，生命就是由无数疑惑构成的谜团，它总是想弄明白那些惰性物质是如何成为生命的。如果灵性学是正确的，生命就是完整宇宙的一部分，它通过生物变成了可见的形式，但宇宙并不依赖于这些可见生命，因为它本身就是有生命的。"[①] 信仰在宇宙观和生命观上给我们事关灵性的讯息，对现代人确立自我形象也有着重要的价值。"如果我们确有一种本性或本质，那么只有上帝才能知道它或定义它，而首要的前提是他能像说出一个人是'什么'（what）一样说出这个人是'谁'（who）。"[②] 在理性科学对自然和人世祛魅之后，寻找信仰并非在寻找神圣的帷幕而是在寻找自我，是要解答"我是谁，从哪里来，到哪里去"这样的永恒问题。

从儒墨关于天命及天志的争议来看，中国人并不存在十分浓烈的宗教情结，近现代以来信仰的失落更多地源于传统文化所遭受的层层剥落与次第散开，天命及天志等神圣观念被当作封建迷信思想而被涤荡一空。"天命之谓性，率性之谓道，修道之谓教"这样的传统教育总纲，在现代语境中需要被反复阐释才能让从事教育的新生代们略懂一二。"从世界文明发展的大脉络来看，受到自己的文化精英狠批乃

---

① ［美］伦纳德·蒙洛迪诺、迪帕克·乔普拉：《世界之战：科学与灵性如何决定未来》，梁海英译，中信出版社 2012 年版，第 53 页。

② ［美］汉娜·阿伦特：《人的境况》，王寅丽译，上海人民出版社 2005 年版，第 4 页。

至彻底扬弃的文化传统，儒家是唯一的。"① 重建根植于传统文化的教育方式和生活方式困难重重，那么在传统的破碎处如何觅得人生信仰？一是在社会生活的意义上恢复道德理想及真诚信念，二是在个人生活的意义上坚守价值目的和人生理想。只有在文化及道德的双重意义上内外兼修，人生信仰才可能在强大的市场逻辑和主流的民主政治两者的缝隙中获得生存空间。

（四）自由主义思潮下的价值认同

自由主义对现代社会的最大贡献是对价值去中心化，使所有的价值都获得平等地位，以致形成诸神之争后的价值丛林。人被注入了自由选择的权利以及为选择而承担结果的责任。自由意志与自治责任间的微妙平衡是现代人需要掌握的最高生活艺术。无论是价值选择的诸神之争还是价值虚无的诸神逃遁，人似乎被抛入了价值的荒原，不仅如此，人还要在这无路的荒原上划定指向前方的路标。东方文化中天的消逝与西方文化中上帝之死，使得与最高价值相联系的基于目的论的和谐宇宙观发生了解体。这使得宇宙和人作为目的的"伟大的存在之链"悄然崩解，人从稳固的价值秩序中解放出来，演化为自我实现的主体。"数百年来社会平等的迅猛发展，个性自由的极度宣扬，使人们的生活方式和价值观念越来越呈现出差别，追求的目标相当歧异。"② 在歧异的价值世界中如何达成共识，如何形成社会的有机团结，如何凝聚共同行动的力量来解决威胁人类生存的重大现实问题，成为摆放在现代人面前的伦理难题。

身处一个德性之后的时代如何建设个体的道德生活，是再次返回到共同生活的社群传统，还是依据单子化的个体而构想出新的超人意识？儒家的和而不同强调前者，要求人们在差序格局中维护礼乐之尊；而墨家的尚同注重后者，突出道德权威的克里斯玛型人格对大众的影响力和感召力。这提示着普通人的日常生活依然要面对道德冲突

---

① 杜维明：《现代精神与儒家传统》，生活·读书·新知三联书店1997年版，第27页。

② 何怀宏：《伦理学是什么》，北京大学出版社2015年版，第104页。

而不断地做出选择和调整，这也具有走向彻底的非道德主义或滑向绝对的道德理想主义的双重危机。在现代社会中，居于两者之间的较为稳妥的道路是选择承认的话语实践，以此避免社会生活中的侮辱、贬损甚至压制等符号暴力的压迫。"这项工作就是重新奠定本真性理想的基础，恢复使其有意义的价值背景，并且通过人类对话达到差异主体之间的相互承认，从而既能支持多样性的个人选择，又能保证这种选择的深度，以及它的社会承认度。"① 在有机社群已经演变为自由社会的现代道德语境中，责任、义务和信念可作为伦理的基本支撑框架，而对话、理解、宽容和尊重是在一个日益平等的社会中实现人格尊严和政治承认的基本方式。

二 现代教育的路向选择

现代教育继承了古典教育遗产的宝贵馈赠，理应在丰厚的文化土壤上培育出拥有丰富的精神生活和丰盛人生之人。可由于在选择路向上的犹疑不决，同时又要面对现实社会转型的巨大挑战，它一方面急于摆脱传统教育的理想主义气质，意欲以热烈的现实主义情怀来证实自我持存的价值。另一方面也要面对现代社会全方位的结构转型，不断调整路向以适应政治、经济、文化和科学技术发展的实际需求。当现代人从彼此依赖的社群生活中退出，蜕变为自由社会中的单子化个体，当焦虑于固定的价值秩序分崩离析所带来的伦理冲突时，现代教育又将如何选择合适的进路来改善人的基本生存境遇？借鉴儒墨教育思想争论所形成的精神资源，结合现代人的现实处境，可从传统文化教育、价值教育和人生信仰教育入手设计教育的改良方案。

（一）传统文化教育

礼乐是儒墨当时所要面对的传统文化，两家在其教育实践中，对礼乐文化采取了不同的立场和做法，在历史变迁中给各自带来了不同的命运。儒家创造性地继承了礼乐文化，为自身的发展和壮大奠立了

---

① 张荣南：《一种解释学的现代性话语：查尔斯·泰勒论现代性》，上海人民出版社2011年版，第119页。

根基。而墨家希望摒弃礼乐文化，却使自身在历史的烟尘中湮没。这是当前发展传统文化教育可资借鉴的最为直接的历史经验。以儒学为主体的传统文化被激烈批驳之后，在当前呈现出复苏和繁荣的景象。优秀传统文化凝聚着中华民族的语言习俗、文化观念、道德信仰和情感认同，包含着一致认同的价值规范与人文精神，蕴藏着丰富的教化内涵和培育核心素养的教育资源。在教育现代化进程中推进传统文化教育，是中华民族文化更新的自觉选择。面对文化自由主义、道德相对主义和价值虚无主义的挑战，优秀传统文化进入学生的认知系统和情感体验世界，助益于建立他们的文化归属和民族认同。这一方面使他们愿意成为优秀传统文化的继承者和弘扬者，另一方面有能力创造在世界文化之林中具有影响力的新文化。如何启迪学生在吸收传统文化的基础上，建设富有生命力的先进文化以及参与社会主流价值观的积极建构，这些皆为教育亟待解决的现实问题。传统文化归根结底是一种发展资源和生活资源，当然墨学也是其中的一部分，在现代教育和现代人的精神生活中亦应获得一席之地。

（二）价值教育

儒墨的义利之争经过后期的融合，形成了中华传统伦理体系中的仁义之道，继而影响了传统教育文化以伦理教育为首位的价值取向。教育的语义来源是上所施下所效、养子使作善，这说明教育的真义即为价值引导和德性养成。"教育提倡何种价值，珍视何种价值，播下何种文化的种子，事关国家与民族发展之大体，迫切紧要，不得不察。"① 不过，现代教育对知识教育和价值教育分区而治，所谓事实和价值的分离使得价值教育亟须争取更大的话语空间，更需掌握行之有效的教育方法及教育艺术，以面对学生的生活和生存之需。价值教育不仅要面对教育职能分化后的领地争夺，还要面对价值本身分化后的整合，把那些极为珍贵的价值财富涵养在学生的心性结构中，把他们培养为道德高尚之人和民族的栋梁之材。马克斯·舍勒认为，善在

---

① 高伟：《论中国教育的现代化——基于文化现代化的视角》，《陕西师范大学学报》2015 年第 6 期。

价值领域具有原初的被给予性，价值情感对价值偏好有先验的把握能力，这恰好解释了当前价值教育费力颇多而收益不丰的悖论。看似已经把应当遵循的美德条分缕析地加以教导，可若不注重学生的情感体验及日常践行，则无法顺利实现预设的目标。儒墨皆强调知行合一，这对当前偏重知识传授的知性价值教育具有良好的启发意义。

（三）人生信仰教育

儒家的天命和墨家的天志，都是为各自的伦理价值寻找一种终极的形上依据，把现世生活和人生动力附着于对神圣者的皈依。教育的使命之一在于用文化涵养人生，使人生拥有信仰。在宗教力量式微后，信仰蒙上了更多的世俗化色彩，可理解为在心灵秩序上获得深刻的意义认同、价值支持及必须捍卫的根本信念。在去神圣化的祛魅世界里进行信仰教育，"盖因信仰本身构成了人类文化本身和文化生活的重要内容。作为一种精神理想和价值目的表达形式，信仰实际上代表了人类文化的、精神的存在意愿和意义"①。信仰教育旨在让人生活在人生理想、价值目的和精神信念的灵韵中，让人对更高的价值心存敬畏、心生向往并身体力行，最终形成恒定的价值追求及崇高的人格。"这整个普世主义的终极意义和终极价值最终只能在纯粹的存在上和在尽可能完美的善的状态上得到平衡，只能在最丰富的充盈和最完整的展开上，在最纯粹的美和各个人格的内心和谐上得到衡量；所有的世界力量都不时地向着它们集中和喷涌。"② 信仰教育重振低迷的价值世界、救赎无序的心灵世界、强健衰弱的信念世界。忠贞的信念和健全的精神是民族繁荣和个体强盛的内在动力，为它们营造出坚实的精神家园。

儒墨教育思想之争距离现代时隔久远，可当初困扰他们的礼乐、义利、命运有无与差异同一等问题，在当前的传统文化教育、价值教育及人生信仰教育中仍有类似的体现。回顾儒墨各自的辩护方式及问

---

① 万俊人：《信仰危机的"现代性"根源及其文化解释》，《清华大学学报》2001年第1期。

② [德] 马克斯·舍勒：《伦理学中的形式主义与质料的价值伦理学》，倪梁康译，商务印书馆2011年版，第11页。

题解决之道，为发展现代教育提供了来自文化保守主义及文化激进主义的双重启示。"激进思想一般都发自社会的边缘，来自那些超越保守的思维习惯的知识分子。"① 墨家因心怀忧愤，产生了更多的权利平等诉求，意欲为底层不利阶层的生存与发展代言，奋力反抗命运的束缚，希望统一社会的价值观念。而儒家因珍视传统文化，采取温和的改良方式以平衡不同利益主体的价值诉求，培养中庸人格及持守命定论的主张，亦有保守之处。当今教育的变革张力，是选择激进的改革方案，还是走向温和的改良之路，可参照儒墨教育的历史命运，以及借鉴它们各自的优势之处。

三　儒墨教育思想的共同关切

《汉书·艺文志》主张"诸子出于王官说"，儒墨两家皆可追溯为在中华古之道术的根脉上生发出的枝节，都是对社会弊病和文化危机的诊断及救治。剖解争论的学理脉络，发现两家存在公开的对话与底线共识，在差异和分歧中亦怀有共同的现实关切及致思理路。

（一）天人之思皆为实现人性的内在超越

儒墨用天的神圣力量促成人性的自我提升，自然灾祸、祥瑞征兆显示着它掌管人间事务的权力，干预人的世俗生活并裁决道德善恶。"中国古代宗教的上帝由'天'体崇拜发展而来，不享受祭献，表明没有完全人格化，对于中国宗教思想的特质和发展可能有着非常重要的意义，因为，正是这样一个'天'体崇拜发展起来的至上神实体才能顺理成章在周代发展为'天命论'，形成后来中国文化与中国思想的基本特色的根源。"② 儒家经由人心的向善本性与天交流，祛除了上古宗教体验中天体崇拜的部分，人内在的德性修养可通达上天的尽善尽美。休养身性以形成精神富足和德性完满，足以彰显天的品格，又保留了自强不息、厚德载物的能动空间，天人之间灵韵互动、

---

① ［美］杰拉德·德兰迪：《知识社会中的大学》，黄建如译，北京大学出版社 2010 年版，第 72 页。

② 陈来：《古代宗教与伦理》，生活·读书·新知三联书店 1996 年版，第 7 页。

相得益彰。墨家更是直接效仿上天的行为来达到人性的内在超越，重点指向人的行善能力，无私忘我的高洁品行，只有顺应天志的指引才能化俗为圣。墨家谆谆教诲人应当接受上天意志的支配，时刻谨记把关爱和利益分享给他人，以此践行天志，在尘世建立起共享共有的美好社会。

（二）政治理想皆为实现国家善治

仁政和义政都重视国家建设和社会治理的伦理维度，两家设想的方法、进程和目标不同，可结果颇为一致：物质丰裕、人民安康、道德整肃。"墨子并不认为依靠道德就可以解决全部的社会危机和建立起良性的社会循环机制，墨子发现，一切社会危机根源在于人们不相爱，在于人们自爱而不知爱他。"① 墨家既认识到道德问题是引发社会问题的根源，也意识到劳动生产对维护人民生活的重要作用，伦理生活和物质生活并重，才能克服社会危机。此外还要以有德有权者的权威来统一个体的利益诉求和价值趣味，保障社会领域经过有效治理而井然有序。"由君王来统一天下的义，人们的思想才能统一，社会不致发生混乱，国家就得到治理。"② 义政是刚性政治，在施予关爱及利益时要求遵守纪律和规则。仁政则是柔性政治，用礼乐文教涵养人的道德敏感性，以情感亲疏引导人的言行法度，给予伦理自律和人格自主一定自由，仍然不会超越忠孝的情理边界。"道之以政，齐之以刑，民免而无耻。道之以德，齐之以礼，有耻且格。"③ 洒扫进退、婚丧嫁娶的严格仪式，象征着社会成员的身份地位，人民生活得安适而有规矩。由此可见，儒墨都怀揣着忧国忧民之情，希望国家建立起和谐的政治秩序。

（三）伦理学说皆指向关爱他者

仁爱和兼爱都把关爱对象从自我、自己的家庭和国家扩展至他人、他人的家庭及国家。自我如何通达他者，从自我中心升华为关爱

---

① 颜炳罡、彭战果：《孔墨哲学之比较研究》，人民出版社 2012 年版，第 121 页。
② 苏勇：《中国管理通鉴·人物卷》，浙江人民出版社 1996 年版，第 28 页。
③ 杨伯峻、杨逢彬译注：《论语》，岳麓书社 2000 年版，第 8 页。

他人，从关心自己的民族和国家过渡到对人类整体命运的忧虑，这是任何富于生命力的伦理思想的主题。立足于人的自然天性，儒家从亲近父母兄弟开始，培育孝悌的伦常情感，继而上升为对国家的信任和忠诚，直至对人类万物的深厚情感——仁民爱物、民胞物与。仁爱把情感体验和关爱范围划分为不同的圈层，结合人生不同时期的道德修养水平，对德育提出了阶段性目标，最终实现仁义礼智、爱民知物、忠信廉洁的品格。儒家关注情感共通性，而墨家强调利益一体化。兼爱亦要完成对自我关爱优先性的超越，在最大范围内尽可能关心更多的陌生人，为他们的最大利益而努力奋斗。其立足点在于对人的情感施加理性的引导，从生活需要入手合理地分配物质利益，使人们生活在相对平等且分享的幸福社会中。

四　儒墨教育实践的具体差异

儒墨对政治和伦理的理解存有差异，即使在争论中保持了一定的融合与有限共识，在教育实践路向上也各有不同。天人之思开启了道德生发的终极奥秘，儒家走向追求至善，墨家却服从不可违抗的道德义务。儒家教育开创性地和官员选拔及任用程序结合为科举制度，墨家却取得了科学技术教育上的辉煌成就。在构建教育和社会的互动关系上，儒墨也产生了教化社会与改造社会的分野。

（一）道德教育：儒家追求至善，墨家服从义务

儒墨之天的要旨是在外界神圣力量的帮助下，实现人内在的德性完善，以天人心性合一提升人的道德境界。《礼记·大学》开篇指明教育的至高之道是止于至善，至善即来自由天命引出的人之善的本性本体；《礼记·中庸》首章阐释了儒家教育的总纲领："天命之谓性，率性之谓道，修道之谓教。"人的本性顺应天命的引导即为遵道，而教育是修养人的心性并使之符合道的机理。天命是人道德提升的温和榜样，"以德配天"的古老训诲给道德主体的人格完善保留了自主空间。天人交相感应使自然的天道与自为的人道和合而生，生之大德在于生生不息，个体和民族的道德生命因而焕发出蓬勃生机。"因为'天'不仅是自然意义上的'天'，而且也是神圣意义上的'天'，

'人'就其内在要求上说，需要不断修炼自己，以求达到'同于天'的超越境界。就这个意义上说，'人'和'天'不仅不是对立的，而且'人'应该与'天'和谐共存，以实现其自身的超越。"① 道德教育涵养人的本心本性，激发良知良能，最终达致人格的完善。

墨家并不相信凭借道德自主及通过心性修养就会行善，而是认为按照上天的意志去做，才能弥合向善与行善间的差距，从而规避人的自利本性。天志是威严的绝对命令，是教导人服从道德义务的合法根源。"我爱人、无私地利人既然是为了报答天、顺应天意，那么显然我便应同等地爱一切人，因为天是同等地爱一切人、同等地养育一切人的。"② 天志有自然法的属性，墨家制定的道德规则及领袖钜子是它的化身，道德教育在于用天志命定的价值规范去匡正人民的言行，训诲民众形成服从的美德。墨家还宣称，在民众中广泛散布着天鬼的耳目，时时处处对人言行的监督可让行为善恶兑现为福祸回报。因而墨家的天人关系是控制型的，天志、鬼神、贤能之士和普通民众构成了价值体系中的不同等级，相互间并不存在丰富的情感互动，受此影响的墨家之人性情比较冷峻，不似儒家那般充满脉脉温情。不过墨家基于救世初衷，急于改革社会积弊，勤于把兼爱、交利的道德规则，借助天鬼之绝对命令的森严威信，在民众中尽力传播，自有其热心与初心所在。

（二）教育创举：儒家形成科举制度，墨家传授科学技术

儒墨学派在形成和壮大的进程中，让传统教育从"学在官府"的官方垄断形态转向"学术下移"的民间私学，产生了深刻的思想及社会效应，取得了开创性的成就。汉代确立了儒学独尊的正统地位，儒家文化再次成为官学之殿堂，历经八百余年而演化为与选拔及任用官员相结合的科举制度，人的知识、权力和道德资本与国家制度有机融合。作为保障性制度，士即知识分子，进可出官为仕，退可耕读为师，在庙堂、江湖和乡土生活间具有官员、文化人和乡绅等不同身

① 汤一介、汪德迈：《天》，北京大学出版社 2011 年版，第 48 页。
② 张岂之：《中国思想学说史》，广西师范大学出版社 2008 年版，第 457 页。

份。即使仕途遇挫，内心的冲突与失落在进退有度的公私生活中得以缓和。有些乡绅也是塾师，承担着童蒙养正及传播儒家典籍的责任，为新生一代胜出科举而工作。文化人是天命和天道的担纲者，连接江湖之远和庙堂之高，通过参与公共文化事务而与国家权力互动。家庭教育同样承担着教化职能，世代累积的嘉言懿行会让福佑绵延至子孙，此谓"忠厚传家久、诗书继世长"。科举制度是个枢纽，把生命、文化和对生活的祈福联结成意义之网，维续着传统社会的繁盛景象。

墨家却开创了另一条道路，在科学技术、军事防御和论辩逻辑等领域做出了重要贡献，这归功于重在实践和崇尚实用的教育理念。"墨家为了证明知识的客观价值，不惜把人性往工具化方面规定，错误地否定了人类的情感作用。"① 它并不张显人的自然情感，所声称的父慈子孝、明君功臣均以功利物益来衡量，而科学技术无疑为承载实用理性最为理想的手段。由于专心钻研科学知识和实用技术，墨家后期编纂的《墨经》，不仅涉及认识论、逻辑学、经济学等社会科学知识，还包含时空、力学、光学和几何等自然科学知识，表现出顽强的探索精神及创新创造能力。蔡元培说先秦唯墨子颇治科学，而杨向奎称中国古代墨家的科技成就等于或超过整个古代希腊。墨家首创性地发觉了科学技术的实用价值，注重培养人的科学理性思维和技术制作能力，以问题解决能力为首要的培养目标。"厚乎德行，辩乎言谈，博乎道术"② 都是显在的能力指标，"凡入国，必择务而从事"③ 更是灵活应变的能力使用指南，教导弟子运用所学来服务国家并解决社会现实问题，以推行义政思想。

（三）教育与社会的互动：儒家教化社会，墨家改造社会

人性、教育和社会的本质关联是教育思想的根本问题，儒墨同样要回答培养什么样的人以建成何种社会的问题。儒家认可性善的人性

---

① 张岂之：《中国思想学说史》，广西师范大学出版社 2008 年版，第 451 页。

② 方勇译注：《墨子》，中华书局 2011 年版，第 50 页。

③ 方勇译注：《墨子》，第 459 页。

假设，没有设定邪恶不善之人，仁爱思想主导的教育按照源于自然本性的道德分层把人区分为君子和小人，内圣外王是最高培养目标。儒家因而突出教化的力量，拥有共同价值观念的人们生活在一起，道德规范、社会舆论与长者权威皆能使人的言行举止与群体的总体要求保持一致。其教育实践主要包括"树立崇高的圣王人格、植根深层的心性血脉、构筑严密的德教体系、突出自觉的个体修养、注重巧妙的启发诱导、提倡辩证的知行关系"①，使人既能治理自我又能管理国家。在这种教育愿景中，即使存在喻于利的小人，在遭受群体排斥被边缘化的压力下，出于无法与他人建立社会关系的恐惧，而能正视社群的要求并重新回归正道。儒家建基于性善论的教育生活是商谈式的，情感融通、价值认同和关系亲和有益于形成同心同德的群体凝聚力，因对仁义的一致认可及共同遵守而建成有教养的文明社会。

墨家冷峻的教育生活是命令式的，培养的人才意志坚定、实际能力强、重视竞争、能出色地执行任务，出于对利益和道义的共同追求而团结在一起，体现出斯巴达式的教育精神。墨家设立了人性本恶的原初野蛮状态："天下之百姓，皆以水火毒药相亏害，至有余力不能以相劳，腐朽余财不以相分，隐匿良道不以相教，天下之乱，若禽兽然。"② 社会混乱的起因是人人相互倾轧、彼此不相爱。在人心惟危、道心惟微的社会危机时刻，墨家团体挺身而出，寄希望于不分你我地劳力、分财、教诲良道，以救民于苦痛之中。因此强调尽心尽力地服务社会，史书形容"墨子服役者百八十人，皆可以赴汤蹈火，死不旋踵"③，这种忘我牺牲的准宗教精神在社会转型的变革时代是急需的。儒家性善论的仁爱需推演方能成立，墨家人性恶的兼爱凭信心才可实现。墨门弟子企望着未来、心中装着弱者，用艰苦卓绝的努力来改造社会的种种弊病，证实了为天下人的幸福而克己奉献的人生活得更有意义和价值。

---

① 黄书光:《儒家德育范式的理论建构》,《河北师范大学学报》2009 年第 5 期。
② 方勇译注:《墨子》,中华书局 2011 年版,第 85 页。
③ 陈广忠译注:《淮南子》,中华书局 2014 年版。

五　儒墨教育思想的现代启示

儒墨作为当时的显学，共同铸就了传统教育的精神气质，两家的思想角力是为争取话语空间，在具体观点的对立中反而存在着根本目的上的共识：提升人性从而关心他人并能治理好国家。后来发生的历史嬗变是，墨家教育随着学派的沉寂而不为后世所闻，儒家教育在中国向现代社会转型时期受到了激烈的批判，此时墨学又再度被人提及，希望其科学技术所承载的实用理性精神和激进的社会改造思想，能有助于挽救民族危亡，提振国人衰弱的公共精神。现代教育仍然面临着不确定性和复杂性的多元挑战，仍然无法完全割裂与传统教育文化的联系，仍然要以之为自身发展的参照尺度。"我们需要的既不是彻头彻尾的谴责，也不是不加批判的赞扬，更不是一种经过平衡的权衡。我们需要的是一种补救性的工作，通过它，这个理想可以帮助我们恢复我们的实践。"① 儒墨教育呈现出不同的文化品格和实践路向，沉积在传统社会不同阶层的教育生活中，正统士大夫和中上阶层偏好儒家教育的文以载道，平民阶层却青睐墨家表达的平等、利民、和平、博爱等价值诉求。反观儒墨，可启发我们思考现代教育的如下主题。

（一）社会本位与个性自由如何兼顾

儒墨皆表现出社会本位的价值取向，教育承担着整顿人心和推进国家善治的重要职责，未能给个性的自由发展留下充分空间。"自由意味着既不受制于生活的必然性或他人的命令，也不对他人发号施令。既不意味着统治，也不意味着被统治。"② 然而仁政和义政都是典型的贤能政治，依据受教育程度、德性水平和社会贡献来分配权力，理想人格被深嵌于社会的发展需求中。如何从忽视培养个性自由的传统教育文化中挣脱出来，转向尊重个性及重视批判性思维和创造

① ［加］查尔斯·泰勒：《现代性之隐忧》，程炼译，中央编译出版社2001年版，第28页。

② 汪晖、陈燕谷主编：《文化与公共性》，生活·读书·新知三联书店2005年版，第65页。

能力的发展，是在创新成为民族的灵魂，整个教育供应链都投入创新型人才培养的总体要求下，亟须应对的积极挑战。创新有两种动力源：一是国家制度动用社会资源集中研发；二是有活力、高质量的教育体系专注于培养青少年的创新意识及创造能力。前者以后者为基础，而后者以前者为目的。我国教育正从服务于教转向服务于学，尤为重要的是激发、保护而不是无形压制学生的个性自由，教给他们主动思考与深度学习的能力，如此才能在技术变革迅捷、政治发展多元的新时代成长为既能成人亦能成事的现代中国人。

（二）人文价值和科学理性如何平衡

儒墨留下了宝贵的教育传统，在争论、共识及演化中，儒家的人文情怀历久弥新，而墨家的科学理性令人敬佩。人文精神和科学理性时而融合时而冲突，也构成了现代教育的深层次张力。自近代开眼看世界以来，西方教育象征着科技优势及制度优势，冲击着我国传统教育的人文价值与既定格局，我们产生了器不如人、技不如人到制不如人、智不如人的自我否定心态，以致于清末大规模引进西方以科学技术知识为主体的现代教育体系。与此同时，墨学被复兴用来与西学东渐的科学、民主思想接榫。我国教育在外生现代化进程中对科学理性的全面拥护，有历史必然性和现实必要性，可当前对制度及技术等教育现代性问题所造成的人的片面发展的深刻省察，提醒我们重振人文精神。既要在白热化的科技竞争中不落后甚至赶超西方，又要倚重人文教育去培养能够反思并引领全球科技伦理的整全之人，无疑既要学习西方教育发展的优秀经验，也要借鉴包括儒墨教育思想在内的传统资源，为培养兼具科学素养及人文情怀的新一代国民而继往开来。

（三）利他精神如何培养

伦理本位是儒墨教育思想的显著特质，儒家有天下一家的仁爱意识，墨家有兼爱天下的利他精神，这能否转化为现代德育的积极因素，意味着我国传统教育文化能否获得新生。道德教育的根本目的是教会学生治理自我并关爱他人，既获得内在的精神自由，又能与社会保持紧密联系，有自爱能力也有利他行为。"在中国文化的氛围中，公共领域和私人领域的区分是极为困难的。"① 正面理解之，这说明我国的传统德育并非如西方那样追求我他截然分立、权利至上，而是在自我和他者间自由转圜。"作为'天下中心''文化中心'的'中国'，极具吸纳性和包容性。"② 儒家"家国天下的世界大同"，墨家"视人身若己身，视人家若己家，视人国若己国"的我—他一体，皆说明自我和他者是和合相生而非对立压迫的。在自由主义思想的影响下，现代德育希望培养学生的利他精神，却无法为此找到信实的辩护理由，若能汲取儒墨的关爱伦理来坚实利他品格的培养基础，则可造就内外兼修、我他兼顾的有德之人。当前我国提出了建设人类命运共同体的伟大设想，教育理应参与其中并有所作为，而儒墨教育思想诚为有益之借鉴！

---

① 汪晖、陈燕谷主编：《文化与公共性》，生活·读书·新知三联书店2005年版，第14页。

② 赵永春、王观：《10—13世纪民族政权对峙时期的"中国"认同》，《陕西师范大学学报》2018年第1期。

第四章　墨家教育思想的宗教性

虽然韦伯把儒学看作宗教，但从人文与神学的比重方面分析，墨学显然更为接近宗教。墨学的宗教特性深刻影响了墨家视域中的教育，它几乎承担着实现理想社会的全部职责。教育既重要又不独立，而是融合于墨家的宗教社会，一般意义上的学校教育在墨家看来并非必需。天志、明鬼的神道设教和"教天下以义"的社会教育形式，涵盖了教育的整个范围。这必然与墨家对教育的理解有关，剥离了学校形态的教育思想带来了教育的变形和异化，其中的人也被高度抽象化和平面化。

相对而言，在先秦诸子的形上之思中，墨家对终极实体"天志"的系统阐释，对由"天志"引申而来的"义"的全面论证，更富有宗教性。墨家价值建构经历了从天志到义、从义到兼爱交利的过程，社会蓝本的勾画、理想社会的建立，需要神义论的支持，需要依靠宗教的政治职能得以实现。"义政"的最终依据是"天"和"天志"，这也是墨家一再称述的"圣王之道"的终极来源。由"天志"推演出来的"义政"，依托鬼神冷峻而无情的震慑与制裁，凭借整套意识形态的塑造与传播，采用奖赏与惩罚的控制手段，是其宗教社会运行的基本机制。

第一节　天志、明鬼：墨家宗教社会的神道设教

经由子产"天道远，人道迩"的启蒙，以及孔子"未能事人，焉能事鬼"和"未知生，焉知死"的辩解，东周时期的文化氛围已

经呈现出具有浓厚世俗情怀和注重现世生活的人文特性。对神秘鬼神与彼岸不可知世界的存而不论，对人世和此岸生活世界的精神向往，是中国古代思想实用理性特质的根本体现。"在一切实际事务中——而战争就是极其实际的——中国人远胜过一切东方民族。"① 虽然墨家思想同样表现出高度的实用理性色彩，但是以对天的意志的强调、对鬼神作用的发挥、对宗教社会功能的利用为鹄的。面对当时社会价值系统的崩溃、诸侯国间混战不休的失序局面、战争频仍所带来的深重痛苦、财富积累所造成的分配不均，墨家的社会重建方案是，以宗教为手段拉开了社会整体改造和价值整顿的序幕，从而建设和平、稳定与平等的有序社会。

一　天与鬼的宗教省思

墨家"背周道而用夏政"②，在文教政治上把视野投向远古，以为民治水的禹为精神偶像。就信仰而言，远古时代鬼神与民杂居的精神图像对墨家更有吸引力。对治水英雄的崇拜和为民谋利的激情，融合成为神学政治的理性筹划与制度设计。墨家为推行正义、共利、平等的政策与制度，必须推翻周朝政治依托于血缘宗法制度而形成的尊尊、亲亲的不平等局面，这决定了墨家借助神鬼的超验力量来统治人间事务。"宗教的本质正是试图拥有绝对和唯一的话语权力，因此，宗教从来都是政治性的。"③ 墨家深知，突破尊卑等级后，需要宗教的强大力量来把追求平等的人们维系起来。

（一）天志是统治合法性的神圣依据

墨家崇仰的天具有坚不可摧的意志，被称为"天志"，是统治合法性的神圣根据。"义不从愚且贱者出，必自贵且知者出。何以知义不从愚且贱者出，而必自贵且知者出也？曰：义者，善政也。何以知义之为善政也？曰：天下有义则治，无义则乱，是以知义之为善政

---

① 《马克思恩格斯全集》（第12卷），人民出版社1962年版，第190页。
② 陈广忠：《淮南子》，中华书局2012年版，第1267页。
③ 赵汀阳：《坏世界研究》，中国人民大学出版社2009年版，第25页。

也。夫愚且贱者，不得为政乎贵且知者，然后得为政乎愚且贱者，此吾所以知义之不从愚且贱者出，而必自贵且知者出也。然则孰为贵？孰为知？曰：天为贵，天为知而已矣，然则义果自天出矣。"① 相对人的愚拙和卑微而言，天无比尊贵且全知全能，在至高无上的天之下，即使贵为天子亦必须仰仗天的辅助与庇佑。当天子遭遇疾病、祸祟时，必须如普通人一般斋戒沐浴、祭祀天鬼以宣示忏悔之心并祈求上天的饶恕与怜悯。天对天子的善恶施行奖惩后，灾祸方能去除。天子和民众一样需要仰赖天的恩佐与荫庇以趋福避祸，"天"处于绝对统治地位，是政治权力、社会秩序与人间祸福的至高主宰力量。

天子在何种情况下能得到天的绵长福佑并处事顺遂？法圣王之道、行圣王之事时。"故古者圣王，明知天鬼之所福，而辟天鬼之所憎，以求兴天下之利，而除天下之害。"② 天和天志是墨家政治统治的神圣形式，集中表现为围绕"义"展现出来的圣王之道。这构成优良政治和美善价值的核心内容，兴天下之利、除天下之害是执行统治的具体要求。"墨家有其托始于'天'的终极眷注，这眷注在于'兼相爱，交相利'的价值取向及其'兼爱''交利'所可能达到的某种极致状态。"③ 政治制度和人间事务的终极依据是天及天志，人应当效法天所代表的精神品质，即兼爱、交利。在墨家建立的权力等级体系与权威结构中，天处于最高位置，天为人提供可资效仿的楷模和表率。它具有人格神的能力，直接干预人间事务并最终裁定尘世的是非善恶。

天在执行判决、裁定、奖惩与干预时，遵从的标准是"天必欲人相爱相利，而不欲人相恶相贼"。正是有"行广而无私，其施厚而不德，明久而不衰"④ 的完美性、博爱性、崇高性与永恒性，才值得成为人真正效法的对象，成为衡量世间是非善恶的权威标准，成为尘世中谋划统治、谋求福乐与成就事功的最终依据。墨家规则、法纪等权

---

① 方勇译注：《墨子》，中华书局 2011 年版，第 222—223 页。
② 方勇译注：《墨子》，第 227 页。
③ 黄克剑：《先秦"形而上"之思探要》，《哲学研究》2015 年第 4 期。
④ 方勇译注：《墨子》，第 22 页。

衡行动的尺度上升及天志，对"法天"的宗教信念高度自信。"我有天志，譬若轮人之有规，匠人之有矩。轮匠执其规矩，以度天下之方圆，曰：'中者是也，不中者非也。'今天下之士君子之书，不可胜载，言语不可详计，上说诸侯，下说列士，其于仁义则大相远也。何以知之？曰：我得天下之明法以度之。"① 墨家赋予天"欲人相爱相利，而不欲人相恶相贼"的内涵，天的意志是在人世彻底执行这一价值规则和统治原则，被推崇为衡量一切事物、政治制度与思想言论的尺度与原点，符合"天志"即合理和正当，否则应当遭到否决。

墨家不仅用"天志"的宗教因素坚实政治统治的神权基础，同时也用它否定当时各家思想学说的合法性。显而易见，把"天志"规定成"天下之明法"，进而以此将其他诸子的言论判定为不合理，距离仁义之说非常遥远。墨家"天志"既是获取政治权力的神圣来源，也是进行思想控制的得力工具，有力地排除思想上的异己之见。当世俗权力与言论控制结合起来，营造起封闭的舆论空间与制度环境时，墨家基于宗教不可触犯性而建立的社会制度，就成为思想高度专制的统治形式。

（二）天志是裁定善恶的最高标准

"天志"在墨家看来是有意志的人格神，还拥有意愿，被称为"天意"。天的基本特性是"兼"，"然则何以知天之爱天下之百姓？以其兼而明之。何以知其兼而明之？以其兼而有之。何以知其兼而有之？以其兼而食焉。"② 天对天下百姓的爱意经由物质的供养、饮食的赐予表现出来，天下百姓在民间的物产献祭、鬼神供奉亦为证明。百姓对上帝的敬献是其存在的凭证，而上帝对天下人的抚养则是上帝对百姓爱的说明。③ "然则天亦何欲何恶？天欲义而恶不义。然则率

---

① 方勇译注：《墨子》，中华书局 2011 年版，第 221 页。

② 方勇译注：《墨子》，第 219 页。

③ 此处的上帝并非对西方基督教上帝名称的引用，中国商代对超验的神圣不可知者多称为"天"，而在周代多称为"帝"或"上帝"。（参见［芬］聂培德《从〈尚书〉看周代思想中的天与王朝更迭》，《求是学刊》2009 年第 2 期。）墨家在《墨子》一书中，有时称天，有时称上帝，如在《天志上》中将"上帝鬼神"并称，墨家的天应当是包括"上帝鬼神"在内的至高至大者。

天下之百姓，以从事于义，则我乃为天之所欲也。我为天之所欲，天亦为我所欲。"① 天的意愿为仁义，反对和厌恶不仁义；带领天下百姓践行仁义的事业，即为做上天希望之事；如果我做上天希望之事，上天也会做我期待的事。这里出现上天和人类的对等交换关系，这种双向互利关系成为墨家证实人世兼爱、共利必要性与重要性的伦理来源。

天"兼"之本性不可更改，进而天意不可违逆，是否顺从天意是判断政治清明、善政暴政的分界线。"顺天意者，义政也；反天意者，力政也。"② 相应地，执行天意为圣王，违逆天意乃暴王。综合而言，墨家理解的义政是：作为强盛方的国、家、人及人中之尊贵与聪明者，不能欺压和劫掠弱势方。此为消极意义，提升至积极意义即"有力相营，有道相教，有财相分；上之强听治，下之强从事"③。几者具备即上利于天、中间利于鬼神、下利于人，"三利无所不利，故举天下美名加之，谓之圣王"④，良好的政治局面成就圣王的功绩。圣王之道是天意、天志共同发挥影响的集合地带，既得美好名声，也得上天赏赐。上天存在是为了成就圣王之治、行使圣王之道，对遵从天意者给予奖赏，对不遵从者施行惩罚。

天志和天意皆指向"兼相爱、交相利"，墨家既为天代言，天也为其极力宣扬的爱利思想宣告。"兼爱、交利"来源于天，是上天固有本性的自然流露，国家与社会运行需要遵从神圣原则的支配。上天的责任是显露出博爱与公正的属性，世人的义务是对之领悟，然后在政治事务中加以主动运用。"当自然界之秩序与社会界之秩序被认为是神祇的创造物，而非超越他们的存在，那么，神祇理所当然会保护他所创造的秩序不受任何侵犯。"⑤ 墨家既然成为上天神圣规则的人

---

① 方勇译注：《墨子》，中华书局 2011 年版，第 215 页。
② 方勇译注：《墨子》，第 220 页。
③ 方勇译注：《墨子》，第 225 页。
④ 方勇译注：《墨子》，第 220 页。
⑤ ［德］马克斯·韦伯：《宗教社会学 宗教与世界》，康乐译，广西师范大学出版社 2011 年版，第 48 页。

间传播者，必然会宣扬上天专有的政治裁决与道德支配法则。墨家深入领会宗教充当定一尊而别黑白的至高权威，担任为天传道的使命在无形中感染到这种超越性的非人格化力量。

在天志和天意的感召下，墨家获得了规定社会生活纪律的权力及充当绝对价值标准的担纲者身份，既反对儒家"祭如在，祭神如神在"的神圣宗教感受，又利用其威慑力量来获取他者认同、驯服人民情绪及排挤其他诸子学说。"故子墨子之有天之意也，上将以度天下之王公大人为刑政也，下将以量天下之万民为文学、出言谈也。……故置此以为法，立此以为仪，将以量度天下之王公大人、卿、大夫之仁与不仁，譬之犹分黑白也。是故子墨子曰：'今天下之王公大人、士君子，中实将欲遵道利民，本察仁义之本，天之意不可不顺也。顺天之意者，义之法也。'"① 墨家宣称手中掌握着度量一切事物的准绳，上可触及刑法、政治，下会延伸至文学、言谈，几乎覆盖社会生活的全部领域，符合与顺应天意皆为善，否则全为恶。

墨家使用善恶相分的二分法思维，确立天意代表的正确方向，树立它按照善恶施加奖惩的公正形象。墨家设置天意为法仪，维护统治的精英阶层从根本上考察仁义的本原时，就会顺从上天的旨意，确实考虑遵循道义使百姓得利。虽然图腾、崇拜与禁忌是原始族群于共同生活时自发产生的，但经过理性系统论证的理论性宗教却为人发明并积极利用，"神秘观念并不具有原始的起源，也不是人类天生就有的；正是人类本身，亲手塑造了神秘观念以及与此相反的观念"②。墨家利用"天"的观念维护政权的正当性与合理性，断定一切是非善恶，进一步压缩了思想自由争论与民众自我治理的公共生活空间，也为其学说的后续发展设置了无法跨越的障碍。为克服假托"天志"与"天意"所造成的故步自封，作为调节机理，墨家在学说中增加了"非命"和"强为"。

---

① 方勇译注：《墨子》，中华书局 2011 年版，第 234—235 页。
② ［德］爱弥尔·涂尔干：《宗教生活的基本形式》，渠东等译，上海人民出版社 1999 年版，第 34 页。

（三）强为与非命：墨家教育思想宗教性的自我矫正

墨家对"天"的真实存在与统辖功用言之凿凿，"天志""天意"与其思想核心内容配合得天衣无缝。世人只要领悟天的意愿、执行天的意志，即能带来社会良序、人心安定与伦理的洁净，这显然与当时的社会现实是背道而驰的。"宗教用神圣的帷幕遮盖住制度秩序的一切人造的特征，把它们来自虚无基地的标记撤下，使它们变成某种在时间的开端就已存在着的东西。宗教正是通过这种赋予社会制度秩序以终极有效的本位论地位的手段，把经验社会不稳定的实在与终极实在联系起来，从而证明了它们的合理性。"① 墨家对依托于"天"的宗教社会进行全面的合理论证，但这种终极救赎的急切心态与"民散久矣"的生活场景构成强烈对比，宗教设想与制度设计需要和人力的积极作为相结合，方可验证思想实验的可操作性。

"强为"学说是墨家宗教思想的必要补充。天的旨意不止家国和平，还要让人齐心协力地强力而为。强力而为可引申为加固天的意愿，天既发布不可违抗的"兼爱、交利"之绝对命令，又给予人意志自由以增加行动的权利。天不仅要求人们和平共处、互不侵犯，而且希望进取至"有力相营，有道相教，有财相分"。针对"上所听治，下所从事"的社会分工，上天还希望人积极履行社会义务，忠诚行使职业职责。面对社会不完善、天赋不相同、财富不平等与受教不均衡的社会病症，墨家试图经由人的积极作为消弭差异和差距，以此打造更为公正、相对平等与消解冲突的美好社会。

"历史地看来，墨家的宗教有神论有其积极意义，其所培养的那种献身精神和认真的性格有助于社会的稳定和发展。"② 墨家以实际行动证明积极为天下万民利益奔走的奉献精神卓有成效，墨子以一己雄辩之力和团体合作精神，成功地阻止强大的楚国对弱小宋国的吞并计划。"墨子及其门徒'摩顶放踵'地苦而为义，以实际行动论证了

① ［美］彼得·贝格尔：《神圣的帷幕》，高师宁译，上海人民出版社1991年版，第11页。
② 杨玉昌：《从儒墨之争看中国文化道路的选择》，《天津社会科学》1999年第4期。

兼爱的可行性。墨家'兼爱'的理论与行动即是建立在'天'兼爱世人，人人平等的宗教信仰上的。"① 对"天志"的信仰力量促使墨家竭力实现"天意"，其团体生活力图体现"天志"与"天意"。正是奋力参与到社会改造进程中的苦行精神，感动着后世无数仁人志士响应墨家的人格感召，尤其是在社会处于深重危机与重大转型时，拥有侠义精神之人放弃一己私心欲念而投身于为天下百姓谋求福利的行列。

墨家团体是持有信仰的非宿命论者。虽然有着坚定的宗教信仰，却不屈从于命运的任意摆布。墨家非难"天命"说，认为只要尊重天的意愿与意志，天也会对等性地协助人完成愿望与心志。"今用执有命者之言，是覆天下之义。覆天下之义者，是立命者也，百姓之谇也。说百姓之谇者，是灭天下之人也。"② 相反，墨家把认定有命论的人看作颠覆了天下道义，是百姓的忧患所在，会让仁义消亡。原因在于，"今用执有命者之言，则上不听治，下不从事。上不听治，则刑政乱；下不从事，则财用不足。"③ 墨家"非命"的理由是，人们消极被动地等待命运的垂青或分配吉凶祸福，百姓的饥寒冻馁之忧会立即降临，君王的欲望膨胀，邪僻心思会招致亡国之祸。"有命"言论造成物质贫乏，使君王缺乏祭祀鬼神的牺牲、无法安抚贤良之士及满足人民的物质需求。这造成鬼神不悦、社会动乱与人民匮乏，人伦孝悌等价值体系濒临崩溃，民众则会因为缺乏教诲而失去智慧和动力。

墨家批判和抵抗不可知的命运，利用经验论方法推断出命运不可见，因而也不存在。深刻剖析"有命论"对国家治理、劳动生产、各阶层生存状态的弊端及危害，主张利用人力"强为""力行"，以积极进取的姿态改革弊政并积累财富。这种不依附命运、不向现实妥协的精神气质，激发墨家钜子与弟子皆可"赴汤蹈火，死不旋踵"，为坚守的道义鞠躬尽瘁、死而后已。"这不同于儒家的'有进有退'

① 高深：《从孔子、墨子宗教信仰看儒墨学说的区别》，《齐鲁学刊》2011年第3期。
② 方勇译注：《墨子》，中华书局2011年版，第288页。
③ 方勇译注：《墨子》，第293页。

和道家的'以退为进'，墨家的人生态度是'有进无退'。"① 如此激越的奋发、开拓精神，既是墨家在科学技术、防御工事、形式逻辑和政治活动中获取卓著成就的动因，也是其根本抱负因不合人情而受到持续批判的缘由。

墨家在宗教献身精神的指引下，既尊重"天志"和"天意"，又否定和排斥"天命"，依据何在？墨家反驳"有命论"时提出判断言论是否适合仁义的三条标准："故言必有三表。何谓三表？子墨子言曰：有本之者，有原之者，有用之者。于何本之？上本之于古者圣王之事；于何原之？下原察百姓耳目之实；于何用之？废以为刑政，观其中国家百姓人民之利，此所谓言有三表也。"② 墨家首次开创关于标准、准则及法度的研究，无论是"表""法"还是"仪"，皆在于找到事物背后所隐藏的恒定规律和不变标准。"'三表法'，乃取法往圣先贤的行为事迹、注重现实的经验与实施成效。它是三条证明的程序或方法，也是人在行义为政或立论时所依循的三条原理，墨学十论俱依此而成立，乃前期墨家最具代表性之论证法则。"③"三表法"不仅在于确立义政的根据，而且是对"本""原""用"赋予特定内涵，强调国家推行义政以服务人民的广泛利益。

注重实际经验、强调实际效益和现实事务的"三表法"，似乎和"天志""明鬼"等有神论观念存在抵牾。但墨家在论证鬼神存在时依据经验法和例证法，以典籍记载的上古时代对鬼神的耳目之见为证据，这和"三表法"内在相通。无论"天志""天意"还是"三表"，都统一于墨家思想的核心——百姓人民之利，都服务于"利民"的主张。只有人们统一标准及价值、共享利益，古代圣王施行的"义政"才能在现实中重演，这符合人民的普遍利益要求。无论是先验范畴的天鬼，还是经验领域的古代政治智慧，以及普罗大众的日常经验，乃至人民的利益诉求，都和谐地融合于墨家关于神鬼的宗教省

---

① 杨玉昌：《中国古典哲学中的"现代性"》，《天津社会科学》2007年第4期。
② 方勇译注：《墨子》，中华书局2011年版，第286页。
③ 汤智君：《前期墨家论证法则之形式、蕴义与影响》，《台北大学中文学报》2007年第3期。

思里。此外，墨家突出人的主观能动性，在其神本主义思想中孕育着人文主义的幼芽。

二　利益均分的中间状态

墨家反复论述人的利益和功利，在诸子百家中无人能出其右。春秋战国时期，铁制农业生产工具的广泛使用，生产能力和社会经济发展显著，社会财富积累相对较多，人民赋税比较沉重。伴随着大规模水利工程的兴修、荒地的开垦、灌溉技术的改进以及土地私有制的产生，手工业生产与商业经济获得长足发展。从事货币经济的商业者和管理国家事务的专业官僚集聚的城市出现，专门供应给精英阶层及统治阶级享用的奢侈品在全国流通，因而进入消费渠道。"东人之子，职劳不来。西人之子，粲粲衣服。舟人之子，熊罴是裘。私人之子，百僚是试。"① 社会阶层剧烈分化，财富的日益丰富与阶级贫富差异形成巨大反差，引发墨家激烈地批判社会现实，并提出重新筹划社会分配的正义方案。

（一）墨家认为人的本质是劳动

墨家权衡天人及人际关系的主要指标是"利"，社会物质财富的丰足与合理分配，是上天喜悦、政治稳定、人伦和谐与个人取得社会成就的标志。当时社会分工与阶层分化初见端倪，每个人都按照职业伦理尽心尽意地完成分内工作是其本分职责，是实现盼望已久的理想乐园之基本前提。"上强听治，则国家治矣；下强从事，则财用足矣。若国家治，财用足，则内有以洁为酒醴粢盛，以祭祀天鬼；外有以为环璧珠玉，以聘挠四邻。诸侯之冤不兴矣，边境兵甲不作矣。内有以食饥息劳，持养其万民，则君臣上下惠忠，父子兄弟慈孝。故唯毋明乎顺天之意，奉而光施之天下，则刑政治，万民和，国家富，财用足，百姓皆得暖衣饱食，便宁无忧。"② 物质财富的生产与积累，各

---

① 参见《诗经·小雅》，诗经表现平民与贵族对比与对立的生活场景，为思想家分析社会矛盾提供了参照。

② 方勇译注：《墨子》，中华书局2011年版，第225页。

个阶层恪守职业道德，从国君到百姓都竭力从事，这既是实现了上天象征的仁义，也是消弭战争劫掠、人民争夺与国家冲突的基本手段。

当物质生活富足时，"仓廪实而知礼节，衣食足而知荣辱"①。人们道德生活水平会相应提高，对生活的担忧和愁苦就会相应减轻。国家掌握足够的公共财产，可以顺利结交四围诸侯国，战争得到有效制止。因此，参与生产劳动不仅体现出对天意的顺从，也是实现美好生活的合理保障。对比人与动物后，墨家认为，动物可以凭借先天本能与自然优势得以生存，人的情况则迥然不同。"今人与此异者也：赖其力者生，不赖其力者不生。"② 墨家把生产劳动上升到人生存本位的高度，认为劳动是人生存的本义和必要条件——不劳动者不得食。墨家肯定人的本质为生产劳动，是对人劳动本质的自觉认识。由此可知，墨家反对"厚葬""礼乐"的出发点是对人类本质的认识，为死去的人无谓浪费资财，或因豪华的仪式、奢侈的文化消费而消耗社会财富，都是不赖其力而生的证明。

（二）墨家的分配正义

在人的层面，墨家关注生产性，强调劳动是人存在的基本价值；在分配层面，墨家强调人的物质需求，生存需要被放在分配正义的首位，对生命的保全足以安抚民众。"民生为甚欲，死为甚憎"③，物质生产、人口生产及种族世代延续是人民的第一愿望，有道义的国家、运转良好的社会和有德性的君子应当尊重人民的生存权利，并尽己所能满足人民的基本物质需求和生命安全需要。"幸福就是欲望从一个目标到另一个目标不断地发展，达到前一个目标，不过是为后一个目标铺平道路。"④ "民有三患：饥者不得食，寒者不得衣，劳者不得

---

① 参见《管子·牧民》，表达了物质生活的丰足对于精神生活的富有的基础性关系；但是孔子也有"不患寡而患不均，不患贫而患不安"这样的论述，进一步表达了分配上的公正性要求，以及精神生活优先于物质生活的洒脱。

② 方勇译注：《墨子》，中华书局 2011 年版，第 279 页。

③ 方勇译注：《墨子》，第 72 页。

④ [英]霍布斯：《利维坦》，黎思复译，商务印书馆 1986 年版，第 72 页。

息，三者民之巨患也。"① 在这个反面论证中，墨家看到的依然是在战争的非常状况下底层民众对于饮食、衣物和休养生息的渴望。

理想社会是"必使饥者得食，寒者得衣，劳者得息。"② 平民阶层没有能力反抗兵役、徭役和力役等无偿劳动的无情压迫，需要坚实有力的中间阶层为人民谋取福利。"为贤之道将奈何？有力者疾以助人，有财者勉以分人，有道者劝以教人。若此则饥者得食，寒者得衣，乱者得治。此安生生。"③ 墨家解决社会问题时仍不能规划出合理的社会制度从根本上解决分配问题，寄托个体能力与抱负以消除社会不平等及人对人的压迫关系。墨家认为，社会最终的理想形态是"万民饥即食之，寒即衣之，疾病侍养之，死丧葬埋之。老而无妻子者，有所侍养以终其寿。幼弱孤童之无父母者，有所放依以长其身。"④ 其理想是人民的衣、食、住、行等基本物质需求得到满足，生老病死有所保障。墨家从小生产者的视角，衡量社会进步与生活幸福仅止于生理需要和安全需求的实现。

墨家的分配正义，一是满足广大弱势底层的基本物质需求。这看似接近西方近代功利主义"为最大多数人的最大幸福"的观点，因此墨家思想被更多的研究者定性为功利主义。⑤ 墨家为大多数人谋取基本生活利益的手段是个体的分享精神，而非政府承担为公众福利二次分配国民财产，此乃墨家原始共享主义与西方功利主义的最大差异。二是依托个体间热心互助。墨家假设人们不再为自己的家庭、族群和国家利益而精打细算，每个人是为另一个有需要的人而存在。克服为己私心与为亲近之人奉献的本性后，熟人间的利益相契与共会被陌生人的友爱、互助精神所代替，世界是完整的偌大的利益共同体，因而惠及最大多数人的最基本物质需求，足以实现最低限度的平等与满足。墨家团体的社会理想和人生目标在此，这也是墨家演化成侠义精

---

① 方勇译注：《墨子》，中华书局 2011 年版，第 275 页。
② 方勇译注：《墨子》，第 304 页。
③ 方勇译注：《墨子》，第 79 页。
④ 方勇译注：《墨子》，第 141 页。
⑤ 冯友兰：《中国哲学史》，重庆出版社 2009 年版，第 76 页。

神的基本根源。

（三）交相利的进步与局限

墨家之"利"有三个层次。第一层次是个体交往时遵循"不亏人以自利"的伦理原则，被引申为不倚强凌弱、不以诈欺愚，具体表现为人际交往中不欺诈、不凌辱、不强夺。第二层次是社会交往中的"兼相爱、交相利"。在团体生活的社群中打破家庭、族群、国家的限制，实施兄弟般博爱主义情谊，基本善事物则互相分享、共同使用，最大限度地消灭私心贪欲，最大限度地扩张人为群体创造价值且共享劳动成果的公共美德。第三层次是放眼天下的"兴天下之利，除天下之害""摩顶放踵而利天下"。在人生活的整个世界中，为呼应"天意"与"天志"的要求，形成上天一般至大无私的胸怀，个体行为与上天心意有高度一致性，体现出为天下人利益而奔走、劳碌，不辞辛苦、不怨天尤人的品格。墨家"利"的三个层次环环相扣、层层递进，作为提升伦理水平的阶梯，是个人从自我关怀走向关怀世界的必经之途，也是公共生活从痛苦走向幸福的可行参照。

就与生俱来的人之自利本性而言，墨家的"交相利"只是停留在所设想的伦理乌托邦上，这种美丽的社会景象带有可望而不可即的空想性质。"但现在的问题是，对等互利能否作为一个普遍的道德原则为大家所共同遵循。不恰当地解决这个问题，墨子的兼爱论总会遇到类似的质疑。"① 从墨家"义自天出"和"义，利也"的内在逻辑关系上看，把上天表征的爱利天下的宇宙论过渡到伦理观，这种舍弃自我、天下为公的宗教般献身精神，富有超越性的革命色彩。"因为，在墨子，'义'所具有的超乎'利'之上的价值是由'利天'来证立的，'义自天出'，'天欲义而恶不义'，故人们以'义'来求'利'即'利天'乃是一种'顺天意'的行为。墨子的这种'天志'（the will of heaven）思想与韦伯所讲的基督教新教伦理中的'天职'（the calling）观念是颇为相近的，它赋予了人们对利益的追求以一种超利益的价值，这样既保障了'义'的崇高地位不受损害，又使得'利'

---

① 张永义：《墨子与中国文化》，贵州人民出版社2001年版，第42页。

的实现总能获得一种伦理道德的支援。"①"义""利""爱""天"四者合一关系对执意为我的普通人而言是伦理上难以承受的挑战，而对于那些超越自我界限、具有宗教救世情怀的人而言却是宝贵的精神资源。这既是墨家共利社会的进步，也是其局限所在。它超出一般人所能达到的道德水准，但对那些有使命担当的人来说，无异于强劲的精神动力。

（四）兼相爱的优势与不足

"兼"是天的特质，"别"却是人之本性，如何把"天意"表达的爱无差等社会建立于尘世的大地上，一般宗教会探讨这个普遍命题。墨家宗教社会实现的终极目的是人人相爱的最终社会形态，墨家团体的职责在于积极努力实现它，其弟子为之抛弃个人欲望、放弃家庭生活、舍弃家国关怀。为世界美好而生活的这些人，没有固定的家庭归属、族群依附与政治认同，其存在使命即为帮助弱小国家奋力抵抗强大国家的侵略。战争在战国时期是常态，追求爱无差等的墨家弟子在放弃尘世一切的可能依附条件后，盼望的爱之乐园是否会眷顾他们，这被后来历史发展中"侠以武犯禁"②的政治禁忌所否定。墨家既然规定自身是"为天行义"的人，付出的牺牲和一般的宗教信徒毫无二致，所表现出的献身精神也是言行符合。"言足以复行者，常之；不足以举行者，勿常。不足以举行而常之，是荡口也。"③墨家反对言行无常、言行不一的反常举动，用生命践行了兼爱真理。

简而言之，墨家的爱无差等，指人们不分彼此地无私相爱，打破我—他界限以共享一切善事物。能做到这一点，"兼爱"社会理想的实现则指日可待，天的意志在尘世会畅行无阻。"中国古代思想中有较近似于西方宗教者如墨子。天志要人爱，人不该不爱。天志要人兼爱，要人爱无差等，人便该兼爱，便该无分别无差等地爱。宇宙中究有此天，天究有此志否，此属理智问题。须向外寻觅，向外探讨。在

---

① 胡忠雄：《墨子义利观新论》，《中州学刊》2003 年第 2 期。
② 参见《韩非子·五蠹》，虽然这一点也被有的研究者认为是墨家中绝的原因之一，但是韩非所说的"儒以文乱法"的儒家却没有遭受类似的命运。
③ 方勇译注：《墨子》，中华书局 2011 年版，第 402 页。

中国思想界反对墨子，则直接从情上反对。人既不是天，人心亦究不是天志，强要把天志来压迫人心，人心不堪。……天爱仅可谓是一种理之爱，而非人情之爱，将仍为人情所不堪。"① 爱无差等最终只能演化成停留于理论设想的思想实践，却不能成为普遍的生活常识和美好生活的可行方式。

终极性解决社会冲突问题的方案虽然激动人心，对身处有限性中的人类而言，真是生命中不可承受之重。社会冲突毕竟是表达自我诉求、寻求共识与营造社会公共政治空间的必要手段，对有差异性存在的人来说，社会冲突并非根本的恶，希望通过总体性方案一劳永逸地从根本上解除社会冲突，却可能制造出极端的恶。哈耶克说："通往地狱之路，通常都是由善意铺成的。"作为有限存在的人，对公共政治与社会福利只能采用帕累托改善的方式来优化均衡，通过消除差异来终止历史的做法，往往会让人类付出巨大的代价。社会是个有机体，需要按照自发秩序原理及其固有的节奏加以逐渐改善。"有限的、相对的问题能够解决；无限的绝对的问题无法解决。换句话说，人类永远不能创造一个没有冲突的社会。"② 一个爱无差等、取消所有冲突的社会，可能是一个终结性的社会，却未必是个善好的社会。它在理论上可欲，在现实中却并不可爱。

第二节 赏贤、惩暴：墨家宗教社会的政治功能

在伦理学发展史上，不论对人性持性善论的乐观主义，还是采取性恶论的悲观论调，无一例外都要面对善与恶的元伦理问题。墨家把人划分为贤和暴两个层次，基本上对应着伦理基本问题中的善与恶。看待与对待贤和暴的方式，成为墨家宗教社会中的重大问题，也成为其神道设教的中心论域。

---

① 钱穆：《中国思想史》（新校本），九州出版社 2012 年版，第 5 页。
② 刘小枫：《施特劳斯与现代性危机》，华东师范大学出版社 2010 年版，第 326 页。

一　贤与暴：墨家宗教社会的人性分层

墨家对人性善恶并无先验的理论假定。"见染丝者而叹"阐释了"染于苍则苍，染于黄则黄"的环境决定论观点，进而提出"非独国有染，士亦有染"① 的论断，提出国家要慎重选拔辅佐国政的官员，士人应悉心选择交往的朋友。墨家还支持物质决定论，"故时年岁善，则民仁且良；时年岁凶，则民吝且恶"②，人民在衣食丰足时会把善良、仁厚表现出来；如果收成不好、财用不足，就会表现得吝啬而凶恶。墨家突出物质财富的奖赏及名誉、地位、公爵、利禄等符号奖励的重要性，通过环境设置与实施奖惩来调节社会的道德水准。

（一）善恶的来源是德性之天

墨家从经验论的角度阐释了环境对人道德发展的影响；从宇宙论意义上探讨善恶的来源是天。"今天下无大小国，皆天之邑也；人无幼长贵贱，皆天之臣也。此以莫不犓羊、豢犬猪，絜为酒醴粢盛，以敬事天，此不为兼而有之、兼而食之邪？天苟兼而有食之，夫奚说不欲人之相爱相利也？"③ 上天普遍地爱护所有的人，供应衣食之源，不随意伤害无辜。无论是国家还是个人都是属于天的，应当效法天的品质，不仅要以洁净的祭物敬事天神，还要以彼此间的相爱相利满足天神的心意。尤其不能任意伤害上天所养育的无辜之人，否则就会产生不祥征兆。任继愈说："墨子把他们的希望寄托在'上帝'和'鬼神'之上，希望通过'上帝'和'鬼神'的威力使那些特权阶层也受到一定的裁制。因而他们幻想出一个最高的、公正的，有智慧、有权力的'上帝'或'鬼神'来给他们主持正义。"

人用爱人、利人的善良行为以回报天的美好德性。作为全知全能者，天志对人世间的善恶明察秋毫，对人表现出来的善良品质会赐予福报，对厌恶人、残害人的行为，必然降下灾祸。"墨子所谓的天主

---

① 方勇译注：《墨子》，中华书局2011年版，第14页。
② 方勇译注：《墨子》，第30页。
③ 方勇译注：《墨子》，第23页。

要是指'主宰之天'。从文化史的角度来看,'天'的主宰含义最原始,出现得也最早,命运、自然和义理的含义要到人类的文化和智力发展到一定程度才会出现。"① 墨家提出天是善恶的来源后,随之提出天谴观念,劝导人们做上天愿意之事,效法天无私的崇高品质;避免做上天厌恶之事,以免受到惩罚。就国家而言,圣王兼爱天下百姓,使人民利益能够实现,带领臣民敬天事鬼,上天会赐福给他及他的国家。暴虐之王,上天会给他降下灾难和屠戮,招致后人的责骂与不齿,最终失去统治权力。

(二) 鬼神是上天监督的眼睛

针对当时的社会现实,墨家分析天下混乱、人民残虐的原因有二:一是人民丧失共同的价值标准,缺少价值规范和核心凝聚力把人民有效地联合起来,导致"天下失义"——人伦失丧、君臣失份、劳心者懈怠、劳力者懒惰。二是人们不再相信鬼神,不再认可其执行奖罚的职能,头顶三尺无神明,挣脱灵魂束缚的人们恣意妄为,致使天下混乱不堪。"此其故何以然也?则皆以疑惑鬼神之有与无之别,不明乎鬼神之能赏贤而罚暴也。今若使天下之人,皆若信鬼神之能赏贤而罚暴也,则夫天下岂乱哉!"② 民众不再信仰鬼神是暴力横行、人人为我的根本原因,而众人行为难以符合社会期待只是外在表现形式而已。

在墨家看来,煽动人们怀疑鬼神存在的无神论者,走向了"兴天下之利,除天下之害"的对立面。墨家列举远古传说、古代圣王的作为与典籍记载,说明鬼神是真实存在的,意在教导人们弃恶从善,避免冒犯鬼神的尊严,不要做让鬼神不悦之事,以免招致鬼神的审判与速至的不祥。这旨在发挥道德指导与精神训诲的效用,利用鬼神的力量遏制人们的恶言恶行。"故鬼神之明,不可为幽间广泽,山林深谷,鬼神之明必知之。鬼神之罚,不可为富贵众强,勇力强武,坚甲利

---

① 张永义:《墨子与中国文化》,贵州人民出版社 2001 年版,第 108 页。
② 方勇译注:《墨子》,中华书局 2011 年版,第 251 页。

兵，鬼神之罚必胜之。"① 由此可知，鬼神是无所不知、无所不能的，时刻关注人们的善恶贤暴，做好事一定会获得赐福，做恶事将无处可逃，一定会得到惩罚。从墨家对天、鬼的窄化理解和线性思维方式看，"墨子可能实际上完全不相信'天'、'鬼'，他的'天志'、'明鬼'的学说，只是一种神道设教的手段。'天'、'鬼'的意志事实上是人民的意志，这种'天'、'鬼'论，乃是春秋以来民本论的变相发展。"② 鬼神只是墨家可资利用的文化资源，利用鬼神的超自然力量规范庶民的行为、端正官员的作风，打通世俗政治与神圣能力的通道，使用神圣性力量以实现圣王之治。

（三）人民是上天规训的助手

在墨家的神义论中，权力、善恶的来源皆是天，平民处于权力等级的最低位置，作为天的臣民也有代天行使监督的职责。这样，从百姓到天子形成自下而上的舆论网络，但百姓不能结党营私，否则会受到极重的刑罚。客观而言，平民的位置进退两难，他们充当上天和官员的眼线，却不能组织成自治团体，只能听从和顺命于官长。平民身份也是较为危险的，如果不及时检举、揭发他人则会因缺少政治立场而遭受刑罚。"天子、诸侯之君、民之正长，既已定矣，天子为发政施教曰：'凡闻见善者，必以告其上；闻见不善者，亦必以告其上。上之所是，必亦是之；上之所非，必亦非之。己有善，傍荐之；上有过，规谏之。尚同义其上，而毋有下比之心。……下比而非其上者，上得则诛罚之，万民闻则非毁之。'故古者圣王之为刑政赏誉也，甚明察以审信。是以举天下之人，皆欲得上之赏誉，而畏上之毁罚。"③ 平民私自结党、不效仿官长的善行、对官长的恶行不能进言或存在诽谤行为，即会受诛戮的刑罚。其中微妙差别如何拿捏，显然是威胁到平民生命权利的一大难题。

经由严苛的社会控制，墨家希望上下同义、义达于天，天、地、

---

① 方勇译注：《墨子》，中华书局 2011 年版，第 267 页。
② 童书业：《先秦七子思想研究》，中华书局 2006 年版，第 64 页。
③ 方勇译注：《墨子》，中华书局 2011 年版，第 86—87 页。

神、人统一为上下一致的价值观念体系，社会没有任何混乱与动荡的可能。假如有人成立社团、怀疑上位者，就会受到权力的惩罚及大众舆论的诋毁，在强大的社会压力下无处藏身。墨家宗教社会的权力分配是垂直等级制的，自下而上的监督、模仿和自上而下的管理、施教，都围绕着"义"的内容来实施。严惩重赏的外在调节手段使整个社会失去思想活力、舆论自由与公共政治空间，"义"占据全部时空，其触角伸及每个心灵。墨家平民在黑暗中劳作，在光明处控告揭发，这才是正当的及为国家治理所需的。"墨子'尚同'，是反对儒家以礼治国，提出以法治国，而其纲要是：功、罪、赏、罚，利民有功者赏，害人犯禁者罚。这一原则开商鞅、韩非等法治的先路，在历史上有一定的影响。而且墨子之提出尚同一义的政治，其目的是在建立一个强有力的中央政府，能够统一中国，这是合理的一面。但是这种思想是建立在片面的认识，特别是对统治者的幻想上的，希望以上说下教的方式达到其目的。"①

尚同把所有人都聚集到权力的中心，充当舆论网络的结点，密集的政治宣传与舆论控制技术有利于意识形态的统一。"故古者圣王唯而审以尚同，以为正长，是故上下情请为通。上有隐事遗利，下得而利之；下有蓄怨积害，上得而除之……是以举天下之人，皆恐惧振动惕栗，不敢为淫暴，曰：'天子之视听也神！'先王之言曰：'非神也。夫唯能使人之耳目助己视听，使人之吻助己言谈，使人之心助己思虑，使人之股肱助己动作。'助之视听者众，则其所闻见者远矣；助之言谈者众，则其德音之所抚循者博矣；助之思虑者众，则其谈谋度速得矣；助之动作者众，即其举事速成矣。故古者圣人之所以济事成功，垂名于后世者，无他故异物焉，曰：唯能以尚同为政者也。"②墨家尚同政治的本意是消除权力等级间的隔离与怨恨，最终结果却是利用人民的恐惧心理使其被权力完全控制。

在墨家天志强力统治和赏贤罚暴的外部控制下，人性的内在完整

---

① 詹剑锋：《墨子的哲学与科学》，人民出版社 1981 年版，第 73 页。

② 方勇译注：《墨子》，中华书局 2011 年版，第 103 页。

性遭受破坏及外部多样性遭到否定。出于对多元价值的憎恶及对一元价值的强求，致其无法容忍文化多元差异和人格独立精神，重归社会秩序、拥趸主流价值、服膺主导意识形态才能获取认同感和安全感。在道德生活中过度追求实用工具性和外在目标，墨家因而丧失尊重多元思想的能力，而这恰恰是产生社会活力和民族创造力的源泉。把天志如达摩克利斯剑般高悬于人们的头顶，墨家在根基上剥夺人对家庭、族群等血缘、亲缘及地缘关系的情感依赖与意义支撑，把爱无限扩大至每个人反而不得不面临疏离和虚无感的威胁。人们高度竞争地按照上天的意志和主权者的意图极力表现自我，民众失去方向的心灵如同墙头之草般随风而动，他们会听凭权力的任意调遣，这是墨家侠义精神和死士风格形成的人格根基。

二 奖赏与惩罚：墨家宗教社会对人性的管理

墨家善恶与奖惩有着直接的线性关系，奖惩的社会控制手段直接评估与操控人的行为结果，上天与鬼神管理人的言行并加以调节。这种有效的方式被墨家理解为快速、便捷地实现天意，可以满足人基本的生存需要及复写历史中的圣王之道。

（一）奖赏与惩罚是道德调节手段

对人趋利避害的本能而言，功利能激起人正向积极的心理反应，最具吸引力，最能给人带来直接满足。"利，所得而喜也。"[1] 把个体对功利的满足扩大到每个人，这种喜悦、欢庆和满足的情感体验也能扩散出去。"乃志以天下之人，为其所芬香欢好者也。"[2] 个体趋利本能最先指向自我的利益关系，最切近己身的喜恶利害的感情体验最直接也最深刻。墨家最不希望见到人人为自利而生活的社会，因此，采取直接却相对低级的奖惩手段引导道德行为，不仅指向自我的利害得失，更关注他者的功利感受。"顺天意者，兼相爱、交相利，必得赏；

---

① 方勇译注：《墨子》，中华书局 2011 年版，第 328 页。
② 杨俊光：《〈墨经〉"义，利也"校诂》，《南京大学学报》2002 年第 2 期。

反天意者，别相恶，交相贼，必得罚。"① 墨家认为，赏罚来自天志，依据是是否爱、利他人。

墨家赏罚机制的内容包括物质刺激、名誉、权势和社会地位甚至生命，社会的主要组织原理和运行机制就是赏罚，因此赋予赏罚的力度较大。虽然墨家声明给予赏罚并不在于手段本身，而是要使贤能之人产生社会信用和足够的社会影响力。但是从客观结果上看，这是把人的行为动机固定在是否可以获得外在的奖赏上，人们趋善避恶的原因在于渴望获得奖赏和担心受到惩罚。同样，墨家道德体系中最有吸引力的兼爱、交利也是广义的奖励手段：一是兼爱和交利在人际交往中可以获得同等意义的回报；二是兼爱和交利是上天规定的行为准则，人们能够这样言行，上天就会施以报酬。因此，有学者认为，墨家的兼爱是缺乏温度的，是一种道德规条，而不是一种行为的自觉和良知的苏醒。

（二）奖赏与惩罚有益于尚同与尚贤

赏罚来源是天，实施者却是人。对他人施加赏罚，一是体现了权力的实质，二是在社会中形成舆论导向和社会模仿。人是社会性动物，上位者、尊贵者和贤能者的行为规范和价值导向发挥着示范作用。"惩处则可分为两个主要类型。一类是'压制性'（repressive）的惩处，具有刑法的特点，表现为将某种痛苦强加到个人身上，作为对他因违法而施行的惩罚。……另一类是'补偿性'（restitutive）的惩处，包括恢复行为，即重建法律被破坏之前的关系状态。"② 奖励和惩罚不仅是对个人行为结果加以评估，而且是为产生模仿效应而采用的公开表演措施。墨家的人性缺乏先天规定性，不像儒家对人性给予乐观的期待——道德可以解决社会和人心双重问题。墨家人性由环境决定，染于什么颜色则变成什么颜色，外部环境具有举足轻重的作用，必须建立足以使人向善向上的生活氛围。这只能采取足够有力度

---

① 方勇译注：《墨子》，中华书局 2011 年版，第 217 页。
② ［英］安东尼·吉登斯：《资本主义与现代社会理论》，郭忠华译，上海译文出版社 2013 年版，第 98 页。

的奖惩来维持，权力编织了无处不在的网把每个人网罗其中，时刻指引着人的行为，离开了权力，人便无法行动。

　　公开的奖赏与惩罚有利于形成"尚贤""尚同"的社会，会形成整齐划一的价值体系。无论人的内心想法多么复杂多样、参差不齐，在强烈的奖惩的刺激下，在强大的道德舆论的压力下，在高位者的示范带动下，人们刻意表现出步调一致。"外在的奖励和惩罚，无论是肉体的还是道义的，也不论是来自上帝还是来自我们的同胞，其全部力量，再加上人类天性能够容许的为上帝和同胞所做的一切无私奉献，便能够推动功利主义道德的实施，其推动的强度与功利主义道德得到承认的程度相一致；所以教育和大众教养的手段越多地被用于这个目的，这股推动力量就越大。"① 墨家把人从价值任意发展的无序状态带入高度结构化的充分驯服状态，而奖励和惩罚是操弄和控制社会的技术手段，赏贤与尚同是用心打造出来的群体性力量，目的是在兼爱及交利上保持统一。对纪律文明的服从和对社会秩序的热忱，促使墨家利用居高位者的一致性控制底层社会任意为义的原初状态。教育在其中起着重要的训练和矫正作用，正是通过锲而不舍的"教天下以义"的社会教育精神，墨家把天志及功利的原则传播和扩散出去。

　　（三）奖赏与惩罚无须修身和成善

　　墨家反复吟诵着"兼相爱、交相利"，认为一旦实现则冲突全无。其亦关注人的心灵，但并不关心内心的丰盈与德性成熟，而在于能否把自爱自利的本能扼制住。这正是墨家关于道德发展的总目标，在此之下其他目标就能达成。就天志、赏罚而论，墨家更看重人的竞争意识与恐惧情绪，只要这股强大力量能牵引人的道德神经，对社会道德和个体品性的塑造就足以发动强大的力量使人按照"法仪"言行。"致使个体行为的重要性减退的力量当中，最无可抗拒者为合理性的纪律，它不只根除个人性的克里斯玛，连基于身份荣誉的阶层等级也

---

　　① ［英］约翰·穆勒：《功利主义》，徐大建译，上海人民出版社 2008 年版，第 28 页。

加以消除，或者至少是使之合理性地变形。"① 在墨家的纪律中，只要行善即可，只要把吻合于天意的"兼爱、交利"表现出来即可，这样的人可被称为"兼士"，这样的政治则被称为"圣王之道"。人的内在修养会经历复杂的内在冲突、价值权衡与不断净化升华的过程，受人先天禀赋和后天努力的影响，结果充满多样性与不确定性。这对于墨家急于建立稳固的社会秩序是种客观挑战，而现实利益和及时赏罚却能起到立竿见影的作用。

墨家构想的善较为简化，即人人互助互利，如此则会接受力行、奉献、节俭和无私等价值观念，而内在的修为和成善则可忽略不计。"墨子的这种兼相爱从而交相利的学说，分析起来，实在不应予以过高评价。……道理十分明显，自从人类社会脱离原始状态，人之所以成为社会关系总和的人，以至于文明的演进、文化的发展，从来就是沿着分化的道路前进的。而推动这种前进运动的，就人们的情感表现和伦理道德观念的分类而言，至少从其主要方面来说，则不是兼爱，而是偏爱；或者说不是爱，而是恶。"② 墨家的善是人的行为与上天意志一致，做善事并不在于见贤思齐，而在于看见好的行为去跟随和模仿，省略人对价值规范的心理加工环节。在由天志、法仪、尚贤和尚同构成的制度化秩序中，权力、财产、统治地位成为人的必要标识和价值衡量物。即使做到人人互爱互利，但由于缺乏对话和理解的意义生成基础，则会造成存在论意义上人的本质性匮乏。

三 墨家宗教社会的逻辑后果

墨家设计宗教社会的目的可谓美好，普遍弥漫的世俗欲望更容易攫取深陷困苦中的脆弱心灵。看似没有情感距离的尚同和尚贤，于无形中无限拉大你—我真实的内心距离，非礼、非乐对传统生活方式的改造，加之对人自然情感和丰富内心体验的极度克制，无疑降低了普

---

① ［德］马克斯·韦伯：《支配社会学》，康乐译，广西师范大学出版社 2010 年版，第 322 页。

② 苏凤捷、程梅花：《平民理想：墨子与中国文化》，河南大学出版社 2005 年版，第 76 页。

通民众对感受性生活的需要。"墨子学说的最大缺点，莫如'非乐'，他总觉得娱乐是废时失事，却不晓得娱乐和休息，可以增加'物作的能率'。"① 为合理用度资产而倡导节约，过度的节俭却把人限定在仅满足衣食需要的刻度上，无疑会限制社会生产的发展。物质贫乏尚且可以忍耐，精神世界的单一、生活方式的刻板、社会生活的凝滞，却超出人的承受限度。

（一）价值规整

墨家把自然存在的价值多元、思维多向和生活多样设定为原初状态，并认定这是天下混乱、战争和压迫的根源，是原罪性的恶。着眼于个体角度，为克服人类本性中潜藏的自我、利己和残暴，墨家要求统一价值观念，用一致化的利他、互爱取而代之。立足于社会层面，尚贤、尚同是阻止产生价值偏差和秩序混乱的有效方式，然而缺乏差异的社会极易陷入惯习常俗的僵化状态中。先行设计好的思想和行为，社会阶层的互相监督、彼此牵制的结构化状态，使得社会成为淹没个体的庞然大物。手段取代目的，同一消灭差异，社会规定了好人的角色身份，个体责任和义务界限明确：农民耕种、妇女桑植、官员治理，他们非常勤勉，在劳动之余唯一可做的事情似乎就是帮助有需要的人。

帮助他人固然是高尚行为，是扩展家庭、家族和地缘之爱的良好方式，但这种由外力驱使的让人不断行善的结构性压力难以缓解，每个人都成为劳动者和慈善家的结合体，除此以外别无选择。"正确的道德可以由理性加以设计和重建，除此之外，道德至少还有两个可能的来源。首先是我们说过的内在道德，即我们本能的道德，由此产生的行为方式不足以维持我们目前的拓展秩序及其人口。其次是维持着扩展秩序的、演化出来的道德。"② 墨家单一的道德来源划定了严格的道德界限，它所造成的道德严格主义导致对控制的着迷，忽视规则

―――――――――

① 梁启超：《墨子学案》，上海书店1992年版，第44页。
② ［英］哈耶克：《致命的自负》，冯克利等译，中国社会科学出版社2009年版，第78页。

的限制及其他可能性的存在。对道德客观普遍性及最佳解决方案的期待使得人们只能工作、没有闲暇，若不去帮助别人可能会遭受外部的惩罚或自我的良心谴责。闲暇是思考、创造和体验美感的必要准备，剥夺人的乐感文化，墨家社会即使消除一切苦难和匮乏，最终形成的社会情境却是灰色的、僵硬的和凝滞的。墨家经过高度人为的方式建立起容纳每个人的安全堡垒，但这个堡垒是极度脆弱的，即使其内部的人有一天也会起来反抗它的无孔不入和冰冷空洞。

（二）行为一致

墨家善于权衡利弊，在其价值系统中，世俗欲望大于永恒理念，强制灌输多于内省自觉，利益得失优于幸福感受。宗教社会中行为高度统一，"'尚同'说客观上确有否定个人主体性，要天下皆同于君主的倾向，容易导致君主专制"①。墨家赋予了教育应有的地位，认为教育的作用在于训练和矫正，足以增强人们对兼爱和交利的共识。教育帮助每一个人成长为这个非完善世界的强行完善者和强力控制者，像一把巨大而锋利的修剪器，对人性的未完善处与社会的不完美处快速地加以修剪及修缮。在一体化行为中，个体是否有选择的自由？在高度共识所造成的紧张中，能否有个体生活的私密空间？墨家善良的动机是假设人被暴露在无组织、无秩序、无道义的社会中，生存境况中危机四伏，亦不能领悟上天的意志。这些分散的人需要用纲纪和网罗加以约束与管制，要联合起来，缺乏爱与关怀的人们应当尽力彼此相爱。

墨家认为在无法联合时，"人的生活孤独、贫困、卑污、残忍而短寿"②。无论如何，这是值得引发拯救行动的苦难想象，世界已经如此不堪重负，意味着拯救的时刻已经到来。墨家勇于寻求解决之道，主张每个人皆有责任行动起来改善人类的命运，担当超过自我生

---

① 薛柏成：《墨家思想新探》，黑龙江人民出版社2006年版，第16页。

② 参见霍布斯《利维坦》，出于对暴力死亡的恐惧，使人们交出个人权利以组成国家这个巨灵。对于墨家来说，当公共权力不足以对所有人产生威慑时，人们依然无法完全践行"兼爱""交利"的公共原则。比较霍布斯和墨家，是西学东渐之后的研究主题，这仍然是个值得深入研究的墨学选题。

活要求的更高道义，即帮助他人。"爱人利民为墨子终身服膺而致力者。渠以有感于古代社会，人与人之间因利害冲突，而尔虞我诈，而强取豪夺。生活极其混乱，亦极其艰难。于是亟思有以救之。而救之之道，首在'尚同'为政。"① 在非"尚同"状态中，每个人有到别人园子偷采蔬果的可能。可是，经过墨家教育规训出的个体，看到别人的园子凋敝就主动耕耘、播种、看护和收获，然后把果实归还给园子的主人。无条件行善成为普遍的生活方式，世界不可能不美好起来。

（三）社会僵化

纯粹的利己固然需要批评，完全利他是否一定值得鼓励？完全利他是神才能做到的事情，因为"日头照好人，也照歹人"。就人类的世俗生活而言，利己和利他结合方为中道，抑或说当人不失去自我时，才可能理解他人真正需要的是什么。墨家兼爱社会固然给人营造了足够的行善空间，如此单一的均享型社会却也有排除其他生活方式的可能。当行善不能成为个体的自主选择时，不可见的复杂内心动机就屈从于上天威慑和权力惩罚，人心陷于伪善。从普遍伦理上说，西方以道德黄金律"你希望别人怎么待你，你就要如何待人"作为交往的基本法则，从他者伦理角度阐明自我在善良道德中的优先性。而儒家"己所不欲，勿施于人"则从自我角度要求人们不把自我非偏好的道德原则强加于他人。

相对而言，墨家兼爱、交利的道德要求更高，肩负着崇高的道德使命，逆转各自为己的道德低落境况，把无私的爱播撒在人间。这种拔高的道德要求容易使人们望而却步，如同门徒彼得所感叹的那样，"心灵固然愿意，可是肉体却软弱了。"人本来为日用之需布满劳绩地生活在世，大多数人无法体验到哲学家所描绘的本真性诗意栖居。"人类利益的多样性与异质性，致使人们的追求不可能在任何单一的道德秩序中得到协调，从而任何社会秩序——要么尝试这样一种协调，要么把某一霸权利益强加于其他所有利益之上——都注定要蜕变

① 史墨卿：《墨学探微》，学生书局1994年版，第137页。

为一种对人类状况的可怕束缚,并且极可能是一种极权主义的束缚。"① 心中牵挂普天下的人,这是把过重的负担放于劳累的肩头。兼爱、交利的社会只有在财产共享条件下方可实现,迄今为止,共产、互助、彼此团结友爱的思想实验,只能局限于小的社区范围或有共同信仰及道德准则的小规模人群里,得到一定程度的实现。即使实验取得了暂时的成功,最终也会随着人群的解体而自然地结束。

自我和他人总要保持适度距离才能使自我认同有栖身之地,在社会交往中,双方的空间距离切实意味着远近亲疏。即使在如此疏离的现代社会里,人们也无法牺牲自我的自由而完全暴露在人群中。墨家让自我彻底现身于公共生活里,娱乐、主体性交往、闲暇时间、符号性消费和保持自我独立持存的自由被完全取消,这恐怕不是宜居的空间。因此,历代多少仁人志士佩服墨家人格,但对其提出的道德要求仍然有所保留,对其社会理想只能是临渊羡鱼。这是理性的审慎,人要按照自身的固有限度来与不完善的人性、不完美的世界对话及共处。

第三节 义自天出:墨家宗教社会的运行方式

在天志的统摄下,人人皆为平等的天之臣民,墨家事实上依然按照人的等级次序展开层层统治。尚同、尚贤、贵义和亲士表达了墨家绝非平等主义者,其口中时常称谓贱民、农夫、百姓、穷人、不肖人、愚且贱者、徒役;对社会地位的另一端,则尊称为君子、王公大人、卿大夫、圣善人、贵且智者、官长。"对兼爱社会的向往是墨子精神的核心特征。兼爱的社会,就是人与人之间要互相理解、宽容、平等,强大的不要欺侮弱小的,聪明的不要欺侮愚笨的,富裕的不要欺侮贫困的。"② 在"不要坑人害人,而要爱人助人"的底线共识上,

---

① [美] 阿拉斯戴尔·麦金泰尔:《追寻美德》,宋继杰译,译林出版社 2011 年版,第 180 页。

② 江心力:《墨子与中国人的兼爱情怀》,长春出版社 2009 年版,第 21 页。

墨家宗教社会还是按照等级制度组织起来，把不同先天禀赋、等级和身份地位的人融合起来却是墨家追求的目标。

一 墨家宗教社会的构成要素

墨家社会等级的基本组成是天、天子、三公、诸侯国君、乡长和里长等官吏以及平民。这样的纵向等级结构，经过自上而下的教诲与训导，加以自下而上的模仿及监督，就形成基本价值内涵"义"，这成为社会的黏合剂。"义"协调所有人的价值共识，形成基本稳定的社会。这种稳固的结构允许阶层流动，当社会遵从尚贤原则时，平民百姓被荐举贤能，加入统治阶层的行列中。这种流动机制是社会的平衡体系，保障尚同、尚贤功能的实际发挥。

（一）等级分配制的权力体系

"义"被训诂为适宜、正当，正义是政治的基本内涵。"且夫义者，政也。无从下之政上，必从上之政下。是故庶人竭力从事，未得次己而为政，有士政之，士竭力从事，未得次己而为政，有将军、大夫政之；将军、大夫竭力从事，未得次己而为政，有三公、诸侯政之；三公、诸侯竭力听之，未得次己而为政，有天子政之；天子未得次己而为政，有天政之。天子为政于三公、诸侯、士、庶人，天下之士君子固明知；天之为政于天子，天下百姓未得之明知也。"在完整的权力体系中，每种身份履行自己的职责，服从和不超越界限是每个阶层必须遵守的权力游戏规则。平民接受士的领导，士听从将军、大夫的命令，将军和大夫服从三公和诸侯国君的谕令，世俗权力的最高等级是天子，天子由天授权。

墨家的正义语境表明每个阶层有自己的本分和职责，完成职责以服从上级领导是共同美德。固定阶层一旦逾越阶层身份，试图参与更高阶层的事务，则违反职业分工的角色伦理。正义与否的分界线是能否遵从天意，服从还是违逆天意是判断正义政治和暴力政治的标准。"然义政将奈何哉？子墨子言曰：'处大国不攻小国，处大家不篡小家，强者不劫弱，贵者不傲贱，多诈者不欺愚。此必上利于天，中利于鬼，下利于人，三利无所不利，故举天下美名加之，谓之圣王。'"① 正义的具体要求是国家、团体和个人不以大欺小、不恃强凌弱、不以上压下、不以诈欺愚，作为力量的对比方互相尊重、和平共处。

（二）难以割舍的圣王情结

自称不法古、不法人而法天的墨家，对历史上的黄金时代怀有浓烈的眷恋之情，《墨子》文本中对圣王之治的称颂与恢复的盼望时常出现。"其事上尊天，中事鬼神，下爱人，故天意曰：'此之我所爱，兼而爱之；我所利，兼而利之。爱人者此为博焉，利人者此为厚焉。'故使贵为天子，富有天下，业万世子孙，传称其善，方施天下，至今称之，谓之圣王。"② 曾经出现的圣王之道寄托墨家的政治理想，激励其冲破各种现实障碍。信奉经验主义的墨家从圣王与暴王的对比事例中，分析出兼爱社会的可能前景。

圣王之道被墨家重新解释，不管历史的客观真相究竟如何，终归被诠释成爱人、利人的典范。特别是墨家的精神偶像禹帝，更是为民辛劳、兴天下之利、除天下之害的榜样。庄子假借墨子之口称道："昔禹之湮洪水，决江河而通四夷九州也。名山三百，支川三千，小者无数。禹亲自操橐耜而九杂天下之川。腓无胈，胫无毛，沐甚雨，栉疾风，置万国。禹大圣也，而形劳天下也如此。"③ 墨家把对理想社会的设计，对精神偶像的崇拜之情，投射到以禹为代表的圣王身上，并按照这种标准来与周围的世界互动。

（三）神义论下的民本思想

当先秦的哲人观看平民生活的困苦窘状，毫无例外地从不同角度论述君民的依存关系及平民在传统农业社会中的重要作用。小手工业者出身的墨家成员，虽然拥有技术却不拥有权力，作为由平民手工业者上升而来的游士，始终徘徊在权力的边缘，民众的痛苦更能引起他

---

① 方勇译注：《墨子》，中华书局 2011 年版，第 220 页。
② 方勇译注：《墨子》，第 217 页。
③ 参见《庄子·天下》，庄子当初对于墨家的评定框架，在当前的现实语境中依然适用。这也折射出传统文化的连续性和生命力，古代思想家的智慧在今天依然大有光彩。

们的同情。"如何化解社会冲突和危机的疾病，除把自我内在的爱心推及人、大夫、诸侯等家国外，并将'和合'作为化解社会冲突和危机的疾病的最佳选择。……在这里兼相爱、交相利的圣王之道，即是和合之道。"① 墨家秉持有神论思想，信奉的天爱天下百姓，百姓为上帝、鬼神敬献祭物来传达对神圣事物的感应。墨家的正义理论充满神义论色彩，由神义引申至人义，人与人之间的互爱互利得到上天的支持因而显得格外合理。

上天希望人们忠于职责、恪守本分、辛勤劳作，无论是国君还是直接与土地打交道的农民，都从事着本分内的劳动任务。墨家用劳动这个词汇消除实际地位的巨大差异，于无形中强调普通劳动者的重要作用与基本价值，他们的工作与国君事务的性质一致，都是为"兴天下之利、除天下之害"做贡献。这样，社会等级分层所造成的贵、贱地位差距被缩小，"农与工肆之人"和"贱民"劳动者都被看作构成社会有机体的坚实基础。毛泽东评论说："墨子是一个劳动者，他不做官，但他是比孔子高明的圣人。"② 墨家是平民的代言人，传递出劳动者希望获得社会承认与平等地位的心声。墨家的民本思想，是神义论支持下的劳动本位的价值理想，发出平民要求权力的内心呼声。

二　"义"统整墨家宗教社会

墨家在对义政和暴政、贤人和暴者等对立性概念进行分析时，使用二分法的逻辑方式；综合分析其主要思想，"爱""利""义""政""天"是高度融合的。人们希望施爱的对象可以获得利益的满足，"义"的另一种表达方式是"兼相爱、交相利"，正义政治的内涵也是如此。前四者统一于天并受天支配，是天之本性的自然流溢，"义"由此成为来源于天的神圣不可更改的绝对伦理向度。

（一）"义"是"天"的世俗化表达

墨家认为，"义"是价值金字塔上的璀璨明珠，个体对正义和利

① 张立文：《墨子的社会救治之道》，《湘湖论坛》2010年第2期。
② 毛泽东：《毛泽东评点二十四史》（精华解析本），中国档案出版社1998年版。

益的看法及现实需求不同，很难在人群中提取出共同的价值共识，只有天志才能生发出具有普遍意义的伦理原则。在宗教有神论看来，上天代表不可触及、崇高神圣、全知全能的完美他者形象，人却是不完美的有限存在者。"义自天出"，从权力等级体系设定中，墨家推断出作为最高普遍价值的"义"，有一个至高无上的神圣来源——天。"兼"是天不可更改的特性，"义"是这种特性的命名。价值高者可推断出价值低者，贵且智者可治理愚且贱者，后者恰好是天下道义混乱、伦理失丧的根源，无法得到代表完美性与超越性的"义"。从神的角度上看，民众值得关爱，利益值得保护，但无法寻觅到"义"的成分。他们只是爱与利的接受者，却不是完善性的携带者，相反，他们是需要被教导的人。天是最为伟岸的教导者，表现出最完美的道德品质，传达出来的伦理讯息就是"义"，劝勉人互助、互利、互教，尽心尽力地做，以此主动临近上天的美德。

（二）"义"是决定他物的基本元素

"义"是最高美德，"天"是最高权力者，天对人类价值规范的要求是义。墨家认为有"义"就有一切，失去"义"，所有的皆为虚无。"义"是决定和导出其他事物价值的价值，"义"之有无影响价值的存在与否。"天"是丰富的创造者，而不是贫乏的赐予者，"义"成为"天"希望之事。物质和客观事物是使用价值的承载者，只有人创造价值并需要价值，"义"对人的影响是根本性的，对社会具有决定性作用，是天的意志能否在尘世间获得实现的证据。"义"成为摆放在个体生命前的必然选择，是每个人的生活是否符合天意的判断标准。

（三）"义"演化成伦理绝对主义

当"义"成为涵盖天、地、神、人的一元论价值时，墨家由此陷入伦理绝对主义的窠臼。义超越于一切价值，成为墨家言行举止的绝对刻度，墨家试图把它推进尽可能的范围中。"义"从天而来，神圣、完善、不可置疑，人对它无法躲藏且无处逃遁。在墨家弟子身上可以看到"义"胜过生命的现象，当他们无法完成或只有付出生命代价才能完成"义"时，就会毫不犹豫地舍生取义。

　　人类所有形态的伦理绝对主义皆有压迫性特质，把与自身不相吻合的一切道德驱逐出道德家园，否认相对道德有资格被称为道德。"绝对道德是任何人在任何条件下都应该遵守的道德，这种道德只有一条，亦即道德普遍目的：增进全社会和每个人利益。"① 明哲保身、自我完善与出世修行的道德都有缺陷。"在任何地方，美德与过恶，道德上的善恶，都是对社会有利或有害的行为；在任何地点，任何时代，为公益作出最大牺牲的人，都是人们会称为最道德的人。"② 墨家为天下行义失去施展空间时只能蜕化成具有特殊品质的"侠"的精神。"只有在社会发生大分裂，即阶级对抗非常激烈、要求明确区分阶级界限的斗争时刻，那些力图表现本阶级独特利益、要求和理想的意识、思想、纲领、口号，才可能被突现出来和提上日程。"③

三　墨家宗教社会的脆弱

　　墨学是不是宗教向来是学界聚讼不已的问题域，肯定者认为，"《墨子》一书，可以说是先秦文献中最忠实地保存和继承了古代天帝信仰思想内涵的典籍。"④ 远至庄周，近到钱穆，多数思想家都不否认墨家是在宗教情怀的推动下，才能放弃自我的利益关怀，最大限度地为社会谋取福利，孙中山亦认为墨家可与西方基督教相提并论。墨家开出的社会药方是互爱互利的生活原则，这足以解决社会难题、可以填补心灵的空虚及满足精神需求，使人变得足够幸福。人文的缺乏是墨家教育的短板，但其并非完全否定人文知识学习的益处，只是针对时势之需和救世之要，宗教、政事、辩论和技术等知识显得尤为重要。墨家在教育中并不以人文教育内容培养学生恒定的文化认同，反而认为宗教的规约和威慑优于世俗价值的肯定与继承。墨家把宗教

---

　　① 王海明：《论伦理相对主义与伦理绝对主义》，《思想战线》2004年第2期。
　　② ［美］汤姆·彼彻姆：《哲学的伦理学》，雷克勤译，中国社会科学出版社1990年版，第61页。
　　③ 李泽厚：《中国古代思想史论》，生活·读书·新知三联书店2009年版，第65页。
　　④ ［日］福永光司：《中国宗教思想史》（上），钦伟刚译，《中国哲学史》2005年第1期。

信仰一元化和普遍化，认为在天志的统摄下，人必然会走向兼爱和交利，忽视了对缺少宗教信仰或持守其他信仰者的适用性。墨家勤生薄死，却要求他人无条件地跟随，这如同墨家的产生条件一样，只有在社会转型和苦难深重的背景下才更有感召力。

墨家天志和法仪充满着浓郁的规则主义色彩，意识到人的感情存在会干扰人的理性判断和按规则行事。教育史家如此评议墨子："达于天下之理，熟于事物之情，又深察春秋战国百余年间时势之变。"① 墨家教育内容是宽泛的，但对人的理解却很狭窄，简化了人和文化多面体存在的特征，无法意识到人作为符号存在的复杂性、内在性和多元性。认为只要满足社会成员的基本物质需要，训诲人们把剩余的财富分享给处境不利者，则可相安无事和幸福度日。墨家只看到人的利他动机，教诲人们模仿上天实现利己、权利和自我动机，加以互爱互利实现爱与归属需要，即会得到最大限度的满足。岂不知人的自尊和自我价值实现的需要作为文明发展的驱动力量，也生生不息。"道德的根源是爱，道德也在爱的关系中得以体现。"② 墨家爱人助人的价值理想不可谓不好，像爱自己一样爱他人的道德命令不可谓不高，可这的确遮蔽了人的情感存在。

墨家颠覆天地君亲师权威符号的位置序列，把教育的强大作用编织到国家体系和社会系统中。儒家把关爱对象从血缘亲情推及非血亲关系，这产生了诸多道德难题。墨家却把关爱对象扩展到天下人，极大地稀释了爱的养分，这让人望而生畏和敬而远之。"儒家尚贤，是为士请命，要求从下层知识分子中选拔人才；墨家比儒家走得更深，为民请命，要求从庶民之中选拔人才。"③ 墨家超越儒家家族本位和祖先崇拜的固有局限，儒家教育中个人价值的实现在于依托家庭、族群的名誉和荣耀，然后上升为对国家的建功立业。而墨家教育对个体价值的实现则遵循天志的伦理约束，彻底走向社会本位。这导致墨家

---

① 王炳照：《中国传统教育》，中南工业大学出版社 1999 年版，第 7 页。
② ［美］内尔·诺丁斯：《学会关心》，于天龙译，教育科学出版社 2003 年版，第 142 页。
③ 宋志明：《墨子天人学新探》，《中国哲学史》2009 年第 4 期。

把个体引入无根漂浮的单子状态，群体无所附丽的纯然孤独，只能沦落为被社会高度边缘化的侠客群体。这连带墨家学派的实用技术及对科学原理的初步探索，也随着历史的风云一起消散。

墨家逆反主流文化的去神圣化和亲人文性特点，在教育中把人的视线拉向对人格神的向往与关注，这为当前人们利用墨家思想与西方文化对话创造条件。"就天人关系而言，墨家之人具有一种超越社会限制的道德勇气，直达所预设的理想国度，他们所具有的乌托邦性格是明显而又令人敬佩的。"① 墨家对语言逻辑和实用技术的格外重视，是对中国传统教育文化中经世致用思想先天不足的补正，诚如前人在评价《墨子》一书时所言："和现代科学精神相悬契的，在我国，此书当首屈一指。"② 墨家要通过教育实现的社会理想，则由于过于简约、规整和毫无冲突而显得颇具空想色彩。

第四节　墨家宗教社会的现实意义

宗教问题是中华本土文化在面对外来文化时所遭遇的重要挑战之一。佛教的传入及其中国化和儒家化，引发思想领域的风起云涌，改写了传统文化的自有品性。19 世纪，西方基督教文明裹挟鸦片交易、坚船利炮与科学技术冲破封闭的国门，惊醒沉睡中的知识分子，启迪民众的智慧。宗教成为文化反思中醒目的要素，开启中国文化现代化的进程。墨家所构想的宗教社会及墨学所表现出的宗教属性，成为思考中华传统文化与宗教关系的重要参照。

一　墨家宗教社会的运思路径

伴随着诸子学的兴起，发端于古代原始初民生活经验的准宗教文化日益走向衰落，夏商周时期宗教信仰与国家制度高度结合的政治模式受到冲击，觉醒的人们试图以清晰的理性思辨代替宗教的混沌蒙

---

① 吴进安：《墨家终极关怀中的乌托邦性格》，《汉学研究集刊》2009 年第 9 期。
② 谭戒甫：《墨辩发微》，中华书局 1964 年版，第 1 页。

昧。"西洋文化是从身转到心的,而中国却有些径直从心出发,中国文化是人类文化的早熟,应无疑义。"① 可墨家独树一帜,引导人们关注上天、鬼神和天志等,把周代以来积淀的礼乐德治制度纳入神统的范畴。张岂之认为:"墨子不仅把宗教之天、鬼变成义、理之天鬼,而且将贵族之天、鬼变成了大众之天、鬼。"墨家对宗教的大众化、实用化与功利化改造,使之更为贴近百姓的日用生活,更能够使宗教为意识形态的统一所利用。

(一) 经验论的论证方式

对不可见的鬼神,墨家依靠百姓的耳目之见加以证明,这种经验论的论证方式更符合大众的宗教认知。在证明鬼神的存在后,墨家为之赋予"兼相爱、交相利"的精神内涵,为思想主张奠定坚不可摧的宗教基底。天用爱、利涵摄整个世界,成为解释人、伦理、社会和国家的知识论前提。作为天的子民,追求个人之利存在着一定的合理性,但必须在此基础上升华利己欲望中的自然人性,个人之利只有在天下共利的情境下方可实现,天、义、利、爱由此获得了统一之处。

对功利的过分夸大使人面临工具化的危险。墨家主张,人只有在共同体中并为他人创造利益时才有存在的价值,否则个体的价值是非常微小的。这种对社会本位的过分强调,为建成专制社会提供了理论支撑。墨家看到人物质与自身生产的重要性,却无法看到文化生产与幸福享受的必要性;只看到人为保全生命而谋取衣食之需,却无法顾全人在意义世界中的诗意栖居。"先质而后文,此圣人之务也。""质胜文则野,文胜质则史。文质彬彬,然后君子。"② 墨家重质而轻文,让整个社会陷入极简化的生存状态,这在墨家看来是可贵的,但是否适合全部人的生存设想却是一个疑问。

(二) 二分法的思维方式

对待世间的事物,墨家采用二分法思维方式,把基本价值目标分

---

① 梁漱溟:《中国文化要义》,上海人民出版社2011年版,第253页。
② 参见《说苑》及《论语·雍也》,墨家的文体风格和思想实质都由于对质的寻求而削弱了对文的涵养。这可能也是从内容到形式,墨学都被定格为俗文化、大众文化和底层文化的原因。

为兼和别，把情感分为爱与恶，把主客体关系划分成利和害，事物按照是否含有善好分为义及不义，把人按照能力与品性设定为贤和暴，把对行为的干预方式设定为赏和罚，如此等等，不一而足。这把人、事物、价值、政治限定为截然对立的两个阵营，处处充满着紧张的斗争精神，一端的存在对另一端构成致命威胁。最终的结果是把"义"设定为衡量一切事物的标准、规范与法则，把关涉"义"的价值体系推演成绝对真理。墨家的二分法思维，对探索客观事物的背后规律和抽象原则起到良好的方法论作用，这种非此即彼的运思方式对社会事物的分析却未必合理。

（三）寻求终极的解决之道

墨家宗教社会成立的运思路径是，把天的兼之特性扩展到人，把人的利之本性上升到抽象的"义"，把个体的功利需求超越为集体利益的满足。墨家并不持守历史循环的观念，而主张线性的不断进步的发展观，这种历史观念渴望极致的圆满状态，即最终达到完全救赎的至善状态。"墨子所提出的政治主张，既不像有的学者所认为的是代表奴隶主贵族利益的，也不像有的学者所认为的，代表了平民阶层的利益，而是他在当时特定的社会背景条件下，既封建制度在逐步走向成熟的过程中，为使天下重新统一，达到天下治以至太平，而寻求的一种集权主义的政治策略，如是而已。"① 这种弥赛亚式的历史救赎观念，是对宗教起源的超越与回归。墨家既是神义论的又是人义论的，既是宗教性的也是人文性的，既是全新的起点也是完美的终结。

二　墨家宗教社会的现实困境

经过完整的理论建构，墨家刻画出较为平等、人人相爱、消除痛苦的尘世乐土，在其中既有神佑之功，又有人为之力。墨家不仅是思想家，也是行动者，当墨学兴盛时，墨家对自身思想进行艰苦卓绝的实验与推行，产生了广泛的社会影响。在孟子生活的时代，思想领域

---

① 路平、巴干：《古史传说与墨子的政治观研究》，《内蒙古社会科学》（汉文版）2001年第5期。

依然表现出"杨朱、墨翟之言盈天下，天下之言，不归杨则归墨"①的盛况，其扩散之迅速、影响之深远，可见一斑。后来，其学术传人互相攻击对方为"别墨"，历史进入秦朝的统一与速亡阶段，墨家并没有在《史记》中占据一席之地，就连其相关著作也散佚其踪。这是否说明墨家的宗教社会遭遇了现实困境，有其固有的不可克服之局限？笔者认为，墨家的宗教社会至少在以下方面存在先天缺陷，或许这也是其骤兴骤灭的真正原因。

（一）矛盾性

墨家宗教社会中的权力结构非常规整，"义"是贯穿其中的核心要素。"义"的价值较为单一，是否人人都能够符合要求存在着几个问题。第一，行为动机不足。个体奉献社会总有自己期待的目的，或是为个人的功名，或是为他人的幸福。而墨家行善的内在动力是满足天意与天志，这对没有宗教信仰或怀疑宗教的群体来说，显然没有足够的吸引力。

第二，社会是不平等的，绝对平等的社会模型如同理念的圆一样，是绝对完美却无法实现的。墨家劝导人们兼爱、交利的理由是"爱人者，人恒爱之；利人者，人恒利之"，但对不平等的客观社会而言，这种交互性的交换关系并不能保证每次都是等价的。权衡利弊得失是人的本性，显然，这种非等价性交换会让人在兼爱、交利时遭遇阻力，导致共利只能是空想的蓝图。

第三，兼爱社会忽视人的复杂性，忽视人在差序格局中的文化心理，忽视人从亲到疏的自然本性。从个体成长角度说，每个人是从对自己、自己的家庭、社群和国家的切身体认中累积个体经验的，情感是在不同的生活场景中得到满足与回馈的。类似兼爱者的世界公民，所真正要求的外部环境是政治的一体化、绝对和平的局面和全球同一的文化认同，这是人类的恒久期盼，但确实是现实难题。"当人们禁止公民以其自己所愿意的，而又与别人的自由可以共存的各种方式去

---

① 参见《孟子·滕文公》，这种思想现状刺激了孟子"如欲平治天下，当今之世，舍我其谁也"的雄心，也直接影响了孟子"予岂好辩哉，予不得已也"的苦心。

追求自己的幸福时，人们也就妨碍了一般事业的生命力，从而也就妨碍了整体的力量。"① 兼爱社会让公共空间过度膨胀，个体存在的价值无容身之处，加之宗教制裁与政治高压，社会本位的需求得到满足，个体自由却成为难题。

（二）空想性

墨家思想遭受的主要批评肇始于庄子的"反乎人情"，直到近两千年后，钱穆依然继承了这样的批判路径。庄子的提问在今天依然振聋发聩："墨子虽能独任，奈天下何？"墨家的宗教社会表现出浓重的乌托邦色彩，原因在于对社会弊病和道德现状"忧之过计"。在不同国家、不同的历史形态中，这种政治弥赛亚主义都会有所体现，盼望救世主的降临是被压迫者的心态，在遭受深重压迫和不幸苦难的群体、民族和国家身上，这种期待终极拯救及一劳永逸地解脱苦难的政治方案就会应时而生。"为了他人利益，为了救他人于水火而牺牲自己的圣人其实悄悄希望他人受苦受难，这样他才能救他们于水火。"② 解救苦难的人或许就是制造苦难的人，此类终极性的政治方案，意图跨越历史的渐进改善，用统一的模具或高压的强力，把人与价值的多样性在短期之内统一起来。这或许可以取得暂时的胜利，但当克里斯玛型的领袖权威受到质疑，或封闭的政治环境被打破时，这样的解放神话必然会不攻自破。

（三）集权性

墨家有两句话颇有歧义，让人产生其政治设计可能是民主制度的想象。一句是"君、臣、萌，通约也"③，另外，表达类似意思的句群是"夫明乎天下之所以乱者，生于无政长。是故选天下之贤可者，立以为天子"④。对前一句，有研究者注释为"君，臣民通约也"，把

---

①　[德] 伊曼努尔·康德：《历史理性批判》，何兆武译，商务印书馆1990年版，第17页。

②　[斯] 斯拉沃热·齐泽克：《幻想的瘟疫》，胡雨谭译，江苏人民出版社2006年版，第96页。

③　方勇译注：《墨子》，中华书局2011年版，第328页。

④　方勇译注：《墨子》，第85页。

它类比于卢梭的社会契约思想，认为这是平等的民主选举思想的萌蘖。"墨子不仅没有卢梭的民约论，而且也没有儒家的禅让制，他的'王公大人'是'传子孙，业万世'的。故而墨子的'尚贤'、'尚同'，结果只可能流而为极权政治。"① 神义论统治下的普通民众没有选举的权利，只有互相监督以及向官长及时报告他人言行动态的义务，并不存在选举官员与分享权力的可能。有研究者把它解释为"君、臣、民，是按尊卑等级对世人的一个大略分类概括"②，笔者认为，这较为符合《墨子》的文体风格与原本意义。

后面这个无主句一般被研究者认定墨家赞同民主选举的直接佐证，至于民选还是天选尚无定论，仍有待考据。"夫既尚同乎天子，而未上同乎天者，则天菑将犹未止也。"③ 联系墨家的后续论述，权力的来源是天而非民，世俗权力要获得神圣权力的承认，天才是至高至尊至善的统治者。无论是天子还是各级官吏以及黎民百姓，都与天保持高度一致，这样的政治才是圣王的义政。因此，墨家的神权政治主张并不是所谓的民主制度，而是神权统治的专制社会。"故古者之置正长也，将以治民也。譬之若丝缕之有纪，而罔罟之有纲也，将以运役天下淫暴而一同其义也。"④ 在墨家看来，百姓是统治的对象，而不是被赋予权力的人，虽然其利益得到认可，但自由不会受到尊重。百姓被设定为具有潜在的残暴本性、利己和价值混乱，而国家恰好如同丝缕之纪与罔罟之纲，可以安顿其欲望与本性。

墨家在宗教上对救赎主的期盼，与其在政治上对品性完美的君王的渴望是互为佐证的。"正如要求宗教上的人格神来统治精神一样，在政治上所要求的便相应是绝对专制的统治者。……这看来似乎有些矛盾，却相当典型地表现了作为分散、脆弱的小生产劳动者的双重性格。"⑤ 墨家思想体系的内涵及其生活时代的政治背景，均使之无法

---

① 郭沫若：《青铜时代》，科学出版社 1957 年版，第 164 页。
② 方勇译注：《墨子》，中华书局 2011 年版，第 329 页。
③ 方勇译注：《墨子》，第 97 页。
④ 方勇译注：《墨子》，第 100 页。
⑤ 李泽厚：《中国古代思想史论》，生活·读书·新知三联书店 2009 年版，第 62 页。

设计出一套尊重个体权利并将其让渡给强大世俗国家的可行方案。我们对墨家思想心存民主设计的臆想，要么透露出对民主政治的过度解读，要么说明没有从墨家思想体系的本质来把握它。

三　墨学的宗教性成为反思中国现代文化的有力参照

在西方文化强势进入和传统文化现代转化的复杂背景下，中国文化面临着转型的机遇，进而探索未来发展的道路。在此前提下，墨学何以在这样一个时代悄然勃兴？新墨家的兴起意味着什么？具体到宗教问题而言，在宗教去神圣化和宗教多元对话的世界文化背景下，墨家的宗教性为何成为研究关注的要点？发掘墨学的宗教性，成为反思中国现代文化的前提。

（一）针对信仰缺失的精神状况

对时代的精神状况加以判断是文化的使命，反思当前中国文化获得的观点是，中国文化缺乏系统的有神论信仰。无论是解析传统儒家文化重视乐感、轻视罪恶意识，还是选择将马克思唯物主义作为立国根本，都避开了宗教深入参与文化建设的要素。毋庸置疑，中华文化并不缺少有神论元素，自然神、祖先神和权力神林立，作为趋福避祸灵丹妙药的民间宗教信仰，始终潜藏于大众文化的深层机理中。然而，相对于西方文化母体的基督教文化，我们并没有明显的宗教有神论思想。"中国自有孔子以来，便受其影响，走上以道德代宗教之路。这恰恰与宗教之教人舍其自信而信他，弃其自力而靠他力者相反。"①墨家为信念而生、为道义而死的类宗教精神，恰好可以成为"中国无宗教论"的补充或反例，开启人们反思传统文化的品质，为反省当前信仰缺失的精神状况找到依据。

在当前社会转型期，人们不仅需要以文化认同作为身份象征，也需要维系人心道德的价值体系，以增进社会的伦理福利。道德水准滑坡、政治冷漠、情感萎缩和社会信任系统崩溃等公共问题，被归结为人们没有信仰。杨庆堃先生认为，宗教地位在中国社会有其模糊性，

---

① 梁漱溟：《中国文化要义》，上海人民出版社2011年版，第103页。

"存在这种模糊性的一个重要原因，在于中国社会制度框架体系下缺乏一个结构显著的、正式的、组织化的宗教，故人们通常以为老百姓的仪式是非组织性的，而宗教在中国社会和道德秩序中好像不那么重要。"① 于是，当人们在墨家思想中找到宗教因素时，仿佛看到了希望和解决问题的可行方案。因此，借助墨学复兴，满足拯救时弊之需，是颇为紧迫的时代任务。

（二）开展墨耶对话及多元文化交流的需要

宗教既是意识形态之争的政治问题，也是争夺话语权利的文化问题，更是关涉如何生活的伦理问题。五四运动以来，如何解决日常生活的价值寄托和心灵慰藉，如何就"科学"和"民主"的涌入而设定宗教的位置，如何解释传统文化的宗教缺位，成为知识分子面对的一项重要任务。蔡元培先生提出了以美育代宗教的方案。"夫宗教之为物，在彼欧西各国，已为过去问题。盖宗教之内容，现皆经学者以科学的研究解决之矣。"② 他认为，宗教在西方世界是明日黄花，科学的日新月异把宗教压缩为历史遗留的生活习惯，在援西入中的时代洪流中，普及教育、发展科学和完善法律，这些有助化民成俗的精神活动比宗教更有价值。沿此思路，"美的宗教"这一折衷方案被适时提出，天地之美和人性之善足以充实人的精神世界，足以涵盖人的宗教情怀。

墨家身上表现出的苦行和救世精神、牺牲和奋进的准宗教品质，振奋了国人的民族自信。"墨家后起于儒家，对于儒家孔子所欲建立的德行主体持批判的立场，对于儒家将神义性的天解释为道德法则的天颇不以为然，因此强调具有主宰性内容的天志为政治与道德的根基，鼓吹天志与天义，并且主张天志鬼神与人间祸福存在着互动的关系，天志被认为是价值美善的根源，也是政治与道德相关命题的价值根源。"③ 把《墨子》和《圣经》互读，打通墨学和基督教的内在关

---

① 金耀基、范丽珠：《研究中国宗教的社会学范式 杨庆堃眼中的中国社会宗教》，《社会》2007 年第 1 期。

② 蔡元培：《蔡元培全集》，中华书局 1984 年版。

③ 吴进安：《墨家哲学》，五南图书出版公司 2003 年版，第 115 页。

联，为开展墨耶对话及多元文化交流创造了条件。尼采宣布上帝之死，韦伯宣告祛魅的世界从神秘化彻底走向理性化，在宗教世俗化背景下，虽然上帝被宣判死亡，诸神要么不和要么一起逃遁，但是信仰复活了。当一神教的独尊地位被打破时，不同的宗教开始展开对话和交流，中国若想影响世界，就无法回避宗教。各种宗教的互相理解和平等对话，助推人们关注墨学的宗教品质。

（三）增强与普世伦理对勘的文化信心

墨学的宗教品质表明它蕴含着丰富的终极关怀思想，墨家辞章洋溢着博爱精神、和平主义、生态伦理和节制美德等，为其融入普世伦理行列提供了可能。世界发展今非昔比，但困扰人类的战争、饥荒、贫困和破坏自然等问题层出不穷，人们希望从普世伦理中找到破解的良方。而墨学突出"兼"的价值，这种普世关怀精神启迪我们如何应对全球问题的挑战，因此，墨学具有不可替代的价值。墨学复兴，有助于丰富传统文化的内容，发掘其中为社会发展所用的伦理资源，为解决普世伦理及文化认同危机增添正面的支持力量，这对增强文化信心非常必要。

第五章　墨家教育思想的现代性

"在先秦诸子中，墨家最突出也最具有现代价值的，其一是它的宗教情怀与拯救意识；其二则是科学认知理性。"① 研究墨家思想的学者对其思想的核心内容是"兼爱"还是"功利"争讼不已，但是在原始墨家看来，这两者并不是截然二分和互相对立的。"仁，仁爱也；义，利也。爱、利，此也；所爱、所利，彼也。爱、利不相为内、外，所爱、所利亦不相为外内。"② 墨家认为，兼爱和功利的价值观念都源自人的内心，区别于外在于人的爱利对象，"爱""义""利"彼此勾连成为完整的价值体系而统一于墨家的理想社会和教育目的中，"'兼相爱，交相利'的社会理想决定了墨家的教育目的是培养实现这一理想的人"③。墨子说："教天下以义者，功亦多。"④ 墨家教育的根本目的就是通过"教天下以义"，把"兼相爱""交相利"的价值原则推广为普遍的价值共识。阐释墨家教育思想的现代性，主要围绕墨家"教天下以义"的教育思想来展开。

第一节　何谓现代性

现代性是现代社会的自我指称，既是现代社会呈现出来的情状，

---

① 丁为祥、文光：《墨家科学理性的形成及其中绝》，《自然辩证法研究》2005 年第11 期。

② 方勇译注：《墨子》，中华书局 2011 年版，第 369 页。

③ 孙培青：《中国教育史》，华东师范大学出版社 2009 年版，第 61 页。

④ 方勇译注：《墨子》，第 456 页。

也记述其变迁历程。一般意义上理解的"现代性"，是指启蒙时期以来"新的"世界体系产生的时代，指一种合目的性的、持续进步及不可逆转的发展的时间观念。现代性推进了政治实践，形成了民族国家和法的观念，建立了高效的社会运行机制，构建了一整套以自由、民主、平等、博爱等为核心的价值理念。现代的到来，使思想家感到惊异，他们从不同侧面描述新时代的特征，从社会发展、生活方式和心灵感受等角度对之加以剖析。笔者主要从以下方面把握现代性的意涵。

一　断裂的时间意识

主体、进步、理性等现代性观念均以围绕当下又向未来开放的时间意识为基础，人盘踞于历史的中心，不断地创造着历史，为了美好的未来而充分利用每一个现在。"作为时间的时间是时间的概念，而时间的概念同任何一般概念一样，本身是永恒的东西，因而也就是绝对的现在。"[①] 时间被客观地分割为过去、现在和未来三个向度，是可以被用来度量、计算和利用的，时间是前进的，而进步终会到来。那么，对进步如何进行衡量呢？就是不断地创造出"新"来，因此，历史的主人表现出无穷的改造冲动，他们要不断地打破旧世界来建立一个新世界。新成为时间的内容，"人性中这点颇为普遍，外来的事比自己的事更引起我们兴趣，喜欢流动与变化。时间在奔驰中变换马匹，才让白日叫我们欢喜。"[②] 在不断前进和无限进步的时间观念中，世俗生活浮现出来的普遍景象是鲁莽的乐观和欣喜的盼望，新成为好的代名词，旧的也就意味着坏。

海德格尔不满于这种现在指向的流俗时间意识，他承认时间有曾在、此在和能在的差异，并从中分辨出这三者出离自身的逸出特性以及原始时间的存在。"公共时间出自时间性，时间性的到时首要的是

---

① ［德］黑格尔：《历史哲学》，王造时译，生活·读书·新知三联书店1956年版，第50页。

② ［法］蒙田：《蒙田随笔集》，马振骋译，上海译文出版社2014年版，第271页。

将来的，是以绽出方式向其终结'行进'的，也就是说，时间性的到时已经'是'向着终结的'存在'。"① 这种未来指向的时间意识申明人要在承担责任中筹划未来，"海德格尔的基本思想是试图说明作为存在者之怎样的存在同历史或时间的关联。在海德格尔看来，历史不是一个因果关系的系别，不是人的自由的展开，也不是生产关系的辩证发展，而是存在本身的命运。"② 存在本身的命运很有可能就是所有断裂的时间节点汇聚成为一个终点，从而实现了最终的断裂，也就是实现了世俗化的弥赛亚式的救赎，或者称为历史的终结，来最终真正实现人类的求善意志。③ 但是这样的启蒙承诺也可能只是幻觉或者是无法测定真相的谎言，因此历史的终点也可能是诗人早有预言的荒原意象。④

二 理性的哲学观念

实现历史的最终救赎总是需要借助某种手段，在现代性看来，理性无疑是最好的手段。理性被赋予了无限的权力后，就演化成为世界的主宰，世界历史的过程也就是合理的过程。"现代相信真理既不是赠予给（given to）人类心灵的，也不是泄露给（disclosed to）人类心灵的，而是人类心灵所创造的（produced by）。"⑤ 当理性主义的求真意志与控制世界的主体原则并驾齐驱时，世界被对象化，万物被精明地算计着，认识一切就在于征服一切。站立于现代性入口处的培根说："在我看来，知识的真正目的、范围和职责，并不在于任何貌似有理的、令人愉悦的、充满敬畏的和让人钦慕的言论，或某些能够带来启发的论证，而在于实践和劳动，在于对人类从未揭示过的特殊事

---

① ［德］海德格尔：《存在与时间》，陈嘉映译，生活·读书·新知三联书店 2014 年版，第 481 页。
② ［美］列奥·施特劳斯：《政治哲学史》，李洪润译，法律出版社 2009 年版，第 899 页。
③ 海德格尔与纳粹之间的纠葛可以看作这样的一场思想实验。
④ 参见英国诗人托马斯·艾略特的《荒原》。
⑤ ［美］汉娜·阿伦特：《真理与政治》，《西方现代性的曲折与展开》，吉林人民出版社 2011 年版，第 288 页。

物的发现，以此更好地服务和造福于人类生活。"① 长期盘踞知识体系中心地位的灵知主义的宗教知识被压迫进边缘角落，而经验主义的实证科学知识开始走向知识的中心舞台，因为它能够用数学原理来解释事物，用技术手段为造福人类服务。

理性善于计划与盘算，整个现代社会被按照理性的原则组织起来，经过理性整理过的现代生活呈现出整饬的秩序。可是，由于理性的过度盘算与征服而催生了价值理性与工具理性的剥离，工具理性至上导致了价值理性的裂变与变形。没有什么价值可以被规范所固定，一切都是暂时的，变化才是永恒的。"原始的统一是不断地活动和变化的，永不停止。它的创造是毁灭，毁灭是创造。"② 这种不确定性对确定性的否定，使得切实可见的事物功用演化成为不变的象征体。粗俗的有用价值成为衡量价值的一般等价物，人的物化和欲望化不可避免地产生了，金钱拜物教和商品中流行的感官主义刺激着人们的神经。现代社会的症状在弗洛伊德的本我中爆发出来，看上去理性被非理性彻底征服了。

三　无尽的冲突叙事

难以给现代性下一个完整的准确的定义，它分裂为与现代政治、经济和文化相关的各种叙事片段。把现代社会的总体性概括为现代性并非价值判断，因为现代性本身是个价值熔炉，它恰好可以巧妙地把看似水火难容的对立物混合在一起，这就是深入现代性骨髓里的冲突性叙事。因此，现代性被成对的话语修辞统治着，肉体与灵魂、短暂与永恒、危机与拯救、怨恨与狂热以及返乡与逃离，等等。如果能够穷尽这些修辞，也就把握了现代性的全貌，但是对比性的词语列举不完。因此，在看似完好如初的现代性城堡上，它的实体却是分崩离析以至彻底碎片化的。"认识矛盾并且认识对象的这种矛盾特性就是哲

---

① 转引自霍克海默、阿多诺《启蒙辩证法》，上海人民出版社 2006 年版，第 2 页。
② ［美］梯利：《西方哲学史》，商务印书馆 2013 年版，第 21 页。

学思考的本质。"① 现代性深刻地领悟了事物的矛盾本性，它对矛盾加以宽容或者视而不见，前者是自由主义，后者是虚无主义，在"什么都行"与"一切皆无"间盘根错节地布满了冲突性叙事。

现代与古代冲突着，现代和自身也冲突着，这刺激了后现代主义的不满，而这又导致了现代与后现代之间的冲突。各种"后"话语的蜂拥而至，让焦灼的现代性坐立难安，这又产生了反现代性的现代性。现代性充满了逆反精神，它通行无阻，却又处处碰壁。"它一方面使一种非常一般性的、到处都同等有效的利益媒介、联系媒介和理解手段成为可能，另一方面又能够为个性留有最大限度的余地，使个体化与自由成为可能。"② 尼采所说的永劫回归真实地出现了，其实永劫回归本身也并非什么新思想，因为《圣经》中早已说过"日光之下并无新事"，这种历史巧合的事件本身又印证了永劫回归。在冲突中循环，又在循环中冲突，这就是现代性最本真的命运。

第二节　墨家教育思想的现代性表征

墨家教育思想具有显明的现代性特质。在这里，现代性并不是时间概念，而是指和其所在时期的礼乐教育传统分离。墨家教育思想之所以能够跨越久远的时空与现代性心有灵犀，是因为其精神内核与现代性暗相契合。墨家教育思想的核心思想是"教天下以义"。"义"是管理国家和人间世俗事务的通行规则，其培养目标"义人"可以获取可见物质利益和外部社会奖赏。墨家教育思想所表现出来的强烈实用理性色彩、通过教育去承诺实现人的功利价值和理性，以及为"尚同"国家培养适用人才的政治抱负，都暗合着教育现代性的价值诉求，无不体现出现代性的意蕴。

现代性是一个开端性标志，作为历史发展的新端点，它一经产生

---

① ［德］黑格尔：《小逻辑》，贺麟译，商务印书馆1996年版，第11页。
② ［德］西美尔：《金钱、性别、现代生活风格》，顾明仁译，学林出版社2000年版，第6页。

就对人类生存现状及未来发展产生了深远影响。现代性以明确的"新"为自我意识而宣布与传统决裂，它有一种来自生命本能的创新和进步冲动。无论是尼采重估一切价值的自信，还是马克思对一切坚固的东西烟消云散的哀悼，或者波德莱尔以孩童般新奇的眼光打量美的转瞬即逝和体验偶然性的碎片①，都无不宣告一个"全新"时代的到来。② 墨家也是通过对已有既定价值的重思和怀疑，对已有秩序的改造和否定，以及对审美情感需求的彻底遗弃而给战国以光彩的开端。张荫麟指出："在世界史上，墨子首先拿理智的明灯向人世作彻底的探照，首先替人类的共同生活作彻底的新规划。他觉得诸夏的文明实在没有多少值得骄傲的地方。"夏、商、周三代文明所积淀的礼乐制度，业已形成的君、臣、尊、亲的人伦秩序，以及人们在生产和生活中自然产生的审美愉悦和情感体验，都引起墨家重估价值并一律得出否定的结论。这自然也促使墨家在对教育进行设计和建构时不可能再依循历史的传统，必然会以创新开拓的姿态对未来教育发展的路向进行重新规划。

虽然墨家在教育生活中也称引《诗》《书》和宣讲三代圣王贤明道德，但与被"郁郁乎文哉"吸引而产生从周心愿的儒家文化保守心理截然不同，墨家从连年战乱、民不聊生的社会现状推导出恢复周礼仪文并非易事，已有的"礼""乐"范畴已经没有能力再继续解释礼崩乐坏的社会现实。墨家并不认同礼乐治国的政治传统，它要用"述而作"的方式创新建制来实现对礼乐政治的更新和取代。萧公权说："惟吾人当注意，墨子虽或受教于史角之后及孔子之徒，然其学

---

①　参见尼采《权力意志——重估一切价值的尝试》，商务印书馆1991年版；马克思、恩格斯：《共产党宣言》，人民出版社1997年版；波德莱尔：《现代生活的画家》，浙江文艺出版社2012年版。

②　墨家思想是中华传统文化的有机组成部分，关于墨家思想的历史文化渊源研究，有源于殷商文化、源于清庙之守、源于救世之弊等说法，还有学者考证墨学源于原始儒、道思想的一些因素，从墨家思想的渊源上说，它并不是完全新创的学说。但是就墨家思想在中国思想发展史上对历史传统文化的批判和对既有价值体系的反思程度而言，就其在具体内容上，如对知识无限进步、社会臻于完善和道德理想主义等方面的论证而言，都是开创性的。正是在此意义上，墨家教育思想和以"新"为身份标识的现代性可以相提并论。

则熔铸古义,适应时需,自立创新之教,以成一家之言,非前人之所能范围。"①"创新"一词最能体现墨家激进的文教改造心态。墨家通过"非儒"创立了新的学派,同时也实现了对礼乐文化的否定与扬弃,通过"非礼""非乐"顺理成章地放弃了儒家所赖以存在的氏族血亲宗法政治制度,彻底动摇了儒家教育所竭力倡导的礼乐之教的合理性和合法性根基。在先秦中国文化的十字路口和政治道路选择时期,皆主张入世的儒、墨两家就要不要继承礼乐教化,与未来国家政治治理究竟是法古还是改制展开过一场激烈论辩。《墨子·公孟》记载了这场争论的片段:"子墨子谓公孟子曰:'若用子之言,则君子何日以听治?庶人何日以从事?'公孟子曰:'国乱则治之,国治则为礼乐。国治则从事,国富则为礼乐。'子墨子曰:'国之治,治之废,则国之治亦废。国之富也,从事,故富也。从事废,则国之富亦废。故虽治国,劝之无餍,然后可也。今子曰:国治则为礼乐,乱则治之。是譬犹噎而穿井也,死而求医也'。"这段话最能体现儒墨之争中关于在过去和未来之间如何进行抉择,以及解决现有政治问题的两套不同方案,这也可以看作儒墨进行不同教育内容设计的基本出发点。

这场辩论以墨子发问开始,其制胜点在于攻击儒家推崇的礼乐教化制度,争论的核心是让儒家贵族代表公孟子回答"如果礼乐制度值得推行和延续下去,那么治理者什么时候进行统治?老百姓又在什么时候进行生产劳动?"公孟子的辩护是:"如果国家混乱就进行治理,治理好之后就制礼作乐;实现礼乐之治后,老百姓就从事生产劳动,聚集的社会财富再次投入制礼作乐之中。"墨子敏锐地发现混乱、治理、礼乐三者顺承关系的逻辑矛盾,这三者并不是公孟子所想象的依次递进关系,而是根本性的互相决定关系。对国家就要持续地勤勉治理,否则就是噎而穿井和死而求医,等国家混乱之后再进行治理根本就没有能力起死回生,更遑论使用社会财富来制礼作乐了。治理国家最根本的问题是实现国家和民众的共同富裕,而不是挥霍财富而制

---

① 萧公权:《中国政治思想史》,商务印书馆 2013 年版,第 126 页。

礼作乐，这样反而荒废了君子进行治理的时间和平民从事生产的时间，按照公孟子的治理思路只会带来国家的最终覆亡而不是复兴。在这场辩论当中，墨家不但加深了对社会现实政治问题的理解，同时也坚定地相信礼乐制度一定会被取代。既然已有传统文化不再有存续的必要，那么墨家就要用"强为"和"力行"来开创一个全新时代，这其中也涵盖了对教育重新进行全面的筹划和设计。

造成这一结果的原因在于，在墨子的教育经验中，当他初习儒学时就已经悟解到"其礼烦扰而不悦"①。在这位墨家创始人看来，以外在礼仪为主要表现形式的礼乐教育和其所维护的封建等级政治及稳定的人伦秩序，无非是劳民伤财、耽误农业生产和公共生活治理的无益举措，当然也不值得继续作为教育的主体内容而被传颂沿袭下去。由此所开启的儒墨之争全方位地表现在政治制度、人伦关系、传统文化和教育理想等方面，并试图把中国历史带上不同的发展方向。具体到教育，儒墨之争的原点在于对人性的根本理解不同，依此形成差异显著的教育理想和开设出完全不同的教育内容。儒家礼乐教育把人的存在理解为"仁人"，即"道德人"，以此出发设计出礼、乐、孝、悌和文、行、忠、信的教育内容，教育的最终目的是"克己复礼为仁"②。为了平衡人的仁爱存在和利益存在之间的冲突，孟子主张"制民恒产"，但是在儒家教育价值追求中，"利"自始至终都不是所欲求的主要对象。而墨家的义利教育则把人的存在理解成"义人"，即"经济人"，以此强调在教育场域中"教天下以义"和"义以利导"。这里的"义"是一套指向人间世俗事务的既定规范和运行准则，培养"义人"可以让人在人人富足的幸福生活中遵章守法并安享此生。同样，为了兼顾人的利益存在和伦理存在，墨家给定的教育方案是培养人的兼爱精神，以此来调和社会关系不至陷入利益冲突和产生强夺战乱之祸而实现世代和平。虽然儒墨教育的最终目标都是实现政治治理，但由于对人性的根本理解不同，致使在构想教育方案时

---

① 陈广忠：《淮南子》，中华书局 2012 年版，第 1267 页。
② 杨伯峻、吴树平：《论语今译》，齐鲁书社 2009 年版，第 123 页。

对教育价值的判断和教育内容的设计也不相同，对社会政治产生的实际影响也存在显著差异。在与儒家的争辩中，墨家放弃了超越世俗生活之上的至善教育理念，而迈进实现人的功利性价值和关注此生现实生活幸福的现代教育之境，从而避开了以追求卓越德性和完善灵魂为主要标志的理想教育之路。

以每个人共有的物质利益需要和生命保全的现实需求为理解人性的前提，墨家提出了以"教天下以义"为核心的教育思想，希望通过教育培养"兼相爱""交相利"之人，继而建立一个"尚同""尚贤"的超级稳定的社会结构。至此，儒家教育所要形成的"学诗习礼、文质彬彬"的"应当之人"就让位于墨家教育所要培养的"非礼非乐、以利为本"的"现实之人"。"现代性的起点是对存在（the is）与应当（the ought）、实际和理想之间鸿沟的不满；对此，现代性首次浪潮中提出的解决方案是：将应当设想为并未对人提出过高的要求，或者设想为与人最强烈、最共通的激情相一致，这样来降低应当，使之俯就存在。"① 墨家教育准确表达了对追求礼乐之人完满圆润精神的不满，通过对教育世界中"现实之人"和"应当之人"这一鸿沟的极力弥补和纵身跨越，轻易放弃古典教育对德性卓越与灵魂完善的追求，转向对现实物质利益的追求。

古典教育对可能的美好生活的无尽向往让位于墨家教育对世俗利益的无限渴求，墨家教育由此脱离超越性的灵魂生活而投身于当下的现实生活。"墨子一系的思想就是如此，他们并不重视文化和知识的断裂，而只是为了当下制度和规范的建立，所以，墨子一系用充满工具理性色彩的思想来批评维护价值理性的思想。"② 在教育中，墨家使用现代性中通用又通行的工具理性，成功割裂和损坏了美善和至善的价值理性与人的本然联系，这具体体现在墨家教育思想对人的功利价值和理性实现的双重许诺上，也是理解墨家教育思想现代性的主要

---

① ［美］施特劳斯：《现代性的三次浪潮》，贺照田主编：《西方现代性的曲折与展开》，吉林人民出版社 2011 年版，第 90 页。
② 葛兆光：《中国思想史》（第一卷），复旦大学出版社 1998 年版，第 194 页。

线索。

第三节　理性、功利：墨家教育思想的现实承诺

　　墨子出生稍早于亚里士多德，可他对人性的洞察却是马基雅维利式的。通过对生活世界中现实利益的强调，墨子扭转了古典教育对人性卓越和城邦政治的思考方向，翻转了教育、伦理和政治的依从关系，他把教育的重心放置于培养"兼相爱""交相利"之人上，为尚贤、尚同国家的建立提供前提和基础。"马基雅维利的'现实主义'表现在把政治生活的标准自觉地降低，不是把人类的完善，而是把大多数人和多数社会在大多数时间里所实际追求的目标作为政治生活的目标。"① 墨家教育同样表现出这种现实主义。对功用和利益的注重和强调，是墨家教育思想的根本出发点。墨家的教育理想建立在以利为本位的伦理学基础上。"利，所得而喜也；害，所得而恶也。"② 墨家设想人的自然本性并非善的，而是趋利避害的争抢掠夺和自我保全，对人们应当如何美好生活的古典德性在墨家看来，则是犬儒主义般的无所作为。在墨家的视野中并不存在先验的善，也无须让教育唤醒和引导人的灵魂转向善。《墨子·尚同》下篇提到了善："若苟明于民之善非也，则得善人而赏之，得暴人而罚之也。"墨家主张治理者明察百姓的善与不善，就能发现行善的人和暴虐的人而给予赏罚。"墨家完全以'行善'（doing good）作为行动的导向，而不是将全部精力集中于'成善'（being good）。"③ 把人的灵魂引往神圣理念世界的古典教育，在墨家看来过于抽象而显得不合事理。墨家教育的根本价值在于通过"教天下以义"而获取现实生活中人人需要的世俗利益，教育可以忽略人的内在精神世界的"成善"欲求。

　　墨家教育把人理解为功利性存在，"教天下以义"的内容设计把

① ［美］施特劳斯：《政治哲学史》，李洪润译，法律出版社2009年版，第393页。
② 姜宝昌：《墨经训释》，齐鲁书社2009年版，第30页。
③ ［美］史华兹：《古代中国的思想世界》，程钢译，江苏人民出版社2004年版，第151页。

人的目光下拉至世俗生活。那么，"教天下以义"和实现人的功利存在之间到底有何关联？墨家否定教育传统中礼乐的成人价值，指出政治现实中任用人才时偏向尊者、亲者和美者的弊端，建立起"义，天下之良宝也"①的新的价值坐标体系。"义"不仅是个体安身立命、跻身于尊贵位置的根本，也是国家统一意识形态和价值尺度的标准。通过教育"教天下以义"，可以建设"一同天下之义，是以天下治"②的国家，教育由此成为立国之本和治国之基。这已经完全演化成由民族国家所控制的现代教育的价值追求，至此，墨家教育彻底脱离了古典教育的范畴，个体精神自由由于没有物质世界的可衡量尺度而失去存在的意义，灵魂受到彼岸理念世界的光照由于过于玄妙而不符合每个人的普遍需求，墨家教育坦诚地向名誉、地位和财富等现实之物的实用价值开放。与"善"不同的是，"义"并不是个体自发的内在道德完善的形上追求，而是和"天志"比翼的伦理形式。经过逻辑实证，墨家的义、爱、利勾连成为一个整体，推动人全心"成义"的是外在奖赏和物质激励，"不义不富，不义不贵，不义不亲，不义不近"③。教育可以促使人"成义"，成义可以获得现实可见之物的实用价值从而实现人的价值，这是墨家教育离开古典教育的成人目标而走向现代教育为国家培养可用人才的内在演化逻辑。成义就是行善，行善即为"兼相爱"和"交相利"。最高的善就是在所有人之间通行彼此施予的关爱和利益行动，就是把个人的价值追求内置于为国家利益服务的诉求。

墨家教育拒绝承认善的绝对价值和先验存在，提出了判断事物善恶是非的三条标准，即"三表法"，制礼作乐浪费了为大多数人谋求最大幸福的治理时间和物质财富，因而不符合圣王之事和百姓之利。在这三条标准中，百姓的基本利益是最根本标准，古典教育中对最高善的可能欲求，让位于唾手可得、让人内心欢喜并无限趋向的现实利

---

① 方勇译注：《墨子》，中华书局2011年版，第400页。
② 方勇译注：《墨子》，第97页。
③ 方勇译注：《墨子》，第50页。

益，而且推演为衡量一切教育价值、人伦关系和国家存在的合理维度。"义，利也。志以天下为芬，而能能利之。"① 正义就是得利，就意志而言，是以整个世界为得利的范围，并且能够有获取利益的实际能力。教育也成为引导人在现实生活中寻找形下价值，为了避免人的利益冲突而造成道德堕落和政治混乱，墨家教育用"兼爱"来平衡人的功利性存在。初看起来，"兼爱"是种颇能打动人心的学说，以致历史上不少人认为"墨子所讲的兼爱，与耶稣所讲的博爱是一样的"②。从表面看来，两者似乎的确能够等同，因为它们都强调为他人不计代价地付出和牺牲，都是无我奉献和完全利他。但从根本上说，前者是神对人的神圣之爱，而后者是人对人的计算之爱，其动机是"爱人者，人必从而爱之；利人者，人必从而利之"③。"兼爱"就是进行利益对等交换，墨家把人类爱的情感又复归建立在利益之上，把教育的终极价值追求再一次坚固地根植于功利之上。"实际上，本应浸润于爱人之'爱'中的那份由衷之'情'也就被全然弃之不顾了。这种抽去了'情'的涵润而只作为一种道理讲的'兼爱'必然是实利化了的爱，它是墨子学说的核心价值所在，也是墨子学说得以推演为一个严整体系的最终依据所在。"④ 从个人利益出发，必然会产生多元的价值理解和利益需求，这被墨家看作在自然状态中个体内在的无道德状态。墨家教导人们"去六辟"来祛除人的基本感情和根除本能欲望，因为只有在完全放弃情感的条件下，人才能完全忘我地为己和利他，才能把所有的生活重心都建立在全心为之奔走的国家利益之上。

　　教育世界中的人总是在现实性和超越性、此岸生活和彼岸信仰、身心感受和精神自由之间获得此世存在的价值和意义。墨家教育屏蔽了人对彼岸精神世界的向往，祛除人的情感而保留了人的理性和意志。就功能而言，意志对接其所主张的"强为"和"力行"，即禁欲

---

① 姜宝昌：《墨经训释》，齐鲁书社 2009 年版，第 9 页。
② 周富美：《救世的苦行者——墨子》，中国友谊出版公司 2013 年版，第 33 页。
③ 方勇译注：《墨子》，中华书局 2011 年版，第 127 页。
④ 黄克剑：《由"命"而"道"》，线装书局 2006 年版，第 108 页。

苦行般地为天下道义和黎民疾苦而奔走呼号；而理性指向其对居上者的神秘和外界自然事物的客观认识。墨家教育对人的理性充满高度自信。在古代中国教育文化源头，相比于儒家教育"知"与"不知"并存的有限认识论和道家教育中"绝圣弃智"的虚无认识论，墨家教育表现出迥异的无限认识论。墨家通过推理得出，人的认识从感性向理性的超越，最终目标是穷尽一切知识以达到"穷知"的境界。墨家主张，通过教育中对命名和概念、实体和功能、原因和结果、现象和本质等的分析，可以认识所有事物直至掌握真理。墨家学派不仅归纳出判断一切事物标准的"三表法"等逻辑学思想，还在注重感官经验的基础上，凭借对理性的自信，获得较为先进的探索事物原理的成就。

墨家对人的理性高度自信的表现之一，是核心概念"兼爱"的证明。墨家的推理前提是：宇宙时空是无限的，而世间的人数无法充满所有时空，这就说明人的现存数目有一定的极限。既然人的数目是有限的，那么就能够爱遍所有的人，这如同能够一一问遍所有的人一样，是可以实现的。墨家学派把一个伦理实践命题改换成为一个形式逻辑命题，并成功地进行了证明。依靠这种对理性的极度自信，墨家教育认识了至高的存在奥秘——"天志"，天的意志就是要人相爱相利而不要相恶相贼。在至高的"天志"引领下，墨家学派能够勤生薄死地忘我牺牲奉献，矢志不渝地追求实现自己的政治主张。这能够解释墨家教育通过认真钻研精神，为穷尽真理而毫不停息地在自然科学、逻辑学和守城防备技术上所做出的卓越贡献。在墨家教育那里，理性可以帮助人摆脱情感的羁绊，可以认识至高的奥秘和意旨，可以掌握外界浩瀚宇宙和自然事物的运行原理，可以制作出卓越的防城器械和守城方法策略来达到"非攻"止战的政治目的，甚至在伦理实践领域几乎没有任何希望实现的同质同量地爱遍所有人的悖论，在他们看来也并不是什么难题。总结墨家学派做出的历史贡献，可以惊讶地发现，墨家依靠理性智慧和坚不可摧的意志，几乎没有什么难成之事。

可是从结果上看，在墨家教育的理性所到之处，传统习惯和礼俗瓦解了，"止于至善"的大学之道被击碎，"祭神如神在"的宗教神秘感和对天道、天理的探索被强行阻断，按照人的复数原则来进行的政治活动也被轻易取消。一个以普遍意志为统整的钢铁理性和不可逾越的规则框架为运转轴心的政治制度被打造而成，社会一丝不苟地按照"义"的规则来运行，人的自由精神世界和外在政体的运行规律一样，都遵循天体般的运行轨迹。通过"非命"思想的宣扬，墨家向世人宣告可以掌握不可知的命运，人成为自我命运的绝对主人；通过"赖其力者生，不赖其力者不生"①的二元划分，把人下拉平齐至劳动的动物；通过发现政治生活的密钥"人生来平等"，墨家教育完成了对民众"君无常贵，而民无终贱"②的意识启蒙与唤醒。墨家教导人人都要劳动也能彼此分享劳动成果，我们的祖先就是如此生活的。进一步来看墨家教育的价值追求，它倡导君民身份的无常变换，贵贱和善恶都变成相对的。做好事就能够成为好人，且好人就是做好事的人，不存在伪善和知善而无法行善的伦理困境，人性与伦理冲突的悲剧意识被消解，取而代之的是在人人都能实现的功利面前人人平等的大众化价值。墨家教育宣扬人生而平等的高低、贵贱双向互动机制，使底层民众看到了前所未有的自我救赎的希望和革命胜利的可能。可是，"实际上，平等可能产生两种倾向：一种倾向是使人们走向独立，并且可能使人们突然陷入无政府状态；另一种倾向是使人们沿着一条虽更加漫长、更为隐秘，却更加确定的道路走向奴役"③。依循墨家教育的精神指引，能够最终被引导至第一种倾向还是第二种倾向，取决于墨家教育所要实现的政治抱负。因为人毕竟是政治动物，解放还是奴役都无法完全依靠个体自身决定，而必须受制于其所处的国家政治制度。墨家教育实践对政治生活做了行动上和理论上的双重贡献。在墨家的教育场域中，他们痛恨战争频仍和人性自私所带来的混乱和罪恶，却不相信人能够依靠自我的德性追求而规避风险，

---

① 方勇译注：《墨子》，中华书局 2011 年版，第 279 页。
② 方勇译注：《墨子》，第 52 页。
③ ［法］托克维尔：《论美国的民主》，曹冬雪译，译林出版社 2012 年版，第 239 页。

于是，墨家在教育生活中形成钜子组织形式，并设计出尚同国家模型来规范人的一切价值和所有行为。

第四节　尚贤、尚同：墨家教育思想与政治建构

墨家对人性、教育和文化都进行了改造，力图建造一个新式的理想国家模型，而这离不开对已有历史意义的充分解读和再次建构。对于历史，墨家同样不满于儒家"述而不作"的保守退让心态，在和公孟子的辩解中，墨子说："吾以为古之善者则述之，今之善者则作之，欲善之益多也。"① 墨子主张对于历史中的善要去记述，现在的善就要去做，人们有责任去创立新的生活方式和政治制度，这样善就会累积。在墨家看来，善不是稳固的实存，而是可以通过人为创造而逐渐增多的可变性事物。墨家适合于现代性进步史观的历史观念呼之欲出，即"人类作为一个整体是不断进步的"②。通过教育培养人的理性、祛除人的情感和保留人的意志，人完全可以主宰社会和历史的运行秩序。

在历史进步观念的引导下，墨家在其教育实践中创立了一种全新的教育组织形式——钜子制度，从墨家文献描述和相关史料记载中，可以概括出这种全新教育生活的重要特征。首先，墨家师长负责把门下弟子推荐到各诸侯国做官出仕，所得收入归墨家学派所有，这是实现兼爱交利的物质条件，也是杜绝萌发私心欲望的最好举措。其次，墨家弟子参与政治活动时，必须严格贯彻墨家兼爱交利、非攻非乐等各项道德价值规范，如有违逆，则被终止前途以示惩戒。最后，墨家学派的所有成员都把最高信念一以贯之，对"义"的普遍认同和绝对遵守使整个墨家的共同活动在固定的轨道上高效运转，丝毫不会出现差错。"如此则舆论和政令相符，整个社会像一架抹了油的机器，

---

① 方勇译注：《墨子》，中华书局 2011 年版，第 405 页。
② ［美］汉娜·阿伦特：《共和的危机》，郑辟瑞译，上海人民出版社 2013 年版，第 95 页。

按着同一的方向运动。这便是墨子所谓'上同'。"① 按照钜子制度的组织原则和控制原理，墨家设计出尚同国家模型。

尚同国家和钜子制度具有同质同构性。在钜子制度中，能够看出墨家教育生活世界的种种韵味。对"天志"的忠诚信念使墨家教育围绕着天志所要求的人必须互爱互利的"义"来展开，墨家反对任人唯亲、唯美的贵族偏见，主张尚贤和平等地选拔优良人才并视之为为政之本。墨子曰："必去六辟。默则思，言则诲，动则事，使三者代御，必为圣人。必去喜，去怒，去乐，去悲，去爱，去恶，而用仁义，手足口鼻耳目从事于义，必为圣人。"② 从墨家这一教育目的论总纲中，我们无法看到人的完整存在，人被分割为必须去除情感的人与必须为实现功利而保留仁义的人。现代教育也把每个人都平等地带到世俗生活的同一水平面上，国家管理规格统一的教育生产流水线，经过加工后，个性和本真自由荡然无存，只剩下现代教育千人一面的终端产品，而看不到个性差异和自然的造化伟力。在现代教育中，受教育者被教育技术"算计"和统治着，它的完整人性必须被割裂以迎合技术规范体系评价的需要。③ 墨家教育和现代教育有着异曲同工之妙，改造人性和建设国家互为表里、同步进行。

墨家教育思想要求学生倾倒主观价值的好恶和清空本真的喜怒哀乐之情，让所有人都成为盛装仁义的容器，言行举止、意念心思和身体各部分的运行目的都与仁义相符合。墨家教育思想对人的存在做了分解剖析和重新建构，认为人存在的全部目的就是行使"义"的信念，只要人的所有内外活动都被思"义"、言"义"和行"义"轮番控制就一定能够成为圣人，这导致了墨家教育思想的内在封闭性。墨家在激励学生自我圣化时，将人异化成为"义"的工具和实现"义"的手段，人被"义"完全客体化和禁锢着，毫无自由可言，这和现代教育对人的自由解放和异化奴役的矛盾态度相一致。儒家从孝、忠

---

① 张荫麟：《中国史纲》，中华书局 2012 年版，第 120 页。
② 方勇译注：《墨子》，中华书局 2011 年版，第 415 页。
③ 高伟：《现代性背景下当代教育价值批判》，《陕西师范大学学报》2010 年第 2 期。

同源和家、国同构出发强调学生孝的品质，可是，当宰我和孔子探讨"守三年之丧"是否为伦理生活中的绝对命令时，孔子尚且为学生心灵保留"于汝安乎"的自由空间，让学生顺从道德情感体悟去操行道德义务。如果把同样的情境放到墨家教育生活中，则为绝对不可能之事。在墨家教育生活中，对弟子言行思想有着严密的监控体系，严格规定不行墨家之义则不足以是墨家之人，教师权力和道德教条具有至高无上的地位，"义"是教育生活中不容置喙的绝对道德律令。这特别接近福柯在进行知识考古时所发现的知识和权力严密配合下无处不在的规训和惩罚机制。在墨家教育世界中，教师是知识和权力的最高权威，"义"是不容怀疑的绝对价值，人的存在是为了施行"义"的道德价值。钜子制度既是墨家教育的原型，也是墨家政治建制的底本。

在尚同国家模型中，我们会发现天下终于遍迹了没有任何差异、人心为公毫无私心杂念、秩序俨然没有危乱战争、人性美满完善绝无痛苦的社会，人们永远平静而满足地享受着细小而琐碎的幸福。那么，人性本来的差异化存在是如何被墨家教育改造完成的？人类世代企盼的桃花圣境在墨家那里又如何实现？"墨子认为政府的职能是'统一、同化帝国境内的道德'。墨子试图用唯一一种可以一统天下的标准取代各种不同价值。"① 通过教育对人本性质料的加工改造以及创立设置精巧细密的规则和制度，国家就被打造得如同墨家的工匠技艺一样精湛和实用。通过教育改造人性的参差多态，把国家打造成为精巧的人工制品不再是霍布斯们的专利。墨家教育思想确信，人已经成为自我命运和历史发展的主人，可以通过严密设计和严格控制环境而把人性浸染成想要的任意颜色，"染于苍则苍，染于黄则黄"②，人性如同洁白柔软的素丝，可以随意塑造和加工制作。

可以制作一切是否意味着毁灭一切的可能？在赞美墨家信徒倒空

---

① ［新］赖蕴慧：《中国哲学导论》，刘梁剑译，世界图书出版公司2013年版，第65页。

② 方勇译注：《墨子》，中华书局2011年版，第13页。

自我为"义"赴死的牺牲时，是否思考过他们的信仰究竟藏身何处？在墨家给予底层民众以无尽救赎希望的同时，是否又再次把他们引领到虚无主义的无尽深渊的边缘？墨家教育思想把人的存在化约得极为单一，思考和创造的自由、对祖先馈赠文明的享受、以人的复数为单位的政治活动都被从日常生活中彻底清除。私人生活领域和公共生活领域合二为一，人的完美品德和国家的要求严丝合缝，自由存在的个性和极力打造的共性毫无区别。通过墨家教育的不懈努力，人的本真多样性存在反而成了一种不可饶恕之恶，国家不同阶层的共识和利益诉求毫无容身之所。

墨家教育改造人性的路径是人多样性存在的逆运算：多就是一，一就是无。墨家创新国家政制的进步尝试最终会取消政治的存在，历史也会停止在一个永恒静止的状态。夏禹是墨家的人格偶像，去模仿一个积极为民奔走和终身劳苦的先祖，这本身无可厚非且值得赞扬，可是把夏禹时代人人勤苦劳作而原始分享的生活样态以及尚未分化的原始平等的政治模式作为永恒的真实境况，这真的会是墨家和全人类的黄金时代吗？

在墨家的尚同国家中，会很容易发现普遍意志的身影。"在社会关系方面，人民既然把他们所有的意志都集中起来成为一个唯一的意志，则体现这个意志的各项条款就将成为国家的成员都无一例外地必须遵守的各种法律。"① 墨家设计的国家模型通过"兼相爱"和"交相利"消除了人的差异化存在维度，通过尚贤和尚同取消了社会中间阶层，群体变成个体，国家成为最高意志。个人意志由于和普遍意志，更确切地说是和国家意志完全重合，从而实现了个人之善和集体之善的最大化与一体化。在尚同国家中，通过"闻善而不善，皆以告其上"② 的思想控制手段，采用使每个人的言行、动机和效果都透明化的全景监视技术，使每个人的言行都统一于最高价值"义"。在

---

① ［法］卢梭：《论人与人之间不平等的起因和基础》，李平沤译，商务印书馆2007年版，第110页。

② 方勇译注：《墨子》，中华书局2011年版，第86页。

"义"作为普遍意志的统治中，"视人身若其身，视人家若其家，视人国若其国"①，自我和他者之间的界限和冲突完全被消解。然而，墨家教育思想所许诺的幸福光芒过于炫目，以致让人无法辨认真相，它不再需要上下求索地去追求真理，因为幸福、价值和真理都明显地摆放在"教天下以义"的讲坛上，只要过来任意拿取即可，不需要付出任何代价，也不需要等待和忍耐，取之不尽用之不竭。

在墨家那里，文化价值根本就无足轻重，墨子明确提出反对音乐和审美，因为按照墨家的真理标准，精神文化生活会浪费生产出来的物质而导致亡国。墨家不仅成功否定了国家为之存在的伦理维度，同样也轻易毁坏了世界为之存在的精神根基。"世界的这种非精神化，并非由个人无信仰所致，而是那个如今已导向虚无的精神发展的可能成果之一。我们感觉到前所未有的实存之空虚。"② 学者在评价墨家这种以底层平民自下而上打量和评判历史和文化的眼光时指出，墨家思想的影响一直隐而不显地潜藏在传统中并延续至今。"中国近代这种站在小生产立场上反对现代文明的思想或思潮，经常以不同方式或表现或爆发，具有强烈的力量，得到广泛的响应，在好些人头脑中引起共鸣，这一点却是不可忽视的。它对中国走向现代化并非有利，并经常成为近代启蒙的阻力或反抗。"③ 这样看来，墨家教育思想业已完成，它作为文化基因依然存在于民族的心理结构中。因此，反思墨家教育思想的现代性特质，不仅是一项重要的历史课题，而且是一项重大的现实课题。

第五节　为承认而斗争：教育正义与 底层民众的精英意识

墨学蕴含的平民色彩一直是评判墨学价值的重要维度。荀子评定

---

① 方勇译注：《墨子》，中华书局 2011 年版，第 122 页。

① 方勇译注：《墨子》，中华书局 2011 年版，第 122 页。
② ［德］雅斯贝斯：《时代的精神状况》，王德峰译，上海译文出版社 1997 年版，第 18 页。
③ 李泽厚：《中国古代思想史论》，生活·读书·新知三联书店 2009 年版，第 75 页。

墨家"只见于齐不见于畸",指明了墨家重视社会阶层的平等维度,却忽视了人与人、阶层与阶层间的不平等,即强调平等的重要性而无视差异的包容性。庄子则突出墨家团体自律、劳碌、勤苦为百姓利益奔走呼告的形象,认可墨家的人格是"天下之好"。对墨家刻苦己身的苦行和禁欲精神,庄子认为把这样的准则实施在自己身上,恐怕是不自爱的表现;再以这样的标准要求他人,更是不爱人的做法。庄子隐微地指出墨学的矛盾特征,想为底层民众谋取最大化的利益,却无法在物质和精神上满足其基本需要,前者表现为"节用",后者表现为"非乐"。墨家这种立足于底层来打量历史发展和社会进步的眼光,同样表现在通过教育构建社会正义的设计思路上,既肯定自然法统摄下的平等权利,又通过"尚贤"和"尚同"制度设计把底层民众牢固地圈定在既定的位置上。

一　墨家自然法规定下的平等权利

通过设立言论标准的"三表法",墨家为底层民众的利益呼告,进而把它设定为衡量所有事物的标准。"何谓三表?上本于古者圣王之事,下原察百姓耳目之实,观其中国家百姓人民之利。"① 占人口大多数的底层民众的经验和利益,是判定言论、政策和事物优劣的根据。在夏商周三代时期,统治者就与民众的依存关系而产生"敬天保民"的思想,但只有墨家史无前例地把民众的日常经验和基本利益作为立功、立德、立言的依据。"劳逸不均,贫富不匀,劳者贫苦,逸者富贵,这种不平等的社会现象对个体小生产者来说是最敏感,也是最感愤恨的事情。绝对平均主义自然成为小生产者所固有的思想特征,充满普遍的爱的大同世界是小生产者最易产生,也最易接受的社会理想。"② 从社会现实和怨恨心理出发,平民保全生命和财产、平等接受教育和参与政治的权利首次进入墨家视野,这是其自然法思想的萌芽。

---

① 方勇译注:《墨子》,中华书局 2011 年版,第 286 页。
② 邢兆良:《墨子评传》,南京大学出版社 1993 年版,第 84 页。

天志是"三表法"的上位观念，是不以人的意志为转移的自然法则，有力地支撑着墨家的平等理论。墨家的天是意志之天，"我有天志，譬若轮人之有规，匠人之有矩。……中者是也，不中者非也。"① 墨家在立足人世经验的"三表法"之上，树立"天志"至高无上的威严；在百姓的经验和利益之上，先验的意志之天拥有兼明、兼有、兼食和兼爱的神圣品质，是世俗价值的来源和行为法则的皈依。神圣者全知全能，无差别地爱护每个人，它才是值得效法和敬畏的对象。"概而言之，义在墨家思想体系中，有效性来源于天，可以称作法天明义；现实表现是公共利益，可以说是以礼达义；价值效用指向作为整体的天下，不妨称之为举公正义。"②

在此前提下，墨家把人出身、先天禀赋的差异，改造成具有平等意味的自然状态。在天志观念的指引下，在有意志的人格神主导下，墨家得出超越国家、阶层和社群的自然正义和自然法则。"民生为甚欲，死为甚恶"，对生命的渴念和对死亡的恐惧是人的本能，而人世间的种种灾难乱象危及生命保全活动。墨家把不平等、互相倾轧和掠夺纷争概括为"不义"，这是上天极力反对的。因此，若要贯彻自然法思想中的平等和正当，就必须反对人间的种种灾难，把爱利原则贯彻到社会和家庭生活中。人们之所以放弃自己的身体、家庭、社群和国家，是因为"天下无大小国，皆天之邑也；人无幼长贵贱，皆天之臣也"。墨家的人由天来治理，这为证成兼爱学说奠定了基础。

天志让每个人无差别地归属其下，因而产生了墨家形上的天人关系，在构造社会运转机制时，墨家依此设计了神权政治和神道设教。在"三表法"被确立后，墨家引申出衡量事物的规则："此必上利于天，中利于鬼，下利于民，三利无所不利，故举天下美名加之，谓之圣王。"③ 墨家设想的圣王政治沿用了这条规则，上天、鬼神和民众的利益需要兼顾，"三利无所不利，是谓天德"④。只有当三者的利益

---

① 方勇译注：《墨子》，中华书局 2011 年版，第 221 页。
② 霍国栋：《墨家"义"思想及其当代价值》，《伦理学研究》2010 年第 1 期。
③ 方勇译注：《墨子》，第 220 页。
④ 方勇译注：《墨子》，第 231 页。

得以兼顾和实现时，这样的政治才完善。在天赋权力思想下，墨家显示出初步的自然法思想，即每个人都是平等的上天臣民，都有凭借才能获取权力的机会，都有实现上天意志的职责。

在朴素的自然法思想引导下，墨家把教育作为革新人性和改造社会的工具，在墨家设立的理想社会中，"有良道得以相教"是衡量社会完善与否的指标。墨家教导良道的依据也是天，"墨家的教育思想是以'天'为中心，他的教育目的是把他的子弟培养成'尊天、事鬼、爱人、节用'的智者。在墨子看来，人不是必然具有'仁'这种本质的，他也不把人看成与'仁'一致。他主张我们不应当效法人而应当效法天"①。墨家反对当时按照社会等级配置教育资源的主流制度，把所有人涵盖到教育范围中，虽然没有设计出完善的学校教育体系，但是具有明确的课程内容。墨家的教育目标是把天志传达的"义"在全社会推广，主张人们掌握了"义"的良道，上天的旨意就会实现，人人相爱和互助的理想社会得以建成。按照"义"的要求行事，既可实现利益共享和团体互助，亦能获得上天的奖赏。意志之天是教育对人规训的主导力量，也是规划社会生活的依据。借助天志的力量革正人心、改良社会，以使人人遵守兼爱、交利的价值规范。

墨家的教育权利没有个体差异和阶层歧视，把所有人平等地接纳为教育对象。不仅如此，墨家强调"强以说人"和"遍说人"的教育主动精神，即使再好的良道，如果不及时宣扬开来，人们也会置若罔闻。"无论是墨子对人人享有完全平等的教育机会的要求，注重培养学生良好道德风范、高尚道德情操，要求磨炼学生意志的思想，广泛的学习与实践的做法，还是师生在教学中主动积极精神的提倡以及创造性思维的培养等等，都对我们有极大的启示。"② 教师应遵守"不扣亦鸣"的教育原则，自觉履行教导他人的职责。社会如若放弃引导其成员的价值，亦会损害自身的健全发展。墨家教育精神是非常积极的，对改良社会持有满腔热忱，对教师言行提出较高的要求，对

---

① 李绍崑：《墨子：伟大的教育家》，湖南教育出版社 1985 年版，第 7 页。
② 秦彦士：《墨子考论》，巴蜀书社 2002 年版，第 266 页。

学生的求学志向极为珍惜。

墨家认为，学习是做人的本分，求知是人的"义"，如果不主动学习，就违背了为人的规定性。墨家认可实用知识的价值，要求学生灵活应对，"能谈辩者谈辩，能说书者说书，能从事者从事"①。墨家认同因材施教，更重视辩论、讲授典籍和从事技术等实际能力，却不注重人的心性修养和克己功夫。原因在于只要按照"义"的原则去行事，"有良财得以分人，有良力得以助人，有良道得以教人"就会实现，人内在良知良能的唤醒和培育并不重要。过度关注内心反而可能造成人格冲突，这违背了墨家言行一致的要求——师生所说的就是能做的，能做的才值得宣扬和教导。人人均有接受教育的权利，因为人人皆有认知和行动的能力。墨家认为知行合一、言行一体，这是教育遵循的基本原理。通过社会监督和宗教制裁，"一同上下之义"的社会运行准则有所保障，人的言行受到严格控制，不会出现差错和违背。

教育作为墨家天志的重要规训力量，既保障社会的正常运行，也是个体价值的来源。作为墨家弟子，只要执行"义"的规则，就能获得物质报酬和名誉、地位等精神奖赏。无论何种出身和阶层，只要拥有能力，只要遵守原则，就能获得现实的回报。"墨子的政治手段，不采取暴力革命的方法，而主要用'上说下教'的方法；'上说下教'的政治手段，就是一种教育。墨子所代表的阶层和墨家集团，是要求政权的；要求政权的重要资本之一，就是才能、学问；而才能、学问的获得，必须通过'学'和'教'，所以墨子也非常重视教育。"② 教育平等推动社会成员改变阶层、出身和命运，获得实际能力后，就可获得晋升的机会。如果违反墨家的教导，必然遭受严厉惩罚和巨大恐惧的威胁。教育可以让人拥有良多，也足以使人失去所有，这是墨家教育平等精神所造成的困顿。

---

① 方勇译注：《墨子》，中华书局 2011 年版，第 395 页。
② 童书业：《先秦七子思想研究》，中华书局 2006 年版，第 96 页。

二　墨家的教育等级思想

墨家教育注重平等，却要面对人和人的客观差异，既存在心性修为的不同，又表现为权力、地位和先赋才能的不平等。墨家虽然认为每个人都是上天的平等子民，都有学习的权利，最终还是难以脱离教育的等级观念。"尽管以现实功利为基础，墨子的社会政治原则并不建立在近代个人之见的平等契约论的原理之上，而是建立在每个人都必须服从人格神主宰的基础之上。"① 天居于最高等级，向天志和鬼神的追溯，使墨家相信神灵的完美无缺和嘉言懿行可以优化人的认知和行动。人类效仿天的榜样，固有的为我之心和为家庭、族群和国家筹谋的本性，能得以缓解和治愈。这样人人成为爱的主体，形成优良的社会风俗，争斗和倾轧会有所缓解。"是故大用之治天下不窕，小用之治一国一家而不横者，若道之谓也。故曰：治天下之国，若治一家，使天下之民，若使一夫。"② 普通人向贤能之人学习，贤能之人向天学习，个人意志和天保持一致。

在神道设教的前提下，墨家否定了教师、父母和君王等世俗权威，转而肯定神圣权威，进而要求净化社会风气、纯洁社会舆论和统一意识形态。只有服从上天的美德，子孝兄悌、君明臣忠的人伦规范方会有所根基。墨家统治的合法性来自于天，而合理性在于荐举贤能。"故古圣王以审以尚贤使能为政，而取法于天。虽天亦不辨贫富、贵贱、远迩、亲疏，贤者举而尚之，不肖者抑而废之。"③ 上天是绝对正义的，贤能之人才会为上天和民众的利益着想，因而依次设立天子、三公、国君、大夫、乡长和里长，按照上天意志为民众谋利。为防止思想变异、价值混乱造成治理失序，只好利用等级制度保证人们的整齐划一。墨家教育唤醒了底层民众潜在的精英意识，赋予其参与政治和服务社会的能力，也试图以平等互换来说服人们放弃自我而专

---

① 李泽厚：《墨子论稿》，《学习与思考》1984 年第 5 期。
② 方勇译注：《墨子》，中华书局 2011 年版，第 115 页。
③ 方勇译注：《墨子》，第 67 页。

心为他人奉献。"墨家的宗教思想不是一切以神为转移而是更关注人的实际利益。"①

由此可知，墨家在教育中构想的权力关系事实上是不平等的，但为实现符合天志的神圣目的，又假设人们的利益关系是平等的。兼爱是无差别的爱，但并非无条件的爱，在付出后期待有所回报。"墨子的意思，认为爱人必若爱其身，所谓兼爱者，无非要人把爱身作为爱人的标准，如果爱人不亲，应反躬自省，试问是否合乎标准？"② 在期待回报时，墨家兼爱的高尚性和无私性受到质疑，成为变相的为我之爱。回报无法兑现时，兼爱的动力就丧失殆尽。"以墨家和莱维纳斯为代表的伦理学与以功利主义和儒家为代表的伦理思想的根本差别是，前者所说的爱是与自己的利益相矛盾的无私的爱，是被强迫的爱，而后者的爱是建立在人的自然感情上的爱，是自爱。"③ 事实上，兼爱用形式的平等掩盖了事实的不平等，只能是身处逆境中深受战争和贫困煎熬的底层民众的理想。

完全依托外在力量驱动的兼爱，无法保障不利群体在自身生存受到挑战时还能兼顾利他。因此，墨家教育宣扬的平等施予同情、关爱与共享利益的价值规范，难以真正落到实处。"墨子的学生大多来自社会的下层，且多不脱离生产，又有严密的组织纪律和艰苦的生活锻炼，所以表现出巨大的改造人的力量。即使学生中有少数原来表现不好的，也有办法将他们教育熏陶为新人。"④ 可是墨家团体生活在封闭的环境中，底层民众的生活却是散在的、开放的，只有解决衣食住行等基本生活问题，才会考虑分享和利他。如果要求他们在危难中还要牺牲自己来帮助他人，这是对他们提出了过高的要求。

墨家教育还指出另外一条出路，即通过能力与权力的结合，来改变底层民众的生存境遇。"官无常贵，民无终贱，有能则上，无能则

---

① 张晓虎：《战国社会思想与墨子宗教观的内在矛盾》，《云南社会科学》2004 年第 6 期。

② 陆世鸿：《墨子》，中国书店 1988 年版，第 16 页。

③ 郝长墀：《墨子是功利主义者吗？》，《中国哲学史》2005 年第 1 期。

④ 孙中原：《墨学通论》，辽宁教育出版社 1993 年版，第 48 页。

下。"上位者若不主动尊贤使能，尚贤是无法实现的。墨家反对基于出身的贵族政治，驳斥对权力的垄断和对职位的世袭，构想了频繁轮换的基于能力的贤能政治。即使在稳定的政治秩序中，如果轮流更换职位的速度过快，也不利于治理经验的积累和管理能力的培养，尚贤的作用是有限的，它被墨家过分夸大了。

在封建贵族政治解体时，在向帝王专制过渡的历史进程中，墨家教育探讨了如何重视和选拔平民中的德才兼备者，实属难能可贵。墨家认识到教育推进社会公正的强大力量，"尚贤"和"尚同"的社会运行规则可以保障底层平民中的精英人物跻身于权力阶层，获取实际利益和社会尊重。"墨子对'道义'之坚持，他不肯以道附势之气节尤具特色，其何以不徇私，不受官爵利禄之诱，推其实，与其自身强烈的道德使命感有很密切的关系，因其站在平民立场，才能深入民间，体验感受民瘼，而能勇于挑战及质问统治者不仁之作为，墨子正有此人格气象，表现在外之动见观瞻确能令人一新耳目而掷地有声。"① 墨家教育鼓励底层民众积极进取，培养勇敢承担责任的主体精神，把他们从被遗忘的边缘提升为影响历史的主人。其后，秦朝确立帝王专制，墨家教育反对特权、驳斥权力垄断的思想难容于世，家国天下的专制统治长期主导着中国历史。

三　墨家教育正义的界限

墨家把夏商周政治文明中的民生、民本思想，创造性地初步引申为民权思想，但这种权力意识是最低限度的，为维护自身思想的正统性，保持墨学的纯正性，对弟子参与政治予以严格限制。"子墨子使胜绰事项子牛，项子牛三侵鲁地，而胜绰三从。子墨子闻之，使高孙子请而退之。"② 墨家从钜子到普通弟子都与政治权力保持若即若离的关系。钜子受到墨家规条的约束，国君若不采取墨家的治国方略，钜子就会离开这个国家，拒绝与之合作、为之服务。普通弟子不只受

---

① 吴进安：《墨家哲学》，五南图书出版公司 2003 年版，第 45 页。
② 方勇译注：《墨子》，中华书局 2011 年版，第 464 页。

到墨家规条的严重控制，还受到钜子的人身控制，他们必须对钜子和墨家学说完全忠诚，这样才符合墨家弟子的身份标准。墨家教育正义试图扩张平民的权利，但又把它严格限定在天志、世俗权力和门派仪轨下。

墨家希望通过教育实现机会平等和人尽其才，首次站在平民立场上喊出要求参与权力的呼声，但依然无法摆脱渴望救主和等级统治的思想。其尝试借助教育力量达成社会良序、政治清明和人心向善，但放弃了人内在的德性修养，完全依赖天志、赏罚、行为控制和舆论监督。"天意的实施或者天人之间的沟通，要通过鬼神以及鬼神与人之间的互动体现出来。墨子通过对传统信仰中天、鬼等观念与人（君、民）之间关系的重构，凸显了人的价值和主体性。"① 把人当作上天的平等子民，墨家赋予每个人平等追求权力的权利，但又设置鬼神的非凡能力和严厉的社会控制调节人的言行。墨家教育正义虽具有改变底层人民身份和生活境遇的功能，但并没有给予人们更多的自由来追求幸福的生活。幸福是外界赐予的，并非自己追求得来，为获得鬼神的奖赏和权力的认同，为赢取功名利禄，自由和独立可以被牺牲。

墨家主张每个人增强能力，取消自我界限以达成博爱的境界，用金钱、名誉和权力激励人向上及向善。但其并不相信人性善，设计层层监督和管理机制，规定人们说什么和做什么。"在天、鬼等传统观念中，墨子注入了墨家的理论诉求，变成了维护兼爱原则的手段。……墨子树立起天和鬼神的权威，真正意图是要建立一种王权的监督机制。……令人遗憾的是，天实际上非但不能起到监督王权的作用，反倒可以为帝王所利用，成为君权神授的口实。在君权神授的掩饰下，帝王们为所欲为，使得墨子的良好愿望，不得不落空。"② 墨家利用宗教信仰劝导人们行善，而底层民众从未离开过自发的信仰生活，奠定墨学被广泛接受的心理基础。墨家要求人们勤

① 钱永生：《墨子人本思想的结构》，《湖南大学学报》2009 年第 1 期。
② 宋志明：《墨子人天学新探》，《中国哲学史》2009 年第 4 期。

生薄死，让人如上天般宽厚仁慈，削减人精神生活的需要，如物质享受、审美和言论自由等。这是墨学绚烂一时又很快衰微的原因。

墨家设计的教育体系向全部有心向学的人开放，主动送教的服务精神在短期内发挥了作用，无论是私学规模，还是学派影响，都迅速壮大。墨家教育并不立足于传统文化，无以珍视人们安身立命的器物和风俗，因此"其兴也勃，其亡也忽"。"用现在的观点看，墨子思想中的确存在着某些落后和错误的成分，但我们应该对那个时代的墨子给予同情的理解，况且这种思想也能从另一个侧面给予我们很多的教育和启迪，至于其反对命定论的思想则更值得我们学习和借鉴。"① 墨家教育鼓励底层民众迈进权力之门，呼吁统治阶层重视人才的培养、选拔和任用，其奋进的精神气质促使人们担当起拯救时弊和造福民众的责任。把可能获得解放的人们投进鬼神的管辖中，置于密不透风的舆论监控下，使社会负担起沉重的治理压力，使民众丧失自治的能力。

墨家设想的美好国度，使人成为生产工具和劳动机器，无暇欣赏音乐和从事艺术创作。墨家试图敉平个体和群体的差异，劝导人们分享和彼此施教，但行善是自愿而非被迫的。"人类具有一种道德感，一种对何对何错的直感。这个学说起初的思想是去抗衡一个对立的观点，即知道对与错就是计算后果，尤其是与神的奖赏和惩罚相关的后果。而前一种思想是，理解对与错并不是枯燥的计算，而是扎根在我们的感受之中。道德，在一种意义上，具有一个内部的声音。"② 人们怀有不行善则会遭受祸患的惧怕，教育就很难培养心灵自由和真正善的品质，只能塑造同质化的人和单一社会的适应者。如果教育驯服了人性中的恶，而不是以善感化恶，这样的教育是否要面对违逆人性的质疑呢？

---

① 杨善友：《从天人关系看墨子的宗教思想及其特质》，《宗教学研究》2005年第1期。

② ［加］查尔斯·泰勒：《本真性的伦理》，程炼译，上海三联书店2012年版，第33页。

第六节　墨家教育思想的现代转化与反思

　　墨家教育思想典型的现代性特质，需要教育人文精神来与之中和与对冲。观乎人文以化成天下。教育关乎人文，人文关乎心灵，心灵关乎人以何种合情合理的方式存在和何谓真正美好的生活。墨家教育从逐利的人之本性出发而持守更为激进的平等观念，把女性训练为精湛的守城之兵，在凯旋时授以功禄以示政治激励。以此功利实用的工具理性观看教育，人人皆可成为有用之才，人才的最高存在是为了利益，必须按照统一的规格被大批量生产出来，其实用价值最直接的衡量单位就是利益。"可是利益和智识导致了另一种蒙昧，人性和感觉的冒昧。"① 铁笼似的单一价值教育让人民僵化地遵守道德规条，冷冰冰的功利教育只能把人再次投入日出而作、日落不息的经济活动中。人存在的功利取向和教育的实用理性更倾向于把人培养成为精致的利己主义者。

　　墨家教育和现代教育都具有浓厚的功利主义价值取向，它们不会允许个人本真的存在，人的本性越丧失，就越有利于这种教育的顺利开展。人性和感觉的澄清和启明在于通过教育使人成为人。成才是成人的自然产物，而不应当僭越成为教育的终极价值追求，如此就失去了成人的根基。在功利主义教育中，人即使获取了有用价值，同时也会丧失更为宝贵的生命价值、精神价值和神圣价值。支持教育现代性功利价值的人们一定会反驳说，成才是可见的、可用数量计算的、可为民族国家和家庭个人直接带来现实利益的，而成人是教育的一个不可把捉的虚空之梦，俗称其为教育的乌托邦。姑且把教育成人之梦当作是虚空的、不可把捉的，但是现代教育所造成的非成人之殇作为现代社会的隐痛，也是可见的、可用数字计量的、可为家庭和社会带来直接损伤的。学生在大学入学考试后就把书本撕为碎片的怨恨和幻灭，有些国家的青少年群体维持着较高的自杀率，同样都是现代功利

---

　　① 赵汀阳：《论可能生活》，中国人民大学出版社 2004 年版，第 8 页。

教育的衍生产品，可见、可感、可用数字描述。

　　作为人力资本的现代教育确实收益甚高，付出的代价却是人的节节败退，因为人的概念被偷换为人力，人力又被置兑为资本，资本符号成为人的价值物化衡量单位，吉登斯称之为时空虚化后身心脱域的象征标志（symbolic tokens）。在现代教育中无人可寻，因为人的存在被转化成为非人格化的符码，以生产物的方式来塑造人，必然导致人性的扭曲和异化。全心全意追逐利益的现代教育无暇停下脚步来顾及人内心的呼喊，现代教育也失去了感知自然心跳的能力。而物的特质是死，符码的特征是静止，在这两者中寻不出生命的活力来。此时，我们隐约看到墨家教育思想对人情感的拒斥和对教育做"教天下以义"和"我以义粜"① 的理解又再次获得新生。计量化、可估价出售、可被码放整齐的是物的本性；人的本性则是按照精神的自由形式运行的。合人性的教育是自由教育，自由教育是俯身向善的教育，可以培育出人文的心灵。"'文化'现今主要意味着按心灵的本性培育心灵，照料并提升心灵的天然禀赋。"② 而墨家教育思想喜欢齐整划一，不喜欢自由，肯定人的物化功用而否定人的精神自由，赞同道德俑偶而反对价值多元，赞美坚强意志而贬抑美乐感受，追求封闭性强制政治秩序而惧怕和回避共同参与。尚同国家收纳了用墨家精神风骨模制出来的个体，把整个社会凝固成铁板一块，愈使之坚不可摧。社会朝着规定好的高级形态大步迈进。人实现了其所能达到的最高肯定形式——永远不会犯错，一日如千年，千年如一日。

　　墨家教育"教天下以义"的本质规定和内容设计，导致在教育生活中人的思考内容只能是不可怀疑的"义"。对思的内容的先行筹划和谋取，压制了心灵向思想无限敞开的可能性。思的形式虽然被保留，但是思的内容已经准备妥当。教育实实在在地落入现实世俗生活的圈存范围，人也真切地陷入功利之物和工具理性的窠臼，这便堵塞

---

　　① 方勇译注：《墨子》，中华书局 2011 年版，第 458 页。
　　② ［美］施特劳斯：《什么是自由教育》，《古典传统与自由教育》，华夏出版社 2005 年版，第 1 页。

了教育使人向美好生活敞开的可能通道。墨家教育和现代教育都秉持了科学化的理性计算思维，技术化地塑造和操纵一切，物化工程般地管理人性和社会，为了瓦全人的功利化存在，成功地玉碎了教育的人文根基。

墨家教育思想人文性的根浅叶薄源自于墨家基本思想的固有缺陷。荀子在《解蔽》中评价墨子"蔽于用而不知文"，可谓一语中的。他认为，墨家由于只看到物质财富不足的负面影响而对三代传统礼乐精神一概加以否定使墨家走向去人文、乏人性和反人情之路。墨家教育和现代教育都用物质欲望和功利价值阻断了灵魂对至善理念的永恒向往，彻底否定了古典教育对单纯的美善和高贵的卓越之生存尺度的内在渴望。墨家教育所要培养的是正义之人，是时时处处行善之人，可是，他们是否有余力闲暇来反思所行之为何善？人之为人的特性就在于他的本性的丰富性、微妙性、多样性和多面性。[①] 墨家能否在千人一面的尚同国家中找到自我存在的身影？墨家教育思想作为教育史上的一个思想样本，折射出现代教育的光芒，两者对社会进步和历史进化富于自信，使人和世界的存在碎片化，把人异化为可资利用的资源和客体。对善和恶、高贵和卑贱、高尚和低俗、人和物之间界限的模糊和颠倒，使教育、人和社会都不可遏制地滑向他们的现代性命运。因此，教育和人的异化及救赎不再是妄言，而是现代人不得不面对的时代呼声。如此才可能突破现代功利主义教育无往而不胜的自我实现神话，让教育重新唤醒人们对美好高贵事物的永恒守望。

---

① ［美］卡西尔：《人论》，甘阳译，上海译文出版社 2013 年版，第 20 页。

结　语

墨学从古代走入现代，新墨家学派的孕育和兴起，使之成为传统文化复兴中不可忽视的力量。墨学因勇于质疑传统、挑战习俗和积极关注社会现实的理论立场，自明清以来一直激发人们的研究兴趣；因包含丰富的自然科学、社会科学和逻辑学知识，在当前学术繁荣的背景下走上前台；又因严密的逻辑推理、对称的结构形式和鲜明的宗教色彩，为反思传统文化、改进现代文化和变革教育文化供应资源。在教育发展走中国道路的语境中，墨学不可避免地要接受审视和剖析。任何一种思想的重现都表达着双重含义，不仅深远地影响过历史，还能对当下的现实保有解释能力和借鉴价值。

一　违背教育本真的教育思想：
墨家教育思想的吊诡

墨家教育思想的生成与夏商文明有关，虽然墨子对礼乐文化持激烈的批判态度，但依然无法摆脱它而另辟蹊径。传统文化是任何思想产生和演化必须面对的母体，代表着历史的积淀和文明行进的方向，其温和而坚定的包容能力使新生思想的任何反叛尝试都多有缓和。墨学作为新生思想，身处的社会现实促成它挑战传统的权威。眼前的种种弊端、危机和苦难，生活的不堪与心灵的破败，成为墨家应接不暇的景象。墨家迫切需要为社会问题寻求解决良道，急于展望和设计没有苦难和痛苦的美丽新世界。对自家学说的高度自信，对完美理想的执着信念，促成了墨学的诞生。其产生并非只是学理逻辑的推演，更是真真切切的生活行动，这又和墨家的身份认同联系起来。挑战权威是为了树立新权威，打破旧思想才能建立新思想，解释世界是为了改造世界，这就是墨家代表底层社会的变革努力。

墨家为底层民众的利益呼吁、奔走，但底层社会远离权力中心，因此墨家时常站在底层的对立面，为拥有权力者代言，这种双重立场和矛盾心态深刻影响了墨家教育思想的品质。墨家教育思想最为可贵之处是主张平等权利，大力维护底层民众的生存权、受教育权和参与政治的权利。敢于面对启蒙和教化最难开展的人群，以"教天下以义"的积极姿态投身到教育活动中，这在寻求教育公平、期待教育公正和民众需要二次启蒙的现实语境中依然意义重大。墨家教育实践获得了较大成效，在较短时期内吸引了无数身心无处归放的人跟随自己，这助推了墨家思想的社会影响。墨家教育却在短暂辉煌后归于长期沉寂，促使我们不断追寻背后的深层原因。

本书认为，最根本的原因是，墨家教育思想是违背教育本真的教育思想。教育最基本的存在价值是对心灵的教化和对文明的涵养，而墨家为拯救时弊和变革社会放弃了这种最为珍贵的努力，或因为墨家的文化视野与思维方式的限制而无暇顾及于此。前者表现为对合理行为的规训而忽视对心灵的陶冶，后者则表现为对礼乐文化的彻底否定，墨家毁坏了教育的根基，这是理解其教育思想的界限。

把墨家教育思想定性为违背教育本真的教育思想，是一次研究尝试，也是智识的冒险。墨家极为重视教育，教育是改变社会和纯净人心最为重要的工具，由重视教育转而否定学校教育，使墨家走向了逆反教育之路的发展路径。逆反教育表现为墨家信奉社会发展的历史法则，即通过人为努力，通过对善事物"述而作"的创造方式，最终克服人性、社会和公共生活的局限和弱点，从而实现普遍施以关爱和利益的理想社会形态。受墨家二分法思维的影响，这种社会通过斗争彻底消灭了差异和丑恶。教育因而培养盲目服从纪律的人，他们崇拜天志、圣王和领袖等精神偶像。墨家教育无暇顾及培养人的良知、责任和批判理性，受教育者很容易被物质欲望、恐惧心理和统治技术所迷惑，成为任意道德教条和政治口号的拥趸。他们倾心于拥护狂热的意识形态，迷信乌托邦模式，心灵接受教化的潜在空间被清除，封闭的精神失去向丰富文明开启的可能性。

墨家从重视教育走向违背教育本真，摧毁了当时以礼乐传统为外在形式的人类文明的尊严，蛮荒时代的冲突本能对其颇有吸引力。物质欲望和对功利的艳羡，成为接受教育的内驱力，这填满了底层民众单薄的灵魂。在"尚同"与"尚贤"的强制下，思考和质疑成为异端和少数派的代名词，这些人会受到强大组织的惩罚和驱逐。严密的组织机构看似给人充分的归属感，而这恰好是以组织成员投身于统一的思想观念和步调一致的集体行动为代价的。这彻底剥夺了个体的独立人格，也阻断了墨家弟子和他人及社会建立有机联系的途径，是对人之本质的破坏与摧残。造成的结果是，墨家弟子只有在其组织内部才是有价值和被承认的，前提是必须承认墨家的道德规条和价值原则。一旦脱离组织，将无法依附于家庭、族群和祖国，这些自感多余的人会彻底失去生活能力。

这种一体化中的孤独感，促使墨家弟子只能做而不能想，因为任何的思考活力都可能使他们怀疑墨家权威的合理性与真实性，而这对"尚同"和"尚贤"是根本性的打击。丧失思考能力与集权相伴而生，这些被剥夺尊严与自由的人，成为权力网络上可随意拨动的棋子。他们自愿把人格和权利转让出去，权威和偶像看起来那么强大而完美，主动接受其统治实在是值得歌颂的美德。这必然导致权力的无限集中，墨家称之为统治的纲纪和控制的网罗，只有如此，才能消灭价值的差异和阶层的分化。权力集中所招致的快速腐化和人性堕落是墨家始料不及的，因为对权力极度贪婪的人，最有可能是品性低劣之人。他们往往放弃对德性完满的追求，更无法充任教育者的角色，而没有教育者的教育是无法想象的，这就是墨家从重视教育走向违背教育本真的实践理路。

二　古典思想的现代性：墨家
教育思想的当代价值

墨家教育思想作为一个鲜明的案例，提醒我们去认识教育的本性及其必备因素，也为当今教育提出了一个鲜少有人问津的问题：如何培养教育者？或者它的等价命题：如何培养教师？先有学，才有教的可能性与必要性；先有教师，才有从事教育的人。教师从哪里来？在中国传统文化中，教师从"道"而来，教师从事的教育活动被称为"传道"，教育因传道而需要得到的尊严和珍视被称为"师道尊严"。"道"是指人类生存的终极意义、世间万物的固有本原、道德规范的超验依据及由此预示的政治演化规律，教师可以依循"道"而对现实世界展开全面批判和反思，因而能带领学生一起自由地探求理想的世界。天道秘而不宣、隐而不显，它只向少数得道者与闻道者开启自身，中国古代的教师作为民众的教化者、君王的诤谏者与天道的宣示者，从而具有了天道代言者的身份，因此获得了从事教育与教学的神圣授权。

以此观照墨家教育思想，墨家同样宣称"教良道"，良道就是"义"，"义"即"兼爱、交利"，教育是"教天下以义"。到这里，墨家把开放的可供师生自由探索的"道"，收拢成一套闭合的标准化道德教条。"兼爱、交利"因其超越性而产生矛盾性，亦具有合理性。但其只是人类价值家族的有机部分，而非全部，在"兼爱"的另一端是杨朱的"为我"，而居于两者中间的是儒家的"仁"。墨家要么全是要么全无的单一思维模式，使其无法看到其他价值的存在，试图以"义"来取代一切价值，占领价值存在的所有时空。由此带来对人心的控制、对人情的抹杀、对冲突的恐惧，乃至对丑恶的厌恶，都使墨家走向极端的秩序美学。起始于对儒家怀疑的墨家最终却无法容忍任何怀疑。怀疑产生宽容，丧失宽容精神的墨家，许诺给人类永远相爱相顾的乌托邦，却导致自己成为灾难与拯救的预言者，而非自由与创造的探索者。

没有自由创造精神，不能被看作拥有个人知识和实践智慧的教师，只是忠于基本教义的宣教者，或充当意识形态灌输的工具，或臣服于技术而无法反思。在这里，旨在构筑意义与走向生活世界的教育或教化，就区别于教义的宣扬、口号的宣传、思想的控制和技术的使用。墨家教育必将面对意义的失落、情感的单薄和反思的丧失。在制造竞争者、趋利者和行为主义者时，这提醒现代教育需要以古典的姿态来守护，如何整合功利主义与人文精神，贯穿于童蒙教育、高等教育至终身教育中。教育在人中，人在世界中。天、地、神、人的四重协奏好于彼此的挣脱和逃离，除了是劳动的动物和生理需求者外，人也是审美与精神的存在。这需要教师唤醒学生，用文化来养护原本贫瘠的心灵，使人的精神世界灵动与丰富起来。

反面的提醒亦有善意，只是负面经验需要付出沉重代价。如何培养对社会、文化与人类未来负责的教师？这要求教师遵从人类精神自由的原则，放下内心的阻抗和个人的不满，与伟大的文化遗产进行对话。只有当教师顺利地成为成功的学习者，愿意接受文明的濡染与熏陶，才有勇气去反对扭曲的意见、荒谬的说教和人性的堕落。当教师理解了文化传统，才会和学生一起根据它来生活，这保护师生以免滑向虚无。施特劳斯说，自由教育是在文化中并朝向文化的教育，在于聆听最伟大心灵间的对话。而教师具有聆听的优先权利，闻道后方能传道。教师在传道时，把杏坛作为文化符号生成和活动的公共场合，把教育作为施加政治教化、文化熏陶和社会影响的准政治空间。

教师在此空间活动时，语言和行为应当符合常识理性，不能把教育作为满足自我需求或表达个人威信的手段，需要教师放弃对学生的压迫性交往方式。墨家教育思想警示我们反思现代教育中过度的工具理性，体察教育繁荣背后的思想贫困，朝着深度的文明与健全的人性方向发展教育。这是墨家教育思想最为重要的当代价值。

三　唤醒与解放：墨家教育思想的现实关切

墨家教育思想的现实关切是指其对当前中国教育改革存在何种意义，这表现为三个方面。首先，如何取舍墨家留存的思想。墨学是教育改革必须面对的传统文化，是教育发展绕不开的本土精神资源。这要针对墨家的原典文本进行解释学意义上的诠释，在尽可能还原墨学原貌的基础上，综合新近产生的思想成果，对墨学的意义和价值加以发掘。针对教育改革和发展中产生的问题，在墨学中若有可资利用的方法、措施和策略，那么应当尊重墨家的智慧，借鉴其优良成果。"尚贤"对优秀人才的重视、公平选拔和大力任用，在任何教育语境中均有普遍意义。教育改革中可能出现的弊端，若类似于墨家教育的固有缺陷，其存在就有警示意义。以史为镜，避免付出无谓的改革成本，是注重灵活应变的墨家之另一种存在价值。

其次，墨家教育思想在生成和发展中，如何面对以夏商文明为代表的传统文化，其立场、态度、方法和实践及产生的后果，在历史变迁中凝聚而成的经验和教训，可观照当前教育改革和传统文化的互动模式。对当时代表文明演进方向的礼乐文化，墨家采取全盘否定和彻底改造的实用立场，试图创造全新的话语体系和价值规范来安排社会秩序及安放人心。在理想主义的激情鼓动下，墨家认为找到化解社会矛盾的良方。这是墨学表现出生动创造力和创新活力的源泉，却导致墨家筹划和发展教育时截断了教育赖以生存的文化之根，剥离了心灵依恋的精神家园，甚至取消以家庭、族群和国家为主的有形家园。自新文化运动以来，如何维护教育改革和传统文化的关系，直至今日都没有得到很好的解答。而墨家教育思想的骤兴速衰，依然透过历史在发出声音，提醒我们要慎重对待这个问题。

最后，墨家教育思想着眼底层社会的生存现状和教育状况，对解决教育正义问题有所启迪。在中国的轴心时代，墨家首次担当起唤醒与解放底层民众的启蒙任务。儒家要求平民安分守己，无论"民可使由之，不可使知之"的解释如何多元，总之人民和真理应当保持适当的距离。道家则认为使其自然生活最好，"鸡犬之声相闻，民至老死不相往来"的反对文化传播和隔绝社会交往的管理政策，足以使民智保持在懵懂未开的婴儿境界。中国文化中的反智主义传统不一而足，而墨家的教育使命是"教良道"，良道通行天下是其最希望实现的教育理想。在较短时期内，墨家利用教育的传播功能，肩负着改变底层社会生活状况的责任，帮助底层民众看清自身固有的参与政治、经济和文化活动的权利及能力。这对破除当前社会阶层过度固化和分化的症状，促进合理流动，具有重要的参考价值。

四　话语权的出路：墨家教育思想的可能未来

对墨家教育思想去粗取精与去伪存真是一项细致的任务。这样做并非要把它收拾停当，存入历史的记忆中，而是在问题哲学的指导下，使其思想重新焕发出生命活力，给它营造思想对话的空间，对它允诺一个可能的未来。墨家教育思想宣扬底层正义的现实关怀，与主流传统文化保持着具有张力的思想结构，"兼爱"所表达出的对于普世人性的价值需求，都意味着它是承载积极价值的文化载体，足以在当前的发展机遇中恢复活力及形成生机。墨家教育思想的未来走向，是要在多元文化交流与对话的思想场域中，携带着从生成之初就固有的那些问题与优长，与不同的文化体系进行比对、交往及碰撞。新墨学在走向成熟的道路上，要放弃意气的争辩，要有准确的自我定位，要放下坚固的自我防御心理，通过恪守自身的边界而表现出理性的节制，与其他学术派别进行双向和解。未来，新墨家一定会为自己争取到一定的话语权利。

在确定墨家教育思想的解释框架和根本边界后，需要思索的关键问题是其可能的出路何在。墨家教育思想有两个重要的参照价值，一个指向科学，另一个指向宗教。墨学内部包含着类似于科学和宗教的思想因素，武断地将其定性为纯粹的科学和完善的宗教都有失妥当。其中朴素的科学思维、对技术原理的不懈探求以及强调造福民众生活的技术伦理，对当前教育发展中追求科学的进步、培养创新精神及对技术的反思，都有相应的借鉴价值。墨家教育中的一抹亮色是以名学、论辩为中心的对学生形式逻辑思维的训练，这对于后期墨家整理、发展、证成和推进前期墨家的学说成果，做出了可贵的贡献。逻辑教育教学亦可渗透到素质教育和通识教育体系中，对于提升学生的批判思维品质、培养学生的原创精神和创新能力、养成学生的科学素养和提高学生的问题解决能力，具有积极的现实意义。

强行要求墨学成为科学是一厢情愿的事情，墨学能否成为科学不是由墨家决定的，而科学未能在中国发端可能与汉字的形象表现系统及先秦诸子的学术视野围绕政治权力有关。无论是关注科学技术，还是思考政治生活，墨家的最高兴趣皆在于天。中国以唯物无神论作为立国原则，加之现代社会近乎所有领域均面临着祛魅状态，继续探讨墨学中宗教因素的价值看起来举步维艰。但是，从文明的发展历程来说，宗教为人提供了终极价值辩护，还有显在的政治、社会与道德功能。墨家教育思想中的信念教育可以为现代社会塑造国家认同与公民信仰提供一定的参照，现代公民教育需要借助类似宗教的信仰力量来构筑国家政治的凝聚力与向心力。墨家教育对道义的信仰、对教义的献身和对信念的践行，如果搁置其内容而图谋形式的话，会对公民教育有所启发。墨家教育思想中利用"天志"对利己之心的超越与净化，对利他动机的层层诱导，对共同价值的建立与维系，于道德教育如何获取实效性具有一定的启发意义。

在诸子时代，墨家是作为儒家的思想对手而立言、立行的；在传统中国，墨家作为儒家的学说背景以缺场的方式在场着；在现代，借助学术多元和文化多样的文明生态格局，墨学不断积极地参与到世界范围内的思想交流、对话和反思中。这对新墨家重新整理和创造转化墨学来说，无疑是个很好的发展契机。但是如果新墨家不恪守墨学的边界，而是依托于如同"墨教复兴"这样生硬嫁接的方式来强行攻占思想市场的话，那么在儒家和外来文化的夹击下，新墨家的异军突起可能会导致墨学在未来以在场的方式缺场。寂静地存在与热闹地存在都是墨学的存在方式，但是这皆不能影响墨学的本质及改变它的命运。

参考文献

（一）中国学者著作

蔡尚思：《十家论墨》，上海人民出版社 2004 年版。

陈拱：《墨学研究》，台湾：东海大学 1964 年版。

陈问梅：《墨学之省察》，台湾：学生书局 1968 年版。

陈雪良：《墨子答客问》，上海人民出版社 1997 年版。

陈柱：《墨学十论》，商务印书馆 1928 年版。

崔清田：《显学重光》，辽宁教育出版社 1997 年版。

丁山：《中国古代宗教与神话考》，上海文艺出版社 1988 年版。

方授楚：《墨学源流》，中华书局 1989 年版。

方勇译注：《墨子》，中华书局 2011 年版。

冯友兰：《中国哲学史》，中华书局 1984 年版。

傅斯年：《史料论略及其它·战国子家叙论》，辽宁教育出版社 1997
  年版。

葛兆光：《中国思想史》，复旦大学出版社 1998 年版。

郭沫若：《十批判书》，人民出版社 1976 年版。

侯外庐：《侯外庐史学论文选集》，人民出版社 1987 年版。

侯外庐：《中国思想通史》，人民出版社 1957 年版。

胡适：《中国哲学史大纲》，商务印书馆 1962 年版。

姜宝昌：《墨经训释》，齐鲁书社 2009 年版。

李绍昆：《墨子：伟大的教育家》，湖南教育出版社 1985 年版。

李亚彬：《中国墨家》，宗教文化出版社 1996 年版。

李泽厚：《中国古代思想史论》，人民出版社 1986 年版。

梁启超：《墨子学案》，中华书局 1936 年版。

梁启超：《饮冰室合集》，中华书局 1988 年版。

梁启超：《中国近三百年学术史》，东方出版社 1996 年版。

梁启超：《子墨子学说》，中华书局 1983 年版。

刘泽华：《先秦政治思想史》，南开大学出版社 1984 年版。

柳诒征：《中国文化史》，东方出版中心 1988 年版。

吕思勉：《先秦史》，上海古籍出版社 1982 年版。

吕思勉：《先秦学术概论》，中国大百科全书出版社 1985 年版。

栾调甫：《墨子研究论文集》，人民出版社 1957 年版。

钱穆：《国史大纲》，商务印书馆 1985 年版。

钱穆：《国学概论》，商务印书馆 1997 年版。

钱穆：《先秦诸子系年》，中华书局 1985 年版。

钱穆：《中国文化史导论》，商务印书馆 1994 年版。

秦彦士：《墨子考论》，巴蜀书社 2002 年版。

秦彦士：《墨子新论》，电子科技大学出版社 1994 年版。

任继愈：《墨子与墨家》，商务印书馆 1998 年版。

任继愈：《中国哲学发展史·先秦卷》，人民出版社 1983 年版。

史向前、陆建华：《墨子外传 墨子百问》，安徽人民出版社 1997
    年版。

舒大刚：《苦行与救世——墨子的智慧》，四川教育出版社 1996 年版。

司马迁：《史记》，中华书局 1982 年版。

孙诒让：《墨子间诂》，中华书局 1962 年版。

孙中原：《墨学通论》，辽宁教育出版社 1993 年版。

谭家健：《墨子研究》，贵州教育出版社 1995 年版。

谭戒甫：《墨辩发微》，中华书局 1964 年版。

童书业：《先秦七子研究》，齐鲁书社 1982 年版。

王冬珍：《墨学新探》，台湾：世界书局 1981 年版。

王焕镳：《墨子集诂》，上海古籍出版社 2005 年版。

王裕安：《墨子研究论丛》（五），齐鲁书社 2001 年版。

吴晋生：《墨学与当代政治》，中国书店 1997 年版。

吴毓江：《墨子校注》，中华书局 1993 年版。

伍非百：《墨子大义》，上海书店 1935 年版。

萧鲁阳：《中原墨学研究》，中州古籍出版社 2001 年版。

邢兆良：《墨子评传》，南京大学出版社 1993 年版。

徐翠兰、王涛译注：《墨子》，山西古籍出版社 2003 年版。

徐希燕：《墨学研究》，商务印书馆 2001 年版。

杨俊光：《墨子新论》，江苏教育出版社 1992 年版。

杨向奎：《中国古代社会与古代思想研究》，上海人民出版社 1962
年版。

尹桐阳：《墨子新释》，北京图书馆出版社 2003 年版。

余英时：《士与中国文化》，上海人民出版社 1987 年版。

余英时：《中国思想传统的现代诠释》，江苏人民出版社 1995 年版。

詹剑峰：《墨子的哲学与科学》，人民出版社 1981 年版。

詹剑峰：《詹剑峰学术论著选》，华中师范大学出版社 1997 年版。

张斌峰：《近代墨辩复兴之路》，山西教育出版社 1999 年版。

张岱年：《中国哲学大纲》，商务印书馆 1958 年版。

张岱年：《中国哲学大纲》，中国社会科学出版社 1985 年版。

张岱年：《中国哲学史史料学》，中华书局 1998 年版。

张光直：《中国青铜时代》，生活·读书·新知三联书店 1983 年版。

张岂之：《中国思想史论集》，广西师范大学出版社 2000 年版。

张知寒：《墨子研究论丛》（一、二），山东大学出版社 1991 年版。

郑杰文：《20 世纪墨学研究史》，清华大学出版社 2002 年版。

郑杰文：《中国墨学通史》，人民出版社 2006 年版。

（二）西方学者著作

贺照田主编：《西方现代性的曲折与展开》，吉林人民出版社 2002
年版。

刘小枫、陈少明主编：《古典传统与自由教育》，华夏出版社 2005
年版。

《思想与社会》编委会：《教育与现代社会》，上海三联书店 2009
年版。

［德］伽达默尔：《真理与方法》，王才勇译，辽宁人民出版社 1987
年版。

［德］黑格尔：《学史讲演录》，贺麟、王太庆译，商务印书馆 1997
年版。

［德］康德：《历史理性批判文集》，何兆武译，商务印书馆 1990
年版。

［德］马丁·海德格尔：《林中路》，孙周兴译，上海译文出版社 2004
年版。

［德］马克斯·舍勒：《价值的颠覆》，罗悌伦等译，生活·读书·新
知三联书店 1997 年版。

［德］迈尔：《隐匿的对话——施米特与施特劳斯》，朱雁冰等译，华
夏出版社 2002 年版。

［德］尼采：《权利意志》，孙周兴译，商务印书馆 2007 年版。

［德］韦伯：《支配社会学》，康乐译，广西师范大学出版社 2010
年版。

［德］韦伯：《宗教社会学 宗教与世界》，康乐译，广西师范大学出
版社 2011 年版。

［德］维特根斯坦：《哲学研究》，陈嘉映译，上海人民出版社 2005
年版。

［德］雅斯贝尔斯：《历史的起源与目标》，魏楚雄等译，华夏出版社
1989 年版。

［法］古斯塔夫·勒庞：《乌合之众》，广西师范大学出版社 2011
年版。

［法］孟德斯鸠：《论法的精神》，张雁深译，商务印书馆 1961 年版。

［法］涂尔干：《宗教生活的基本形式》，渠东等译，上海人民出版社
1999 年版。

［法］托克维尔：《旧制度与大革命》，冯棠译，商务印书馆 1992
年版。

［古希腊］柏拉图:《柏拉图对话集》，王太庆译，商务印书馆 2004 年版。

［古希腊］柏拉图:《理想国》，郭斌和、张竹明译，商务印书馆 1986 年版。

［古希腊］马基雅维里:《君主论》，潘汉典译，商务印书馆 1985 年版。

［古希腊］马基雅维里:《论李维》，冯克利译，世纪出版集团 2005 年版。

［古希腊］亚里士多德:《尼各马可伦理学》，廖申白译，商务印书馆 2003 年版。

［古希腊］亚里士多德:《形而上学》，台北:昭明出版社 2003 年版。

［古希腊］亚里士多德:《政治学》，吴寿彭译，商务印书馆 1965 年版。

［美］R. R. 帕尔默等:《启蒙到大革命:理想与激情》，陈敦全等译，世界图书出版公司 2010 年版。

［美］彼得·贝格尔:《神圣的帷幕》，高师宁译，上海人民出版社 1991 年版。

［美］汉娜·阿伦特:《黑暗时代的人们》，王凌云译，江苏教育出版社 2006 年版。

［美］汉娜·阿伦特:《论革命》，陈周旺译，译林出版社 2007 年版。

［美］汉娜·阿伦特:《马克思与西方政治思想传统》，江苏人民出版社 2008 年版。

［美］列奥·施特劳斯、约瑟夫·克罗波西:《政治哲学史》，李天然等译，河北人民出版社 1993 年版。

［美］列奥·施特劳斯:《自然权利与历史》，彭刚译，生活·读书·新知三联书店 2003 年版。

［美］罗尔斯:《政治哲学史讲义》，杨通进等译，中国社会科学出版社 2011 年版。

［美］塞缪尔·亨廷顿:《文明的冲突与世界秩序的重建》，新华出版社 2010 年版。

［美］约翰·穆勒：《功利主义》，徐大建译，上海人民出版社 2008
　　年版。

渠敬东、王楠：《自由与教育：洛克与卢梭的教育哲学》，生活·读
　　书·新知三联书店 2012 年版。

［希腊］色诺芬：《回忆苏格拉底》，吴永泉译，商务印书馆 1986
　　年版。

［以色列］J. F. 塔尔蒙：《极权主义民主的起源》，孙传钊译，吉林人
　　民出版社 2010 年版。

［英］葛瑞汉：《论道者》，张海晏译，中国社会科学出版社 2003
　　年版。

［英］哈耶克：《致命的自负》，冯克利译，中国社会科学出版社 2009
　　年版。

［英］霍布斯：《利维坦》，黎廷弼译，商务印书馆 1985 年版。

［英］吉登斯：《资本主义与现代社会理论》，郭忠华译，上海译文出
　　版社 2013 年版。

［英］洛克：《政府论》，瞿菊农、叶启芳译，商务印书馆 1982 年版。

［英］以赛亚·伯林：《启蒙的时代：十八世纪哲学家》，孙尚扬、杨
　　深译，译林出版社 2005 年版。

［英］以赛亚·伯林：《自由及其背叛》，赵国新译，译林出版社 2011
　　年版。

（三）期刊论文

丁为祥、文光：《墨家科学理性的形成及其中绝》，《自然辩证法研
　　究》2005 年第 11 期。

金耀基、范丽珠：《研究中国宗教的社会学范式》，《社会》2007 年第
　　1 期。

路平、巴干：《古史传说与墨子的政治观研究》，《内蒙古社会科学》
　　2001 年第 5 期。

蒙培元：《生的哲学——中国哲学基本特征》，《北京大学学报》2010
　　年第 11 期。

彭永捷：《"现代新墨家"的文化解读》，《现代哲学》2004 年第
　　2 期。

孙中原：《墨学现代化、新墨学和元墨学》，《哲学研究》2006 年第
　　1 期。

王海明：《论伦理相对主义与伦理绝对主义》，《思想战线》2004 年第
　　2 期。

玄华：《关于"新子学"几个基本问题的再思考》，《 江淮论坛》
　　2013 年第 5 期。

杨建平：《试论墨学中绝的原因》，《甘肃社会科学》2002 年第 5 期。

杨玉昌：《中国古典哲学中的"现代性"》，《天津社会科学》2007 年
　　第 4 期。

原成成：《功利主义与墨家之"利"概念比较研究》，《求索》2013
　　年第 10 期。

曾繁仁：《千年"绝学"的伟大"复兴"》，《文史哲》1999 年第
　　6 期。

张斌峰、张晓芒：《新墨学如何可能》，《哲学动态》1997 年第 12 期。

张俊钦：《"仁爱"与"兼爱"的分立》，《岱宗学刊》2010 年第
　　2 期。

张立文：《墨子的社会救治之道》，《湘湖论坛》2010 年第 2 期。

郑杰文：《墨学研究方法的近代化历程》，《文史哲》2001 年第 6 期。

后　记

　　时间和思想如水，流走如常；而逝去的，都已定格。

　　初识墨家，始于 2013 年跟随高伟老师研习教育哲学，我愚钝，他点拨；我挫败，他鼓励；我急躁，他忍耐。老师渊博的知识、严整的逻辑、犀利的思维，虽不能及，心向往之。老师对教育的热忱情怀、对学生的真心爱护、对生活的至诚守候，言传心授，默然动容。学习和思考是艰难而孤独的事情，因着有良师的牵引，黑暗中燃起了光。

　　在书稿成形之际，李鹰老师对字句和段落进行了细致的修改，通篇布满他清秀的字迹和推敲的印记，非常感动。两位恩师的典范，成为我现在教导学生的榜样。

　　如此已是八年，常有停顿和懈怠，时而寻求亦迷茫。再一次面对这些五年前形成的文字，那些时间和记忆都迎面走来。阅读和写作成为生活中的必然之事，思考是细碎的，但愿能够连缀成片。

　　那些读过的书，思考过的日夜，有些铭记，有些遗忘。不过一切都像风吹过水纹，氤氲着春的气息。

　　谨识为记。